'황국신민'의 시대

지은이 **이중연**

서울 출생
연세대학교 사학과, 동대학원 사학과 졸업
저서로 『신대한국 독립군의 백만용사야-일제강점기 겨레의 노래사』,
『'책의 운명-조선~일제강점기 금서의 사회 · 사상사』 등이 있다.

'황국신민'의 시대
이중연 지음

초판 1쇄 인쇄 · 2003년 8월 8일
초판 1쇄 발행 · 2003년 8월 14일
발행처 · 도서출판 혜안
발행인 · 오일주
등록번호 · 제22-471호
등록일자 · 1993년 7월 30일
㊐ 121-836 서울시 마포구 서교동 326-26번지 102호
전화 · 3141-3711~12 | 팩시밀리 · 3141-3710
이메일 · hyeanpub@hanmail.net
값 10,000원
ISBN 89-8494-190-5 03910

'황국신민'의 시대

이 중 연 지음

혜안

| 차 례 |

1
'망각의 시대' 깨어나다

몇 십 년, 또는 다만 몇 년이라도 역사의 기억에서 사라지라고 강요된 시대가 있다면, 그 시대는 분명 불행하다. 두 가지 의미에서 그렇다. 기억하고 싶지 않은 과거가 '존재'하는 점에서 우선 그렇다. 그 기억은 아픔이 될 수도 있고 참담함이 될 수도 있다. 나아가 기억 지움의 시도가 그 이후 시대의 '존재'를 규정하는 중요한 계기가 된다는 점에서도 그 시대는 불행하다.

멀리 두고 볼 필요가 없다. 해방공간의 시대가 그랬고, '5 · 18'이 그랬다. 또 있다. 일제강점 말기다. 그러나 역사는 망각과 기억의 싸움이다. 때로는 기억의 지움을 강요하기도 하지만, 시대 상황은 아스라이 존재하던 기억의 불씨를 살려낸다. 그래서 죽은 자는 되살아난다. 그것이 역사다. 단순한 과거의 기억이 아니다. '우리, 이곳, 현재'의 문제다.

해방 직후 한효는 "우리에게 역사를 텍스트 · 레지할 자유가 부여될 수 있다면 우리는 우리의 문학사 위에서 …… [일제 말기의] 비참한 현실을 삭제해 버리고 싶다"[1]고 했다. 물론, 역사를 지울 자유는 누구에게도 없다. 예나 지금이나 역사를 지울 수 있다고 생각하고, 폭력으로 이를 실행에 옮기는 경우도 있지만, 그 역사는 되살아나 폭군을 처벌한다. 역사는, '지우개'로 지울 수 있는 게 아니다. 한효라고 그걸 모를리 없다. 그러니 그의 말은 반어법이다. 그만큼 일제강점 말기의 문학(과 문인)이 '비참한 현실'에 처해 있었다는 것을 강조한 데 불과하다. 얼마나 '비참'했으면 문학사에서 그 시대를 지우고 싶어했을까.

한효는 '문인'으로서 문학의 문제를 제기한 것이지만 다른 분야 역시 마찬가지다. 종교가 그렇고, 교육이 그렇고, 언론과 사상이 그렇다. 국내에서 그 시대를 살았던 '유명' 인사들의 회고록을 보면, 스스로 그 시대를 잊고자 하고, 나아가 다른 이들도 이를 잊어주기 바라는 흔적을 쉽게 찾을 수 있다.

모윤숙은 『나의 회상 : 폭풍 속에 피는 꽃』이란 자전기록을 남겼다. 그런데 1940년의 창씨개명 문제까지 거론하다 갑자기 1945년 해방으로 건너뛴다. 5년이 공백이다. 그 공백의 시기에 모윤숙은 조선문인협회·임전보국단 따위의 친일 주구단체에 가담하고 「동방의 여인들」 「어린 날개－히로오카(廣岡) 소년 학도병에게」 같은 친일시를 썼다.

이광수는 해방 직후 『나의 고백』이란 기록을 남겼다. 한마디로 자신의 '변절'에 대한 변명으로 가득찬 책이다. 1936년부터 1945년까지 28쪽(우신사 판)이나 들여 장황하게 썼으나 '훼절'에 대한 변명으로 가득차 있을 뿐, 정작 자신의 활동에 대한 기록은 거의 없다. 조선문인협회의 가담과, 학병지원을 독려하는 연설 한 번을 기술했을 뿐이다. 그것도 뉘우침이 없는 변명에 불과하다. 그 오랜 기간에 이광수는

---

1) 한효, 「조선희곡의 현상과 금후 방향」, 조선문학가동맹 엮음, 『건설기의 조선문학』, 온누리, 1988, 72쪽.

헤아릴 수도 없이 많은 친일글을 써댔고 친일 연설을 했다.

천주교의 노기남은 『나의 회상록』을 남겼다. 6부 '일본의 어리석은 야망' 편에서 66쪽(가톨릭출판사 판)에 걸쳐 일제 강점 말기를 회상했다. 일제 경찰과의 충돌 등 종교활동의 어려움을 자세하게 설명하고 있다. 하지만, 정작 당시 국민정신총동원(뒤에는 국민총력) 천주교 경성교구연맹의 활동에 대해서는 말이 없다.

'교육자' 이숙종은 「나의 교유록」(『길을 따라 걸었는데』 수록)이란 자전기록을 남겼다. 강점 말기에 학교를 운영하는 어려움을 20쪽에 걸쳐 설명했다. 그러나, 정작 자신이 참가했던 순회강연회의 시국연설(1938년), 국민총력연맹과 임전보국단에서의 활동과 '교유'에 대해서는, 한마디도 남기도 않았다.

일제 강점 말기와 해방 이후에 이른바 '지도층'이라 불린 이들의 회고록을 보면 대체로 위와 같다. 아예 강점말기를 말하지 않거나, 말하더라도 자신이 일제에 협력한 사실은 언급하지 않는다. 예외가 있긴 하다. 이항녕의 『청산에 살리라』란 '자전소설'이 그렇다. 그는 강점말기에 일제관리(군수)로 조선인 동원에 협력했다. '관리'란 직책상 그럴 수밖에 없다. 그러나 '일제시대를 떳떳하지 못하게 살아' 온 사실을 인정하고 '과거를 참회'하는 글을 썼다. 여기에는 '지원병'이란 미명 아래 조선 청년을 '강제동원'한 내용이 설명되어 있다. 비록 '소설' 형식이지만 글의 형식은 중요하지 않다. '참회'의 마음으로 시대를 기억하는 것, 그것이 중요하다. 필자는 이항녕 선생을 존경한다. 진심이다.

그러나 우리 현대사에는 이항녕 선생 같은 분이 많지 않다. 그게 현실이다. 일제 강점말기를 바로 기록하고, 바로 기억하는 것, 그것은 단지 한 개인의 회고에 그치는 문제가 아니다. 다시 말해, '집단의식' '집단정신'의 문제다. '우리, 이곳, 현재'의 문제다.

회고록은 역사기록의 하나다. 강점 말기의 회상은 '집단으로 모일 때' 집단의식의 문제로 변한다. 단지 어떤 한 사람이 과거를 회상하는 문제가 아니다. 그런데 많은 회고록이 강점말기의 역사를 심하게 왜곡하고 있다. 개인의 문제로 치부하면, 자신의 '흠'을 기록하지 않는 건 인지상정이다. 그런 걸 탓하자는 게 아니다. 회고록·자서전이 역사를 얼마나 왜곡하는가 하는 문제는 '자서전의 예의' 따위를 주제로 삼아 논할 수도 있을 것이다.

여기서 말하는 건 그게 아니다. 역사의 망각을 강요했던 시대에 관한 것이다. 널리 알려졌듯이, 해방 이후 우리는 '친일파' 처리를 이루지 못했다. '최소한·한 순간'만의 '처벌'이라는 '상징'도 확보하지 못했다. '친일파 처단'을 위한 반민특위는 강제 해산되었다. 강점말기에 일제의 동원정책에 협력하며 자신의 분야에서 '지도자'로 성장했던 인사들이 해방 이후에는 '미국'에 협력하며 '욱일승천'(旭日昇天)했다. 사회의 '지도자'니, 회고록이나 자서전 따위를 쓴다. 아예 안 쓰면 모르겠거니와 쓴다면 제대로 써야 한다. 그러나 그렇지 못하고 강점말기의 역사를 올바르게 기억하는 데 걸림돌이 되었다. 다른 시기의 활동에 대해서는, 뭐라 하진 못한다. 그건 그 시기의 몫이다. 하지만 어떤 한 사람만이 아니라 대부분의 회상이 강점말기를 왜곡하고 있는 건, 분명 그들의 집단의식이 해방 이후에도 계속되고 있는 징표다. 강점말기의 역사적 실상을 잊도록 요구하는 현실의 표현이다.

또 하나, 그들의 '집단의식'이 있다. 그들 자신도 일제의 '피해자'란 의식이다. 사실, 이들의 회상록에는 그런 '변명 아닌 변명'이 많이,

아주 많이 들어 있다. 모윤숙은 창씨개명 하지 않은 사실을 자랑삼아 얘기하며, 경기도 사찰계 주임에게 '야단을 맞았다'고 했다. 이광수는 동우회 사건에 관련되었음을 자랑스럽게 기록했다. 노기남은 지방을 순시할 때 경찰의 감시와 탄압을 받았다고 했다. 이숙종도 학교와 집이 수색당했다는 따위의 일을 '자랑삼아' 언급했다.

동우회 사건 외에는 '사실'로 입증되지 않은, 개인의 회상이다. 일제의 탄압을 받았다고 회고하는 것은, 역으로 일제에 협력한 사실을 은폐하는 것과 밀접하게 연관된다. 자신의 친일행위를 잊도록 요구하는 뒷면에 자신 또한 강점말기의 많은 '조선인'처럼 피해자란 사실을 강조하고 싶은 것이다. 과연 그들은 피해자인가. 그럴 수도 있다. 그들의 회상 내용을 그대로 받아들이지 않더라도, 강점말기 극단으로 파쇼화한 일제의 물리적 폭력을 감안하면 어디서나 언제나 조선의 '지식인'들을 감시·통제한 사실은 충분히 인정할 수 있다.

물리적 폭력, 또는 탄압의 실체는 뒤에 자세히 설명할 터다. 다만 탄압을 받았을지라도 자신이 단순한 '피해자'라는 사실을 입증하기 위해서는 전제가 있어야 한다. 자신의 친일행위가 '조선의 일반 대중'에게 끼친 영향이 어떠했는가를 설명해야 한다. 그것이 없으면, 자신이 '피해자'란 설명은 아무 근거도 없이 뜬구름 잡는 그야말로 변명에 불과하다.

이광수의 경우를 보자.

1941년 8월 25일의 임전대책협의회.

이광수는 제국주의 침략전쟁에서 '조선인이 3만 명은 전사했어야 옳을 일'이라고 외친다. 당시는 일제의 최후 식민지수탈인 노예적 병력동원, 즉 징병제가 강제되기 전이다. 지원병제 단계에서 3만 명의 조선 청년의 '죽음'이 당연하다고 했다.

여기서 두 가지 사실을 알 수 있다. 첫째, 이광수는 스스로 일제 동원정책의 첨병이 되었다. 일제가 시킨다고 이런 말을 하진 못한다. 30명도 아니고 3만 명이다. 3만 명의 조선 청년의 '죽음'을 요구하고 있다. 징병제 단계라 하면 이광수는 30만 명, 300만 명의 전사를 요구했을 정도다. 이미 이광수는 일제의 '피해자'가 아니다. 일제의 지배구조 상층부에 편입된 '황민화 선동가'에 불과하다. 도대체 조선의 청년 '3만 명'을 죽음으로 몰아넣고 무얼 얻고자 한 것인가.

둘째, 적어도 위 말로 보면 이광수는 정상이 아니다. 이성·지성 따위의 표현을 빌릴 것도 없다. 지식인 또는 지성인이 아닐지라도, 그런 말은 못한다. '조선인'이라면 그렇게 하지 못한다. 황민화 선전에 세뇌되지 않고서는 도저히 그럴 수 없다. 그런데도 이광수는 그랬다. 여기서 의문이 든다. 왜, 이광수는 정상이 아닌 상태에서 그런 말을 거침없이 했을까.

이광수를 예로 삼았지만 강점말기의 이른바 조선인 '지도자', '유력자' 들의 생각과 말이 대체로 그랬다. 도대체 왜 그랬을까. 그들이 '개인'으로 '존재'했다면 그런 정상이 아닌 말을 하지 못하고 글을 쓰지 못한다. '집단'에서 떨어져 '개인'으로 있다면 이성이 회복된다. 여기서 답을 찾을 수 있다. 그들은 집단화되고 조직화되었다. 그 실체가 일제 동원 정책을 그대로 추종하며 일반 대중의 '동원과 희생'을 강제하는 것이었음은 물론이다. 일제의 동원 정책 자체가 파쇼의 물리적 폭력으로 행사된다. 선전은 부차적인 것이다. 그러니 그들의 '집단화'란 것도 결국 파쇼의 특성을 그대로 드러낸다. 집단과 조직의 이름으로 '이성을 잃은' 상태였던 것이다.

에릭 호퍼는 『대중운동론』(유석종 역)에서 이렇게 지적했다.

> 자기를 버리고 확고하게 결합한 전체의 한 부분이 될 때, 우리들은 개인적 이익을 포기함과 동시에 개인적 책임도 벗어난다. 즉 개인적 판단을 할 때, 두려움, 주저, 의심, 그리고 체면의 작은 동요 등이 생기지만, 인간은 이러한 것들로부터 해방될 때, 그는 어떤 무자비한 잔혹 속에 떨어질지 모른다. 대중운동의 단체행동에 관계되고 개인적 독립을 잃을 때, 우리들은 새로운 자유(증오하고 으스대고 거짓말을 하고 고문하고 살인하고 부끄러운 생각은 후회하지도 않고, 배반하는 자유)를 찾아낸다.

그렇다. 이광수는 친일 파쇼조직에 관계하며 자신의 친일 동료들과 함께 에릭 호퍼가 '새로운 자유'라고 표현한, '증오 · 거짓말 · 고문 · 살인'의 자유에 몸을 던진 것이다. 그래서, 수만 명의 조선 청년의 '죽음'을 아무런 양심의 가책 없이 뇌까릴 수 있었던 것이다.

우리는 여기서, 일제 강점말기를 읽을 수 있는 한 가지 수단을 발견하게 된다. 조직 또는 단체. 그것이 일제 동원정책을 충실히 따르는 파쇼조직임은 물론이다. 그 조직의 탄생과 확산 · 활동을 검토하는 것은 강점말기 친일파의 집단적 '존재'를 확인하는 일이 됨과 아울러, 개인으로서의 유력 친일분자의 존재 양태를 확인하는 전제일 수도 있다. 나아가, 동원과 통제라는 시대의 역사상을 온전하게 복원하는 길일 수도 있다.

앞서, 친일의 흔적이 있는 인사들의 회고록이 예외 없이 일제 강점말기의 실상을 망각하길 바라고 있다고 했다. 그것은 한 개인의 문제가 아니다. 해방 이후 그들의 집단의식의 발로다. 그 또한, '동원 · 통제'라는 파쇼의 특성이 해방 이후까지 이어진 사회적 배경을 지니고 있다.

이제는 '친일파 문제'를 비교적 자유롭게 얘기할 수 있지만 한때는 사회적 '금기'였던 적이 있다. 해방 이후의 '열린 공간'에서는 친일파에 대한 사회적 관심이 고조되었다. 『민족정기의 심판』 『친일파 군상』 등 친일파에 대한 여러 논저가 간행된 것도 그 결과였다. 하지만 '반민족 행위자'를 처벌하기 위한 반민특위가 강제로 해체되면서, '친일문제'를 입에 올리거나 하면 공산주의 동조자로 곡해되었다. 친일 경찰이 후원한 시위 때 군중들은 반민특위 앞에서 '여기가 빨갱이 소굴이다'고 선동했다. 정권은 반공이데올로기를 강화했다. 친일문제 논의는 상대적으로 위축되었다. 독립운동사 연구도 어려운 시기였다. 반공이데올로기와 친일 논의의 금기가 결합된 이유는, 특별할 게 없다. 친일세력이 정권에 대거 참가하고 그 정권이 '반공'을 국시로 삼으면서, 친일에 대한 논의를 정권에 대한 도전이자 체제에 대한 도전으로 '왜곡'한 결과다. 그 왜곡은, 상당히 오랫동안 이어졌다. 하나만 예를 들자. 『기독교사상』 1978년 5월호에 당시 YWCA 홍보부장인 최옥자의 논문이 실렸다. 「한국여성운동사」. 논문은 '용공'이며 '민족주의여성운동지도자'를 '친일민족반역자로 정죄(定罪)'했다고 왜곡되어 비판받았다. 친일문제를 제기한 이면에 공산주의 이념이 도사리고 있다는 따위의, 말도 안 되는 왜곡이다. 대개 그런 식이었다.

그러나 역사는 냉엄하다. 사회통제의 일환으로 친일문제 제기를 억제했지만, '현실'은 친일문제 제기의 필요성을 높였다. 그 결과, 주목할 연구(·자료)가 공개되고, 사회적 관심 또한 높아갔다. 임종국 선생의 『친일문학론』이 간행된 것이 1966년이다. 이 책이 나온 계기가 굴욕적인 '한일회담'이었음은 주목할 대목이다. 일본이 다시 '한국'을 침략할 것을 경계하는 현실의 관심 속에, 친일문제의 논의가 제기되었다. 이후

1980년대에 들어 친일파에 대한 논저·자료집이 활발하게 간행된다. 그런 '사회화'의 결과 1991년에 반민족문제연구소(1995년에 민족문제연구소로 개칭)가 설립되었다. 그것은 친일문제 논의가 사회적으로 집약된 결과라 할 수 있다.

한편 친일 인사의 회상 따위에서 왜곡된 채로 방치되어 그저 '암흑기'로 존재하던 강점 말기의 역사상에 대한 연구도 활발하게 진행되었다. 이와 함께 '잊을 것'을 강요당한 시대가 살아났다. 그 또한 강점 말기의 연구가 사회통제의 일환으로 금기되던 상황을 뚫고 이루어졌다 할 것이다.

이제 강점 말기는 '망각'의 시대가 아니라, 근·현대사의 연표를 재구성하는 중요한 시대가 되었다.

그 연구방향은 대체로 다음과 같이 생각해 볼 수 있을 듯하다. 첫째, 일제의 인적·물적 수탈과 그 만행의 실상을 규명하는 연구다. 공출·국채발행·배급통제 따위를 통한 물자수탈의 연구, 노동력 수탈에 대한 연구와 정신대·징병제(지원병제 포함) 따위를 통한 노예적 인적 수탈에 대한 연구들이 제시되었다. 특히 '현실의' 관심으로 정신대 연구는 활발하다.

둘째, 첫째 연구방향과 연관되어 일제 동원정책의 본질을 규명하는 연구다. 일제의 '신민화'정책, 강점 말기 농업정책, 공업정책, 경제통제 정책 등이 여기에 포함될 것이다. 또 '일본어보급'정책, 청년동원정책에 대한 연구와, 일제가 전민동원을 위해 조직한 국민정신총동원(·국민총력) 조선연맹에 대한 연구가 발표되었다.

셋째, 비록 많지는 않지만 일제의 수탈에 대한 '조선인'의 저항, 또는 대응에 대한 연구가 있다. 징용노동자의 저항, 서울 노동자의 전쟁에 대한 인식 · 저항, 청년 · 학생의 민족운동, 황민화 종교정책에 대한 기독교계의 대응 · 저항에 관한 연구들이 제시되었다.

넷째, 전향에 관한 연구다. 개인의 '변절' 차원을 넘어, 지식인 · 운동가의 집단적 '전향'이란 차원에서 전향 연구는 강점 말기의 '정신사'를 재구성하는 중요한 계기가 될 것이다. 사회주의 · 민족주의자의 전향 · 변절에 대한 연구, 전향자단체 '대동민우회'에 대한 연구, 녹기연맹을 대상으로 한 전향연구가 발표되었고, 인정식의 '전향론'에 대한 연구도 제시되었다.

이들 연구는 대체로 1990년대에 이루어졌다. 1980년대에 시작해 1990년대에 활발해진 강점 말기에 대한 연구는 '대중화'와 '전문화'의 두 영역에서 이미 진행되고 있는 셈이다. 친일파 연구의 대중화를 이끌어 냈던 임종국의 연구의 시발이 '일제 암흑기의 작가와 작품'(『친일문학론』의 부제)이었음은 주목할 대목이다. 강점 말기는 '매국'의 시기만큼 극명하게 친일파 논의의 기준이 된다.

그런데 위에서 말한 연구방향은, 구조적으로 연관되어 있다. '상징단어'로 보자. 강점 말기를 상징하는 큰 잣대는 조선인의 희생을 폭력으로 강제하는 '동원'이다. 그 희생의 실상을 탐구한 것이 첫째 방향이다. 일제는 각 부문 · 단체에 대한 '조직 · 통제'로 전시동원을 완성하려 했고 여기서 둘째 방향의 연구가 나온다. 그러나 일제의 수탈 동원정책은 '조선'의 입장에서 당연히 부정되었고, 그 저항의 실상을 밝히는 것이 셋째 연구 방향이다. 조직 · 통제를 통한 동원을, 대중에게 그릇된 이념으로 기만해 강제하는 중층구조를 확인하고 왜곡된 정신사를 확인하는 점에서 넷째 연구가 이루어졌다 할 것이다. 이렇게 보면 일제강점 말기를 읽는 중요한 상징 단어는 '동원 · 조직 · 통제'다. 그것은 일제 파쇼체제의 당연한 귀결이다.

강점 말기는 이제는 분명 '망각의 시대'가 아니다. '우리, 이곳, 현재'와 밀접히 연관되어, 살아 있는 시대가 될 수도 있다.

2 이성의 몰락, 광신적 주문의 폭풍

역사 속에는 '사람'의 이성이 사라지고 광신의 주문(呪文)이 활개를 치던 시대가 있었다. '마녀 사냥'이 있던 유럽 중세가 그렇다. 유대인을 학살한 나치 독일이 그렇다. 군국주의 일본도 예외가 아니다.

침략전쟁을 수행하는 일본군과 일제 관리가 '광기'에 사로잡혀 국민을 동원·통제한 것은 그렇다 치더라도 이를 비판해야 할 지식인도 '이성을 잃고' 덩달아 날뛰었다. 와카쓰키 야스오(若槻泰雄)는 『일본군국주의를 벗긴다』에서 이렇게 말했다.

> 그 당시의 지도자 또는 학자들의 언동을 정확하게 전하려 한다면 '상식이 의심스럽다', '아연해진다'는 표현도, '잠꼬대 같다', '중학생만도 못하다'와 같은 과격한 형용구와 '파렴치하게도', '뻔뻔스럽게도' 같은 천한 부사구도 사용하지 않을 수 없을 것이다. 품위 없는 말을 사용하고 싶지는 않지만 비판의 대상이 비판받아 마땅하거나 그 이상이니 하는 수 없다.[1)]

한마디로 군국주의 일본의 '지식인'들은 '이성을 잃었다'는 것이다. 일제의 경우는 그렇다 치자. 문제는 '식민지 조선의 조선인'이다. 와카쓰키의 표현을 빌면 '잠꼬대 같은' 일제의 주장을 어떻게 받아들였는가. 아니, 식민지로서의 특수성이 더해져, 더 가혹한 수탈과 동원을 강제하는 주장과 그 현상에 어떻게 대응했는가. 받아들였는가, 저항했는가. 계층별, 개인별 편차가 분명히 존재한다. 일반 대중의 경우, 강점 말기에 식민지 조선에서 '퍼지던' 유언비어를 볼 때 저항적 인식이 형성되고, 나아가 확산되고 있었음을 확인할 수 있다. 수탈 구조의 맨 밑에 존재하는 대중은 일제의 본질을 바르게 꿰뚫어 보고 있었다. 때로는 그런 인식이 저항 행동으로 옮겨지기도 했다. 그것은 당연하다.

문제는 대중이 아니다. 지식인이다. 지식인에 대한 개념적 규정은 접어두자. 상식으로 보아, 어느 정도의 교육을 받고 각 분야에서 사회의 '지도층'이라 불리는 계층이라고 해도, 무리 없을 것이다. 교육·문예·종교·사상·언론 등 각계에서 조선인사회의 '여론'을 주도적으로 조성할 수 있는 위치에 있는 사람들을 말한다. 그들은 강점 말기에 어떻게 대응했는가.

조선의 지식인이 일본의 지식인과 같을 수는 없다. '식민지'로서의 특수성이 있다. 이민족이 가하는 노예적 수탈의 강화는, 분명 조선의 지식인이 어떤 형태로든 논할 몫이다. '내선일체' 따위의 세뇌 주문(呪文)은 강점 말기의 뒤로 접어들며 더욱 기승을 벌였지만, 중일전쟁 직후까지도 사회 일반에서 공공연하게 제기되지도 못했다.

'내선일체'라는 주문으로부터 조선인 지도층의 대응을 살펴보자.

---

1) 와카쓰키 야스오 지음, 김광식 옮김, 『일본 군국주의를 벗긴다』, 화산문화, 1996, 337쪽.

대응이랄 것도 없다. 아예 굴종이었다. 왜 이제야 내선일체를 말했는냐는 식으로 절대 복종한다. 먼저 '내선일체'의 정체를 보자. 1910년 일제가 조선을 강점한 이래로 '내선일체'는 정책화하지 않는다. 조선은 식민지일 따름이다. 어디 감히 식민지를 일본과 같은 대열에 놓을 수 있는가. 그런 건 제국주의 일본에서 우선 반대한다. 그러니 내선일체라는 정책은 없다. 그런데 미나미가 총독으로 부임하며, '내선일체'를 부르짖기 시작한다.

1937년 7월 15일, 임시도지사회의에서 미나미는 '시국 대처방안'을 밝히는 가운데 '내선일체인 반도의 민중'이란 표현을 쓴다. 7월 15일은 일제가 중일전쟁을 도발한 지 열흘도 지나지 않은 때다. 4월의 도지사회의에서 미나미가 밝힌 '5대 정강(政綱)'에는 '선만일여(鮮滿一如)'가 있다. 조선을 만주와 같은 차원으로 보는 것이다. 그런데 전쟁을 일으키고 바로 조선을 '일본과 같다'고 내세웠다. 속셈이 뻔하다. 조선을 일본과 같은 차원에서 전쟁에 동원하겠다는 뜻이다. '내선일체'란 표현을 쓴 내용을 자세히 보자. "동아의 안정세력으로 전국(全局)의 안위를 담당하는 일본제국의 지도적 지위를 내선일체인 반도의 민중에게 확신시킬 것."[2] 일제가 '동아의 지도자'로 전쟁을 도발한 것을 조선인에게 세뇌시키는 데, 슬쩍 '내선일체'란 표현을 집어넣었다. 시국대처방안의 1항은 '반도 주민에게 시국의 중대성을 철저히 주지시킬 것'이다. 일제의 전쟁 도발이 '내선일체'란 표현의 배경이 되었음을 알 수 있다.

이제는 짐작이 될 것이다. '내선일체'란 게 조선이 일본과 같다는 말이 아니고 '조선'을 '전쟁에 동원하겠다'는 뜻이란 걸. '조선인'을 침략전쟁에서 희생시켜야 하는데, 구실이 없다. 총칼로 위협해 끌고

---

2) 朝鮮總督府, 『朝鮮に於ける國民精神總動員』, 1940, 24쪽.

가봤자 저항만 더 커진다. 왜 그렇지 않겠는가. 밖에서 전쟁할 때, 안의 힘은 약해지고, 그 틈을 노리면 왕조교체, 혁명, 또는 정권탈취가 쉽다. 3·1운동과 6·10만세운동 등 거족적 민족운동의 경험이 축적된 조선에서 그 가능성은 작지 않다. 일제로서는 불안하기 그지없다. 조선인을 동원하기는 해야겠는데 조선인에게 그냥 총을 집어주자니 겁이 난다. 그래저래 우선 조선인을 동원하기 좋게 세뇌시켜야 한다. 여기에 '내선일체'란 주문이 등장한 것이다.

그러니 내선일체는 허구다. 조선인 동원은 현실이다. 일부 친일파를 제외하고 조선인이라면, '나 잡아가쇼' 하고 전쟁에 동원될 리 없다. 강제로 끌고 갈 수밖에 없다. 그 또한 현실이다. 조선인에게 총을 주면, 총을 거꾸로 들고 항일전선에 나선다. 이것도 현실이다. 그러니 일제는 동원하기 좋게 세뇌작업에 매달린다. '교육령개정', '지원병제'(징병제), '창씨개명' 등 일제의 3대 황민화정책이 다 내선일체란 주문 아래 나왔다. 정책은 현실이지만, 내선일체란 주문은 허구다. 일제가 조선인을 세뇌시키는, 허구의 주문이다. 허구의 주문이 조선인을 동원해 노예처럼 희생시키는 현실로 변한 것이다.

여기에 조선의 '지식인' 또는 '유력자'들이 벌떼처럼 몰려들어 주문을 '현실'처럼 착각하게 만들었다. 비극이다. 대중도 그 본질을 꿰뚫어 보는데, 하물며 알만큼 알 사람들이 '스스로' 세뇌되고, 나아가 일반 대중에게 그 주문을 강요했다. 비극이다. 강점 말기의 잡지·신문 따위의 매체, 또 강연회의 내용에서 많이 사용된 단어에 순위를 매겨 보면 '내선일체'는 가장 많이 사용된 단어에 반드시 포함될 것이다. 일제는 무지막지하게 '내선일체'의 '주문'으로 도배했고, 여기에 조선의 지식인들이 주도적으로 참가했다. 지원병제, 창씨개명제, 일본어보급 따위가, 모두 '내선일체의 완성'이란 주문 아래 강제되었다. 그런 식이다. 일제가 조선인을 동원하는 모든 수탈정책에 '내선일체'가 따라붙는다.

여기에 조선의 '지도자'란 이들이 나서서 '내선일체'가 '조선'의 '살 길'이라고 외친다. 일제보다 한 술 더 뜬다. 그 모든 사례를 열거할 수도 없고 또 그럴 필요도 없다. 다만 그 실상을 보기 위해 몇 가지 예만 보자.

윤치호. 독립협회 회장을 지냈고 '105인 사건'으로 일제에게 체포되어 옥살이도 하였다. 그런데 중일전쟁 후 '적극' 친일로 돌아섰다. 「내선일체에 대한 소신」(『東洋之光』 1939년 4월호)에서 내선일체를 '조선인의 사활을 결정하는 중대한 문제'라고 하며 "내선일체에서 우리가 나아가야 할 유일한 민족적 진로를 발견하는 것이며, 이 도로 위에서 행복이 있는 장래를 전폭적으로 기대할 수 있다고 생각"한다고 외쳤다.

김두정. 노동계급사 중앙상임위원이었고 조선공산당 재건운동에 참가했다. 일제에게 체포되어 1935년에 전향한다. 「아시아의 부흥과 내선일체」(『東洋之光』 1939년 5월호)에서 "내선일체의 완성을 위해서 우선 민족적 편견을 완전히 숙청하고 이천만 동포가 황민화"해야 한다고 외쳤다.

인정식. 「내선일체의 필연성에 대하여」(『東洋之光』 1939년 2월 창간호)에서 "내선일체는 조선지원병제도의 실시로 이미 현실로 구체화하는 첫 걸음을 내딛었고, 나아가 현재와 장래에 조선의 운명에 대해 많은 혜택을 줄 전망을 약속하고 있다"고 했다.

현영섭. 열렬한 황도주의자로 전향한 그는 한 술 더 뜬다. 『신생조선의 출발』에서 '내선일체는 인류 진보의 코스에서의 한 현상'이라고 하며

'조선의 민족주의자는 인류의 평화를 교란하는 페스트'라고 광망(狂妄)한 말을 내뱉는다.

'문학'이라고 예외가 아니다. 김용제. 「내선일체의 노래(內鮮一體の歌)」(『東洋之光』 1939년 4월호)를 쓴다. "우리 이천만 모두 함께 / '황국민신의 서(誓)'를 지니고 / 충의와 이상의 걸음으로 / 동양평화의 길을 가자 / 오오! 팔굉일우(八紘一宇) 천황의 위세 / 내선일체 깃발을 보라"(4절). 이건 시라고 할 수 없다. 선전문이다. '조선이 굴종'하고 침략전쟁에 기꺼이 동원되겠다는, 선언문이다. 이런 게 '시'라고 발표되는 시대였다.

더 이상 예를 들기도 싫다. '일본주의자'로 전향한 모든 당대의 '지식인'들이, 그런 말도 아닌 말들을 해댔다. 왜 그랬나. 한때 사회주의·민족주의를 열렬히 신봉한 '운동가'들이 아무 이유 없이 그랬을 수는 없다. 사고의 전환은 내적·외적 원인이 있기 때문이다. 민족운동을 하던 인물들의 '변절'에 대해서는 '민족부르주아 계층'으로서 '자기 출세주의와 개인주의, 영리추구의 성향'이 있기 때문에 민족의 현실을 외면했다는 분석을 하기도 하고[3] 사회주의자의 '전향'에 대해서는 그들의 '운동'이 현실에 뿌리를 내리지 못한 '관념 수준'이었기 때문이라고 지적하기도 한다.[4] '전향'의 원인과 그 사회적 현상의 뜻에 대해서는 후술할 것이다. 우선은, 너나없이 '내선일체론자'가 되어 내선일체가 조선의 살 길이라고 외쳐댔던, '이성이 몰락'한 시대였던 사실만은 확실히 해두자.

---

3) 이명화, 「민족말살기 일제의 황민화정책과 민족주의자들의 변절과 협력의 논리」, 민족문제연구소 지음, 『친일파란 무엇인가』, 아세아문화사, 1997, 176쪽.
4) 김민철, 「일제하 사회주의자의 전향문제」, 위의 책, 199쪽.

조선인 동원을 위한 허구의 주문(呪文)을 이렇게 외쳐대니, 그 목표인 '조선인 동원'의 주문(注文 : 요구)은 보지 않아도 뻔하다. 하지만 '내선일체'의 본질적 목표인 조선인 병력동원은 언급하지 않을 수 없다.

일제는 만주사변과 중일전쟁을 도발하며 침략전쟁을 해 나갔다. 전쟁이 계속되면 물자는 물론이고 병력이 부족하게 된다. 당연한 일이다. 이 부족한 병력을 보충하기 위해 식민지 조선의 청년을 동원했다. 당장 '징병'하고 싶지만 조선 청년에게 총을 주기가 겁난다. 우선은 '지원병'제란 허울 아래 병력동원을 실시한다. 말이 '지원'이지 국민정신총동원(약칭 '정동') 조선연맹을 이용해 기초 통제망에 '지원'을 할당했다. 그러면서 병력동원에 대한 저항을 억누르고 '내선일체'란 주문으로 세뇌작업을 했다. 1938년에 지원병제를 강제했는데 그 해 2,946명 지원에 406명이 실제 동원되었다. 1943년에는 303,394명 지원에 9,300명이 동원되었다. 그야말로 급증이다. 그것이 일제의 물리적 폭력과 정동연맹의 통제로 이루어진 것임은 물론이다.

당시 일제가 조사한 '지원'동기는 생계형 지원이 50.2%고 자발형 지원은 19% 불과했다.[5] 생계형 지원의 실정은 이렇다. 지원병이 '애국반'에 할당되지만 지원자는 없다. 그러니 먹고살기 힘든 청년에게 '지원하면 먹여준다'고 하며 지원을 요구한다. 그래도 안 되면 힘없는 집의 아들에게 '지원'을 강요한다. '지원병제'의 실상이 그랬다.

역사적 실상이야 어떻건 지원자의 수는 급증했다. 그러니 겉으로는 '내선일체'의 세뇌작업이 성공한 것으로 보인다. 그 시점에서 일제는 징병제 실시를 발표했다. 1939년부터 지원병제는 징병제의 전제라고

---

5) 朝鮮軍參謀部, 『昭化十五年前半期朝鮮思想運動槪況』 1940年 8月, 한국역사연구회편『日帝下社會運動史資料叢書』 3권, 고려서림, 1992, 699쪽.

공언하고 1942년에 드디어 1944년부터 징병제를 실시한다고 발표했다. 그런데 문제가 있다. '학생' 청년이다. 학생은 징병에서 제외 대상이다. 그러나 일제가 그들을 그냥 놔둘 리 없다. 알 거 다 아는 지식층으로서의 학생은, 항일운동 세력으로 전환될 가능성이 크다. 그래서 일제는 학생도 전쟁에 동원하고, 나아가 조선 지식층의 저항을 없앨 작정으로 '육군특별지원병 임시채용규칙', 소위 학병제 실시를 공포했다. 1943년이다. 곧, 징병제 강제 이전에 저항 가능성이 큰 지식층을 미리 전쟁터로 내 몬 것이다.

이건 사실이다. 이충우는, 학병제의 목적이 '조선의 엘리트를 소비재로 내보내는' 데 있었다고 말한다.[6] 학병으로 동원되었다 독립진영으로 망명한 김문택은, 학병제가 '(일제의) 전력증강책과 아울러 한국 인테리의 말살책'이었다고 회고했다.[7] 또, 학병으로 나갔다가 일본군을 탈출한 김이현도 '전투요원의 충원'과 '조선독립을 막을 수 있는 방도'로 지식계급층을 동원했다고 말했다.[8]

이 점, 조선 총독이던 고이소 구니아키(小磯國昭)도 인정하고 있다. 곧, 인적 자원의 충원과 아울러, '학생에게는 특공대 지원자에 적당한 점이 많다'는 이유가 있었다고 말했다.[9] '특공대'란 가미가제(神風)다. 폭탄을 안고 적의 전차에 뛰어들거나 돌아갈 연료가 없는 비행기를 타고 상대편 군함에 자폭하는 것이다. 그저 어쩌다 하는 행동이 아니라, 일본군의 중요한 '전술'이었다. '비이성'의 극치다.

고이소는 항일세력으로 전환할 가능성이 큰 지식 청년의 '말살'에

---

6) 이충우, 『경성제국대학』, 1980, 다락원, 251쪽.
7) 김문택, 『새벽으로 가는 길』, 인하대 출판부, 1995, 46쪽.
8) 김이현, 『멀고 먼 귀로』, 베드로서원, 1991, 94쪽.
9) 小磯國昭, 『葛山鴻爪』, 丸ノ内出版, 1968, 772쪽.

대해서도 간접적으로 시인했다. 곧, 전황이 불리해지자 조선에서 '폭동'이 일어날 가능성에 대해 고심했고 실제 총독부에 '연구 부서'를 두려 했다는 것이다.[10] 그러니, 조선의 지식청년을 전쟁터로 끌고 가는 것은 병력 충원도 되고 항일의 가능성이 큰 세력을 없애는 셈이었다.

학병제도 말이 '지원'이지 사실은 강제였다. 별의별 수단을 다 썼다. 학생 부모를 경찰에 연행하여 학생이 '지원'한 후에 풀어준다거나, 본인도 모르게 '지원서'를 작성하고, 학병대상자의 집집마다 방문해 지원을 강요했다. 또 학생을 검문·색출해 지원을 강요하고, 지원하지 않으면 '징용'한다고 협박했다. 4,385명(95.9%)의 '지원'은 그 결과였다.

일제 병력 동원의 실상이 그랬다. 물리적 폭력이 뒷받침되었다. 또 있다. 황민화 '세뇌작업'이 있다. 이른바 '선전' 활동이다. 여기에 조선의 '유력자'들이 동원된다. 1938년 1월 15일 지원병제 강제가 확정·발표되자, 최린·한상룡·박춘금·김호규·박두영·박승직·어담·윤덕영·정훈·조성근 따위가 『매일신보』에 담화를 발표해 '일대광영, 명예, 내선일체, 행복' 따위의 표현을 써서 '경하·감격·축하'한다[11]고 했다. 지원병제 선전문으로 신문을 도배했는데, 이건 시작에 불과했다. 이른바 '조선인 유력자'들이 암만 떠들어대도 지원병제의 본질을 알고 있는 대중은 '지원'하지 않았다. 그러니 일제의 물리적 강제와 더불어, 지속적인 '선전'이 이루어진다. 그것이 조선청년을 침략전쟁에서 희생시킨다는 본질을 왜곡하여 '내선일체'라는 주문으로 눈과 귀를 틀어막는 것이었음은 물론이다.

---

10) 小磯國昭, 위의 책, 772쪽.
11) 임종국, 『일제침략과 친일파』, 청사, 1982, 139~140쪽.

몇 가지 예만 보자. 정훈. 「반도부인에게 고함」(『매일신보』 1939.7. 4~6)을 썼다. "[자제를 지원시키지 않는 것은] …… 황국신민으로 도저히 말이 안 되는 것이다. …… 국민 전부가 무장한 군대가 되어 천황폐하를 위하여 죽음에 임(臨)한다는 아름다운 일본 정신에 불타고 있으므로 승리는 우리에게 있을 것이다." 노골적이다. 노골적으로 조선 청년을 '지원'시켜 '죽을 것'을 강요하고 있다. 그런 식이다.

국민정신총동원 조선연맹의 기관지 『총동원(總動員)』 1939년 10월 호는, 아예 '육군병특별지원자 특집호'로 편집된다. 여기에 '조선인'으로, 윤덕영이 「반도의 지원병에게 바란다」, 서춘이 「반도청년이여, 분기하라」, 조병상이 「지원병의 아버지로」 따위를 써댔다. 이광수의 「지원병 송가」도 발표되었다.

손홍원. 「지원병 제군에게 바란다」(『東洋之光』 1939년 8월호)에서 침략전쟁에 동원되는 것을 '세계사상 획기적인 대업을 수행하는 성전에 참가'하는 것이라 왜곡하고, 한 술 더 떠 '성은(聖恩)'이라 표현했다. 게다가 "생사의 간두에 서서 천황폐하 만세를 부르짖고 죽어라"고 했다. 지원병 선전이란 게 이런 식이다. 이렇게 말도 안 되는 소리를 굳이 인용하는 것은 여기에서 중요한 점을 발견할 수 있기 때문이다. 비록, 주로, 직업적 친일분자의 언설이지만, 조선청년을 끌고 가면서 미리 '죽을 것'을 요구하고 있다. 일본 군국주의의 본질이, 그대로 드러난다. 이들만의 '인식'이 아니다. 일제에게 굴복한 대개의 지식인이 그랬다. 아니, 그것을 강요했다. 잠깐 눈을 돌려 노래 하나를 보자. 조명암이 작사한 「지원병의 어머니」다.

1. 나라에 밧치자고 키운 아들을

빛나는 싸홈터로 배웅을 할 제
눈물을 흘닐소냐 웃는 얼골로
깃발을 흔들엇다 새벽 정거장
2. 사나희 그 목숨이 꼿이라면은
저 산천 초목 알에 피를 흘리고
기운차게 떠러지는 붉은 사꾸라
이것이 반도 남아 본분일게다
3. 살아서 도라오는 네 얼굴보다
죽어서 도라오는 너를 반기며
용감한 내 아들의 충의 충성을
지원병의 어머니는 자랑해 주마

역시 지원병에게는 '피흘려 죽으라'고 하며, 지원병의 어머니에게는 '지원병의 죽음을 자랑하라'고 했다. 정훈·손홍원의 억지와 다를 게 없다. 노래라는 매체의 특성으로, 대중에게 더 강하게 전파되는 것이 차이일 따름이다. 대중음악 작사가 조명암. 그의 「서울노래」는 노랫말 때문에 일제에게 금지 당했다. 하지만 널리 '구전'되었다. 그런 그가, 「지원병의 어머니」에서 '지원병의 죽음'을 왜곡해 찬양하고 있다. 이건 정상이 아니다. 민족주의니, 사회주의니, 무슨 이념을 들먹일 필요도 없다. 그저, 사람으로서의 '상식'을 잃지 않았다면, 조선청년에게 그런 요구를 하지 못한다. 그런데도 했다. 이건 이미 사람으로서의 '이성'을 잃었다는 얘기다. 그러니 이런 분위기 속에서 이광수는, 앞서 보았듯이, '조선 청년 3만 명' 정도가 죽었어야 했다는 말을 내뱉었다. 조선의 '최고 문인'임을 자처한 그에게서 나온다는 말이 '조선 청년의 희생'이다. 그냥 희생도 아니다. 생명을 담보로 한 희생이다. 그저 말문이

막힐 뿐이다.

그럼에도, 징병제가 발표되자 그 세뇌작업의 수위는 지원병제는 저리 갈 정도다. 사실, 지원병제를 선전하는 데 조선의 지식인(또는 유력자)이'떼거리'로 몰려들었던 것은 아니다. 지원병제는 정동연맹의 통제망을 이용하여 강제되는 바가 컸다. 그러나 징병제 단계가 되면 사정이 다르다. 조선의 적령 청소년 '모두'를 끌고 가는 것이다. 이건 이미 연맹(이 시기에는 총력연맹)의 통제만으로는 감당할 수 없는 문제다. 징병은 '의무의 강제'다. 지원병제도 저항에 부딪혔는데, 징병제에 대한 저항은, 물론 더할 것이다. 그러니 일제는 행정력을 동원한 물리적 강제와 아울러 대대적인 '선전'에 매달리게 된다. 말이 '선전'이고 사실은 '세뇌작업'이다.

1942년 5월에 징병제 강제가 발표되자 신문은 관련 내용으로 도배한다. '축하대회', 좌담회, 연설회가 연이어 개최되고 총독부 기관지 『매일신보』는 빠짐 없이 그 내용을 실었다. 이런 행사에 각계의 조선인 유력자들이 참석해 징병제 선전의 선두에 섰다. 그들은 '대일본 신민의 특권'이라는 따위로 징병제의 본질을 왜곡했다.

여기까지는 지원병제 선전과 다를 게 없다. 병력 동원을, '은혜' '감격' 따위의 표현을 써서 미화하는 것도 그렇다. 하지만 다른 게 있다. 징병제 단계에 들어서면, '조선인' 조직(·단체)이 '조직적'으로 선전활동에 나선다. 임전보국단이 그랬고, 각 종교단체가 그랬다.

임전보국단. 조선인의 동원을 조선인의 힘으로 이루자는 '상징'으로 탄생한 일급 주구단체로 징병제 선전에 앞장섰다. 최린은 이 임전보국단의 단장으로 징병제 관련 담화를 발표했다.

> 우리 반도 민중이 오랫동안 바라던 징병제도가 시행케 되어 우리들은 성은의 홍대무변하옴에 감격할 뿐이다. 이 제도는, 실로 반도민의 나아갈 오직 한 줄기의 큰 길로서, 종래 일부에 있던 보수적 사상에 일대 비약의 기회를 준 것이다. …… 반도인은 황국 군인의 명예를 더럽히지 않을 소질을 가지고 있스니 이것을 더욱 연마하는 데 있어서 비로소 위로는 성은의 만분의 하나라도 보답할 수가 있으며 아래로는 자자손손의 번영을 가져오게 할 수 있다.[12)]

참으로 구차하다. '성은의 홍대무변하옴에 감격', '반도민의 한 줄기의 큰 길', '황국군인의 명예', '성은의 만분의 하나라도 보답' 따위의 표현을 보면, 최린이 과연 3·1운동에 '올바른' 민족정신을 가지고 참가한 게 맞는가 의심이 갈 정도다. '변절'했다 하더라도 '사람'으로서의 '양식'은 버리지 말아야 한다. 그러나 위 표현을 보면 그 단계를 지났다. 한 술 더 떠 '자자손손의 번영'을 외쳐댄다. 최린은 갈 데까지 다 간 게다. 조선 청년을 '전쟁노예'로 끌고 가는데 '후손'을 위한 거라니, 그건 '조선의 후손'이 아니라 '일본의 후손'을 말한 것일 게다. 최린은 이미 '조선인'이 아니다.

단장으로 최린이 나섰으니, 임전보국단은 각 도 지부를 '총동원'해, 징병제를 선전한다. 그 강연회의 내용 따위는 제목만 봐도 뻔하다. 그 연제·연사만 적어 두자.

1942년 5월 15일. 경성.

이종린 :「鴻恩感泣」　　　　이광수 :「획기적 대선물」

---

12)『매일신보』 1942년 5월 12일.

조　병상 :「다년의 염원이 달했다」 주요한 :「새로운 각오」

1942년 5월 15일. 평남지부.

이기찬 :「내선일체와 징병제도」 金○永 :「반도 동포의 사명」

최정묵 :「반도 동포의 사명」 채필근 :「역사와 무사도」[13]

이 밖에도 강원지부에서도 '축하 강연회'를 준비했다는 기사로[14] 보아, 사실 임전보국단의 모든 지부가 나서 징병제 선전, 아니 '세뇌작업'에 몰두했음을 알 수 있다.

다음 종교단체의 활동. 기독교 연합회, 장로교, 감리교, 구세단, 성결교, 천주교, 불교, 천도교, 유교 등 각종 종교(·사회)단체가 모두 나섰다. 그 가운데, 기독교와 유림의 활동이 두드러졌다. 기독교에는 교리 문제와 관련해 일제 동원정책(신사참배정책)에 저항하는 세력이 형성되어 있었다. 징병제 강제를 반전운동으로 연계할 가능성도 있었다. 그러니 일제가 상대적으로 세력이 강한 기독교를 조직적으로 굴종시켰던 것이고, 징병제 선전행사에 다른 종교보다 활발하게 나서게 된 것이다. 유림 또한 그렇다. 향촌 사회의 여론을 조성하고 상대적으로 '가문의 보존 의식'이 강한 사회세력으로서의 유림도, 일제가 징병제를 강행하는 데 중요한 통제대상이라 할 수 있었다. 당시 『매일신보』를 보면, 기독교와 유림에서 개최한 징병제 선전행사가 상대적으로 많이 실려 있다.

일일이 그 내용을 열거할 필요는 없을 것이다. 다만, '세뇌작업'에 참가한 인사들의 '인식'을 확인하기 위해 기독교계의 활동만은 언급하

13) 『매일신보』 1942년 5월 14, 18일. 평남지부 강연회의 청중은 2천여 명이었다.
14) 『매일신보』 1942년 5월 15일.

고 가자.

1942년 5월 11일에 '징병제시행감사 전경성 신도대회'가 개최된다. 감리교 · 장로교 · 성결교 · 구세단 연합이었다. 정춘수 · 전필순 · 김영주 · 박연서 · 이건 등이 '대회'를 주도했다. 여기서 다음 성명서를 낭독했다.

> 병합 이후 이 날[징병제 실시의 날 : 인용자]이 빨리 오기를 얼마나 앙망하고 있었던가. …… 이 감격에 울지 않을 수 있을가. …… 울음이 그치거든 여하히 하여 이 감격에 답할가를 조용히 생각하라. 기실 아등(我等)은 아직도 황국신민으로서의 자격에 부족한 바가 있는 것이다. …… 그리하여 일일(一日)이라도 속히 국어의 전해, 체력의 연성, 견인불발 정신의 함양, 책임관념의 앙양 기타 황민으로서의 자질 충비(充備)에 전력을 주(注)하여서 성은에 보답함에 만유루(萬遺漏) 없기를 기(期)치 않으면 안 된다. 취중(就中) 아등(我等) 기독교도는 솔선 몸으로써 이것의 지도에 당할 정신대가 되기를 전 동포에 호소하고 또한 서약하는 바이다. 우 성명함. [1942년] 5월 11일 징병제시행감사 전경성기독교도대회[15)]

징병제를 '찬양'하는 '명문'(?)이다. 종교적 회심에 눈물 흘리라는 게 아니라 노예적 병력 동원에 '눈물 흘려 감격'하라 했다. 또 '황민화'할 것을 요구했다. 나아가, 기독교가 그 '지도'의 '정신대'가 될 것을 맹세한다. 이미 한 개인의 문제가 아니다. 기독교 '지도자' 한 사람의 문제가 아니다. 기독교 조직 일반이, 징병제 준비의 '정신대'가 되겠다는 맹세다. 물론, 기독교 전체는 아니다. 말은 경성기독교도대회라 했지만

---

15) 『기독교신문』 1942년 5월 13일.

주동은 각 종단의 대표자다. 하지만 징병제에 대한 '대응'이 조직 차원에서 이루어졌음은 주목해야 한다. 이미 각 종단은, 종교단체가 아니라, 병력동원단체임을 '노골적으로' 선언한 셈이다. 파쇼다. 파쇼 열기를 조작해 대중의 희생을 강제하겠다는 뜻이다. 여기에는 이미 '기독교'의 모습은 없다.

병력 동원의 '정신대'란 파쇼적 계획은 이후 실제로 실현된다. 예컨대 장로회 평북노회(노회장 김진수)는 징병제와 관련하여 다음 사항을 산하 각 교회에 지시했다.

1. 교역자는 각자 교회에서 편의에 따라 징병제에 관한 강연, 또는 연성을 해 신도는 물론 일반인에게도 그에 대한 인식을 철저히 할 것.
2. 교직자는 각자 직접, 또는 유관 직원이나 권사를 동원해 적령자를 가진 가정을 호별 방문하여 …… 이해시키도록 힘껏 노력하고 …… 그에 관해서는 교직자 자신이 특히 진두지휘하여 신자 비신자를 불문하고 상대할 것.
3. 징병제에 관한 책자를 반포하여 식자(識者)가 솔선수범을 보일 것.[16)]

무서운 지시사항이다. 그저 병력동원을 축하하고 감격한다는 따위의 선전단계에서 벗어나 있다. '단체'가 조직 차원에서 동원해 징병대상자의 집을 방문하고, 강연·연성·책자반포 따위의 활동지침을 제시했다. 장로회 평북노회의 경우지만, 사실상 다른 교파나 종단에서도 비슷

16) 『기독교신문』 1944년 2월 2일.

한 내용의 '지침'이 지시되었을 것이다.

그런데 징병제 선전도 지원병제처럼 '전쟁에 나가 죽으라는 것'을 전제로 했다. 철저한 세뇌다. 그저 전쟁에 동원하는 게 아니라, 침략전쟁의 전선에서 총알받이가 되라는 것이다. '교육자' 송금선. 당시 덕성여자실업학교장이었다. '내 아들 내 동생을 나라에 바쳤다는 절실한 애국심' 운운하며 '지식여성'들에게 '군국의 어머니'가 되라고 외쳤다(「반도여성 책무도 크다」, 『매일신보』 1942년 5월 10일). 유각경. 당시 조선여자청년회 총무였다. "내 사랑하는 아들이 국가를 위하여 목숨을 버릴 수 있다, …… 이 얼마나 기쁜 일입니까"라며 아이를 '잘 길러서 국가에 바치라'고 했다(「어머니 자신부터 가질 '야마토 다마시'」, 『매일신보』 1942년 5월 12일). 박마리아. 여성 종교활동가. "나라를 위하여 목숨을 바치는 것이 인간의 최고 평가를 발휘한다는 생각이 철저치 않고는 황군 될 자격이 [없다]"고 외친다(「자식 둔 보람, 어미된 면목」, 『매일신보』 1942년 5월 13일). 그런 식이다. 이민족의 침략전쟁에 조선 청년이 희생된다는 '자각'이 전혀 없다. '내선일체'라는 허구의 '주문'에 세뇌되었으니 민족 현실이 눈에 보이지 않는다.

문학이라고 예외가 아니다. 김팔봉·김용제·김상용·노천명·김종한·김동환·이하윤 등은 연이어 『매일신보』(1943년 8월 1~8일)에 '징병축하시'를 발표한다. 김팔봉의 시. 시랄 것도 없다. 제목부터 「님의 부르심을 받들고서」다. 군국주의 일본, 또는 일왕을 '님'이란다. '나라를 위해 목숨을 바치는 영광의 날이 오고야 말았다 / 죽음 속에서 영원히 사는 생명의 문 열리었고나'(3절 3~4행). 예의 '전쟁에 나가 죽어라'는 얘기다.

한때 카프의 맹장이던 김팔봉이 이런 '시라 할 수 없는 시'를 썼다.

그뿐 아니다. 김팔봉은 예에 불과하다. 당시의 문인조직에 가담한 '문인'이 대개 그랬다. 문인만 아니다. 앞서 보았듯이 종교인이 그랬고, 조선사회의 '지식인', 또는 '유력자'자를 자처하던 인사들이 대개 그랬다.

학병제를 선전하는 것도 똑같다. 아니, '지식' 청년을 강제 동원하는 것이니, 더 '심혈'을 기울인다. 1943년 10월 20일에 학병제를 공포하고 11월 20일에 '지원'을 마감하니 짧은 시간 안에 모든 학생을 '동원'하기 위해 그야말로 '온갖 수단과 방법'을 다 썼다. 지원병제와 징병제에 대한 세뇌작업이 몇 년 동안 지속적으로 이루어진 데 반해, 학병제는 불과 한 달이다.

일제는 사활이 걸린 듯 학생의 병력동원에 매달리고 여기에 조선인 지식층이 덩달아 날뛴다. 『매일신보』는 '학병동원 특집 신문'처럼 10월 21일부터 11월 21일까지 학병 동원을 독려하는 기사 · 기고문 · 담화문으로 지면을 채웠다. 여기서 잠깐 '강제'와 '자발'의 문제를 보고 가자. 그 자세한 내용은 3장에서 다룰 터이지만, 이때 『매일신보』에 실린 기고가 본인이 쓴 게 아니고 신문사 기자가 '대필'했다는 기록이 있으니, 짚고 넘어가지 않을 수 없다. 곧, 유진오는 경무국에서 김성수 · 송진우 · 여운형 · 안재홍 · 이광수 · 장덕수 · 유진오 등을 구체적으로 거론하며 신문에 '학병지원 독려문' 작성을 지시했다고 회고한 바 있다. 그런데 김성수는 쓰지 않았고, 『매일신문』 기자 김병륙이 마음대로 썼다는 것이다.[17] 그럴 가능성이 있다. 아니 가능성이 아니라, 실제로 그랬을 것이다. 안재홍 · 조만식의 글이 실렸다는 것도 그런 배경에서 이해할 수 있다. 하지만, 신문에 기고한 모든 글이 강제로 쓰게 했거나

17) 유진오, 『養虎記』, 고려대출판부, 1977, 116쪽.

대필한 건 아니다. 사실이다. 강제로 썼다면 '고민'의 흔적이 있어야 한다. 일제의 조선인 동원정책에 굳은 '신념'을 가졌을 때만 쓸 수 있는 표현이 있다면 그건 강제로 쓴 게 아니다. '자발'이다. 이광수를 보자. '지원' 마감 이후, 「학병에게 감사」란 걸 쓴다. 여기서 학병 동원을 '역사적인 대사건'이라고 하며 '후세의 자손과 사가들이 더욱 잘 알고 감사할 것'이라며 망언을 했다.[18] '역사'를 언급했다. 이건 이광수가 마지못해 쓴 게 아니다. 진짜 그렇게 생각했기 때문에 그런 표현을 한 것이다.

『매일신보』만이 아니다. 『매일신보』의 '선전'을 그대로 믿는 동원대상 학생은 그야말로 극소수다. 많은 학생들은 알고 있었다. 학병 동원의 본질을. 그러니 『매일신보』를 보고 '지원'할 학생은 극소수다. 하지만 일제는 모든 학생들을 병력으로 동원하려 했다. 그래저래 친일조직을 '총동원'하고 따로 학병동원을 위한 조직도 만들었다. 조선인 사회의 '유력자'들이 여기에 달려든다.

개인도 개인이려니와 조직적으로 나선다. 사실, 파쇼 분위기에 휩싸이지 않고 독립된 개인으로 존재할 경우 병력동원을 강제하는 언동을 하진 못한다. 일제가 먼저 통제하고, 나아가 단체·조직 구성원이 서로 감시·통제하며 학병 동원에 나선다. 파쇼 열기에 휩싸여 동원을 강요한 것이다. 그 예를 일일이 들 필요가 없을 것이다. 다만 '대중적' 기반이 확고하고 일제가 중요한 통제대상으로 삼았던 종교단체만은 보자.

이때 종교단체들은 아예 '조선종교단체 전시보국회'란 괴상망측한 조직을 만든다. 물론 '학병 동원'을 위한 것이다. 기독교·불교·천주

---

18) 『매일신보』 1943년 12월 10일.

교·천도교 등의 각 종단 대표 30여 명이 모여 위원과 간사를 선임했다. 위원은 이렇다. 감리교의 이동욱(李河東旭)·갈홍기(葛城弘基), 장로교의 김응순(新森一雄)·채필근(佐川弼近), 천주교의 노기남(岡本鐵治)·김한수(金光翰洙), 불교의 김법룡(香川法龍), 천도교의 이종린(瑞原鍾麟)·정광조(川上廣朝), 구세단의 사카모토(坂本雷次)·황종률(松原正義).[19] 사카모토는 일본인이지만 그는 구세단 관계로 맛보기로 들어간데 불과하다. 모두 '창씨개명'한 조선인들이, 종교단체의 '학병 동원'을 주동한 셈이다.

이들은 '위원회'를 개최해 실천사항을 결의하고, 각 종단에 실행을 강제했다. 지시는 세 가지였다. '예배'에서 학병제를 선전하고 '미영격멸'의식을 고취할 것, 각 도청 소재지에서 전시보국회가 거행하는 '적개심 앙양 강연회'에 모든 신도를 참석시킬 것, 각 교단 '주관자'가 학병대상자 집을 방문해 '지원'을 '권'할 것.[20] 이에 따라 14일 전선 교회·사원에서 학병을 동원하는 기도회·법요식(法要式)을 열고 천도교는 학병제 선전강연회를 개최했다. 그뿐 아니다. 16~18일에는 '전원지원'을 목표로 강연반을 조직해 순회강연 행각에 나섰다.

조선문인보국회도 선전활동에 나서고, 또 '지원 강요'를 위한 '익찬위원회', '격려대' 따위도 별도로 조직되었다. 4,000여 명의 조선 학생을 동원하는 데 조선의 '지식인·유력자'들이 그야말로 '총동원'된 셈이다. 참으로 조선의 지식인이 가련하다. 침략전쟁에 나가 희생할 것을 강요하는 데 민족적 고뇌도 없이 달려들었다. 분명 정상이 아니었다.

---

19) 『매일신보』 1943년 11월 8일.
20) 『기독교신문』 1943년 11월 17일.

'내선일체'의 주문에 사로잡혀 집단적 '광신' 상태에 빠진 격이었다. 종교도 사이비 종교에 빠진 셈이었다. 일본군국주의란 게 그렇다. 비합리적인 '중세'의 주술이 판친다. 사람으로서의 '개인'은 없다. 생각하지 못하게 한다. 이성이 깨어나지 못하게 한다. 이성이 살면 '군국'이 설자리가 없게 된다. 그러니 생각도 하지 말고 일왕(일본)에게 모든 걸 바치란다. 세뇌다. 사이비 종교 식이다. 그러니 그들의 언설이란 게 뻔하지만 실상을 알기 위해 몇 가지만 살펴보자.

이광수의 「모든 것을 바치리」. '처우감사 총궐기 선언대회'란 요상한 집회에서 '결의표명'으로 낭독된 것이다(『매일신보』 1945년 1월 18일에 게재). '시'라고 '발표'되었는데, '바치자'로 시작해 '바치자'로 끝난다.

아아, 조선의 동포들아
우리 모든 물건을 바치자
우리 모든 땀을 바치자
우리 모든 피를 바치자
우리 충성에 불타는 머릿속을, 심장을, 바치자.
동포야 우리들, 무엇을 아끼랴
내 생명에서 나온 것이라고 말하지 말지어다.
내 생명 그것조차 바쳐 올리자
우리 임금님께, 우리 임금님께.(끝 연)

군국주의의 '찬송가'라 하면 딱 어울릴 글이다. '천황[日王]'이란 자를 교주로 한 '중세'의 사교(邪教) 집단에서나 외칠 주문이다. 기막힌 일이다. 이광수의 입에서 이런 주문이 나왔다는 사실이. 슬픈 일이다.

이런 주문이 조선사회의 '지배적' 가치로 통용된 시대가 있었다는 사실이. 분명 '암흑기'다. 민족의 암흑기며 이성, 아니 '인간성'의 암흑기다.

그런 주문에 취해 학병동원에 나섰으니 그 표현도 자못 '자신감'에 차 있다. 어디에도 일제가 강요해 할 수 없이 말한 흔적이 없다. 최남선과 이광수의 경우를 보자. 이들은 11월 10일부터 14일까지 일본 내의 각 대학을 돌아다니며 조선의 유학생을 동원하는 연설을 했다. 이른바 '격려대'라는 이름으로 이루어진 활동이었다.

최남선, 「가라 청년학도여」 | 11월 14일 메이지 대에서의 연설

청년학도 제군! 역사 있은 이래의 성전인 금번의 대동아전쟁은 지금 바야흐로 결전단계에 들어가서 마침내 우리 청년학도들의 출진을 요망하게 된 것이다. …… 감격이 아닐 수 없다고 생각한다. …… 제군! 대동아의 성전은 이름 비록 동아이지마는 이는 실로 신시대 신문화의 창조운동이며 세계 역사의 개조이다. 바라건대 일본 국민으로서의 충성과 조선 남아의 의기를 발휘하여 부여된 광영의 이 기회에 분발 용약하여 한 사람도 빠짐없이 출진하기를 바라는 바이다.[21]

이광수, 「학병에게 감사」

제군이 분기한 것이 얻더케 역사적인 대사건인가는 우리보다도 후세의 자손과 사가들이 더욱 잘 알고 감사할 것입니다. 4천이란 수가 그리 큰 수는 되지 못 합니다. …… 그러나 4천이란 지금 조선이 가진 거의 전부[학병 전체 : 인용자]입니다. …… 제군이야말

21) 『매일신보』 1943년 11월 20일.

로 개선 후에는 전 일본제국의 간부요 전 아시아의 지도자이십니다. …… 그러므로 제군은 반드시 모조리 충용한 황국 군인이 될 것을 확신하옵니다.22)

이광수의 이 글은 학병지원 마감 이후 발표됐지만 학병지원을 강제하는 연설도 이것과 별 차이가 없었을 것이다. 최남선, 이광수 모두 역사 운운했다. 최남선은 태평양전쟁을 '신문화의 창조운동이며 세계 역사의 개조'라 했다. 그 엄청난 상상력. 침략전쟁의 도발을, 세계 역사를 개조하는 것이라 했다. 그러니 4천여 명의 조선 청년의 '희생' 따위는 안중에도 없다는 듯이 '출진'을 강요한다. 이광수도 '학병 동원'을 '역사적 대사건'으로 치켜세운다. 조선 지식층으로서의 학생 4천 명은, 이광수의 말 그대로 '조선이 가진 전부'다. 그 전부를 희생시키겠다고 나선 이광수의 생각은 불가사의다. 도대체 어쩌겠다는 것인가. '개선' 후에 '아시아의 지도자'가 될 것이라고 한 것은 미끼에 불과하다. 그걸 믿을 사람은 없다. 지원병제·징병제를 강제하면서 '전쟁에서 죽을 것'을 세뇌시켰다. 학병제는, 조선 지식청년을 '소비재'로 인식했으니, 동기부터 불순했다. '개선 후'를 기약할 상황이 아니라, 조선의 장래를 책임질 청년 지식층이, 어서 빨리, 사라져주길 바라는 불순한 의도가 있었다.

그러니 최남선과 이광수의 언설은 누가 시켜서 한 게 아니다. 스스로 '내선일체'의 주문에 취해, 일제 상층부의 일원이라는 '자신감'을 바탕으로 자발적으로 한 것이다. 해방 후 최남선은 「자신의 암우(暗愚)를 탄한다」는 자술서에서 '붙들려서' '학병 권유 강연'에 나섰다고 변명하

22) 『매일신보』 1943년 12월 10일.

기는 했지만 자신의 행동을 '암우'라고 하면서 자기비판의 여지는 보여주었다. 하지만, 이광수는 철저히 자기 변명에만 급급했다. 일제에 대한 저항이 불가능하였기 때문에 학병 지원을 권유했고, 일제의 조선인 병력 동원이 '내선차별을 없애고' "일본이 전쟁에 이기면 독립에 한 걸음 가까이 간다"고 생각했다는 것이다(이광수, 『나의 고백』 중 「민족 보존」). 해방 이후까지도 이광수의 '광망함'은 이어졌던 것이다. 그 극치는, 일본에서 행한 한 연설회에서 학생들이 자신을 이해했다는 듯이 설명한 것이다. 하지만 이광수의 변명은 모두 거짓이다.

이광수가 자신을 변명한 핵심은, "만일 이 몸을 던져서 한 사람이라도 동포의 희생을 덜고, 터럭 끝만치라도 닥쳐오는 민족의 고난을 늦출 수가 있다고 하면, 내 무엇을 아끼랴"라는 말에 있다.[23] 자신을 '희생'시켜 민족을 구한다는 것이다. 이건 자신을 예수나 부처로 생각했다는 뜻인데, 자신의 생각이야 어떻건, 이광수가 일제에 협력한다고 '조선'이 구원될 리가 없다. 오히려 노예적 수탈을 강화하는 데 도움을 준 게 역사의 진실이다. 이 '모순' 사이에 '민족'의 실체가 있다. 최남선은 '암우'라고 표현함으로써 '반성'의 여지를 남겼다. 이광수는 끝까지 반성이 없었다. 이광수가 말한 '민족'은 실체가 없었다. '억지로 끌려가면 대우가 나쁘기 때문에' 자진해서 나가자는 이광수의 말은, 자신의 행동을 단세포 식으로 변명한 데 불과하다.

그러면 이광수가 '학병동원 연설'을 할 때 얻고자 한 것은 무엇인가. 실체로서의 '민족'은 물론 아니다. 이광수 자신이 말했듯이 '4천 명'은 조선의 전부다. 그냥 전부가 아니고, 장래가 달린 청년지식층이다. 그들을 전쟁터로 내몰고 지키려 한 것은 '조선민족'이 아니다. 게다가

---

23) 이광수, 앞의 책, 247쪽.

이광수는 학생 지식층만 아니라 지원병 단계에서 '3만 명의 죽음'을 요구했다. 그러고도 '민족'을 위해 그랬다는 이광수의 상태는 분명 정상이 아니다.

이광수만이 아니다. 이광수는 극단적인 경우지만, 다른 조선인 지식층, 또는 유력자들도 대개 그랬다. 시대적 현상이 그랬다. '중세적'인 '주술'에 사로잡혀 '조선'의 이름으로 '조선'을 없애려는 생각·행동이 '폭풍'처럼 몰아치던 시대였다.

3 전향 : 폭력의 강제 또는 권력의 매력

일제강점 말기에, 조선의 내로라 하는 인사들이 일제의 협력자가 되어, '내선일체' 따위의 주문에 사로잡히고, 그것을 실현하기 위해 병력동원·노무동원에 나서고, 조선인의 성과 이름을 말살하는 따위의 활동을 한 것은 진정 이해할 수 없다. 하지만 까닭 없는 생각·행동이란 없다. 그 계기를 찾는 것은 강점 말기를 이해하는 데 중요하다.

적어도 1937년 중일전쟁 이전까지는 조선의 지식인이나 유력자 '일반'이 일제 당국에 적극 협력한 것은 아니었다. 물론 직업적 친일분자가 있기는 했지만 그들은 세간의 질타를 받았다. 민중은, 그들을 사갈시했다. 예컨대 총독부 기관지 『매일신보』에 조선인이 몸담으면 '매신(賣身)'이라고 표현했다. '몸을 판다'는 뜻이니 당시 친일파에 대한 언론계 일반의 인식을 단적으로 읽을 수 있다. 문단의 경우를 보자. 1931년에 이효석은 '직업'으로 총독부 경무국 검열계에 취직한다. 이때 '친구와 지인과 문단의 공격은 신랄'했다. 결국 이효석은 사직하게 된다.[1)]

---

1) 유종호, 「이효석」, 『한국의 인간상(5)』, 신구문화사, 1966, 515~516쪽.

이 두 사례만 봐도 일제에 대한 협력은 지식인 사회 일반에 퍼지지 않았고 오히려 항일의식이 굳건했음을 확인할 수 있다.

그러나, 1937년의 중일전쟁을 상황을 반전시켰다. 일제는 점차 극단적인 전시 파쇼체제로 돌입한다. 일반 대중과 아울러 지식인도 통제대상이 되고, 나아가 일반 대중의 동원을 담보할 중요세력이 되었다. 곧 일제 지배구조의 상층부로 편입된다. 그 구체적인 내용은 후술할 터이고, 여기서는 '지식인'의 생각·행동의 변화를 보자.

앞서 중일전쟁 전까지 조선인 사회의 항일의식이 굳건했다 했다. 실제 국내에서는 수많은 항일조직사건이 있었다. 이 조직사건을 통해 일제는 항일세력을 와해시키려 했다. 항일조직에 대한 탄압이 강해짐에 따라, 항일운동가(민족운동가·사회운동가 포함)의 체포 또한 급증했다. 일제는 그들을 '운동선'에서 격리시키고, '운동'을 포기하게 만들었다.

'운동가'의 체포·구금은 '전향'의 단초다. 물론 체포된다고 다 전향하진 않는다. 그건 '개인'의 '신념'에 달려 있다. 하지만 권력이 온갖 수단으로 '운동'을 포기하게 만들려는 의사를 가지고 있고, 그것이 사회적 상황과 연관될 때, 어떤 형태로든 전향은 있게 된다. 전향은 무엇인가. '국가에 의해 강제된 사상 변화'[2)]라는 정의는 유용하다. 그것을 식민지조선에 적용하면 '일본제국주의 권력에 의해 강제된 조선인의 사상 변화'로 이해하게 된다. 이런 배경에서, 김석범은 조선에서의 전향을 이렇게 이해한다. "제국주의(천황제 권력)에 대한 독립투쟁을 절대적 가치기준으로 하여 …… 사회주의운동과 결합한 식민지 민족해방투쟁, 또는 민족주의자들의 민족독립투쟁 과정에서의 '친일'

2) 쓰루미 슌스케 지음, 강정중 옮김, 『일본제국주의 정신사』, 1982, 23쪽.

'민족반역' 행위."[3] 전향의 폭을 넓게 잡았다. 반면 김민철은 '사상'의 변화란 점에 주목하고 사회주의가 '완성된 사상체계'라는 점에서 전향의 범위를 '(조선인) 사회주의자의 사상 변화'[4]로 이해한다.

전향의 폭에 대한 이해를, 일제가 요구한 '전향'의 내용과 연관지어 보자. 김민철이 지적했듯이 전향 기준은 전쟁의 추이와 파쇼체제의 강화에 따라 '마르크스주의 포기 → 일본국민으로의 복귀 → 천황제주의 수용과 실천'으로 나아간다.[5] 1930년대 초만 해도 '전향'은 폭넓게 이해된다. 곧 마르크스주의 포기는 물론이고, 그에 대한 회의와 아울러 운동전술의 전환('비합법운동에서 합법운동으로')까지도 전향 기준에 포함되었다. 그러나 1930년대 후기, 곧 중일전쟁 전후로는 전향과 '준전향'을 구분하고, 나아가 '일본정신을 체득'하고 일제정책에 협력하는 것이 '전향'이라고 규정한다. 이어 1940년대, 곧 극단적인 전시파쇼기에는 '천황을 살아 있는 신으로 예배의 대상으로 삼는 여부'가 전향의 기준이 된다.[6]

말하자면 이렇다. 첫 단계의 전향은 운동방향에서 90도쯤 꺾는 것이다. 그렇다고 '운동의 적'에게 투항하지는 않는다. 하지만, 대극 사이에서 좌우방향은 앞이 보이지 않으니 다시 90도 꺾는다. 이건 원래 방향에서 180도 꺾어 적에게 투항하고 행동을 같이하는 것이다. 둘째 단계의 전향이다. 일제 권력이 요구한 전향의 궁극적 목표다. 전쟁에서 패한 부대가 포로가 되어 집단적으로 전투를 포기한다. 첫 단계 전향이다.

---

3) 金石範, 『轉向と親日派』, 岩波書店, 1993, 10쪽.
4) 김민철, 「일제하 사회주의자들의 전향 논리」, 『역사비평』 1995년 봄호, 233쪽.
5) 김민철, 「일제하 사회주의자의 전향 문제」, 민족문제연구소 지음, 『친일파란 무엇인가』, 아세아문화사, 1997, 188쪽.
6) 김민철, 위의 글, 184~187쪽.

적 부대의 일원이 되어, 원래 방향으로 나아가는 부대와 전투한다. 둘째 단계의 전향이다.

단순한 '포로'가 되느냐, 아니면 적의 전투요원이 되는가, 그 차이는 중요하다. 식민지 조선에서, 중일전쟁은 '운동가'들을 침략전쟁의 '전투요원'으로 삼는 계기가 되었다. 그 이전단계에서도 '전향'은 있었지만, 사회적 현상으로 중시되지는 않았다. 일본에서의 전향과 달리 조선의 '운동'에는 '민족문제'가 내재되어 있었기 때문이다. 그러니, 집단적 전향도 일본보다 몇 년 뒤에 발생하고, '체포' 전에는 전향하지 않았다. 또 체포되더라도 운동을 계속하기 위해 '위장전향'하는 경우가 많았다. 그러니 '역전향', 곧 다시 운동에 나서는 경우도 많았다. 일본의 경우 1928~34년 사이의 '재범' 비율은 3%고, 조선의 경우 1930~35년 사이의 역전향 비율이 10%였다.[7] 모두가 일본의 전향이 조선에 일률적으로 적용될 수 없는 식민지의 특수성이다. '사상범'을 '보호관찰'에 붙여 전향을 강요하는 '조선사상범보호관찰령'(일본의 '사상범보호관찰법'을 조선에 적용한 것)의 특수성에 대한 총독부 법무국장의 다음과 같은 지적도 그러한 배경에서 나왔다.

> 조선의 지리적, 기타 내부적 특수 사정 등 현재 내외 제반의 정세에 비추어 볼 때, 조선에서 사상범죄의 장래에 대해서는 반드시 낙관할 수는 없다. …… [조선에서의 보호관찰의 목적은] [일본]에서처럼 단지 범죄 방지를 위한 경찰감시 등과는 본질적으로 다르며, 적극적으로 본인을 지도하고 이끌어 국체에 대한 정확한 인식을 갖게 하는 한편, …… 국민으로서의 정도(正道)에 복귀시키고, 또 이를

---

7) 리차드 H. 미첼 지음, 김윤식 옮김, 『일제의 사상통제』, 일지사, 1982, 167쪽.

> 확보하는 것이다. 이리하여 사상범에 대한 보호관찰은 궁극에는 사상범죄의 방지와 동시에 적극적으로 국체명징, 국민정신의 강화를 장려하여 국운(國運)을 더욱 융성케 하려는 데에 있다.[8)]

조선의 '운동가'가 운동을 포기하게끔 만들고, 나아가 일본 '국민'으로 만들고 '국민정신을 강화'하는 것이 보호관찰의 목적이란 것이다. 보호관찰령은 중일전쟁 직전에 공포되었지만 이미 침략전쟁의 분위기가 투영되어 있고, 나아가 총독 미나미는 중일전쟁 후에 "[보호관찰제도]의 활용은 …… 대외적으로는 사상국방에 공헌"한다[9)]고 공언했다. 한 마디로, 전쟁을 전후해 조선의 '운동가'를 '일본 국민'으로 만들어 '사상국방'에 동원하겠다는 뜻이다.

여기서 조선에서의 '전향'을 이해하는 중요한 계기를 발견할 수 있다. 조선에서의 전향은, 중일전쟁을 계기로 둘째 단계의 전향 기준, 곧 180도 '유턴'하는 전향이 절대시된다. 단순한 '사상의 포기'도 완전하게 이루지 못한 상태에서, 침략전쟁의 '전투요원'으로 삼으려는 전향이 일반화된 것이다. 그 계기가 된 것이 '내선일체'란 주문(呪文)이다. 이 주문은 조선의 운동가들에게 '돌아갈 조국·민족'이 없음을 뼈저리게 느끼게 하는 것이다. 그것이, 사회주의자를 중심으로 한 것은 틀림없다. 조선에서는 1925년에 88명이 검거된 이래로 1935년까지 17,000여 명의 '공산주의자'가 검거되었다.[10)] 그러니 '사상범의 전향'이란 우선

---

8) 增永正一, 「朝鮮思想犯保護觀察令に就て」, 『朝鮮地方行政』 16卷1號, 1937, 41쪽/鈴木敬夫, 『법을 통한 조선식민지 지배에 관한 연구』, 고대민족문화연구소, 1989, 261쪽에서 재인용.

9) 「第二會保護觀察所長會議に於ける總督訓示」(1937年11月), 朝鮮總督府官房文書課 編纂, 『諭告訓示演述總攬』, 朝鮮行政學會, 1941, 435쪽.

10) 長崎祐三, 「시국과 전향자의 장래」(『綠旗』 1939년 8월), 최원규 엮음, 『일제말

이들을 대상으로 한 것이다.

하지만, 이때는 둘째 단계의 전향이 공언되고 있으니, 좌우의 '90도 각도'에 존재하는 세력이 중시될 수밖에 없다. 사상의 포기로는 불충분하다. 그런데 오른쪽 90도 각도에는, 일제에 직접 저항하지는 않지만 그렇다고 노골적으로 협력하지도 않는 세력이 존재한다. 그들을 일제는 '민족주의자'로 파악했다. 여기서의 '민족주의'는 항일세력으로서의 '민족주의'는 아니다. 그들은 여러 부류로 나눌 수 있다. '직업적'인 친일분자는 당연히 여기서 제외된다.

이명화는, '한때 민족운동에 종사하던 변절 친일파'를 셋으로 분류했다. 첫째, 3·1운동 이후 '실력양성론'을 기반으로 '개량적 민족운동'을 전개했던 이들. 둘째, 만주사변을 계기로 조선의 독립이 불가능하다고 인식하고 변절한 자들. 셋째, 1937년 이후 '확실히 전향'을 표방한 이들. '변절'의 계기와 시기는 다르지만 이들의 공통점은 '실력양성론'과 '자치론'을 주장했다는 점이다.[11] 물론, 첫째 경우는 3·1운동 직후에 변절하지는 않았고 '식민지법'의 허용범위 안에서 '민족운동'을 전개하고자 한 것이지만, '절대독립주의'를 기반으로 한 무장항일투쟁과 거리를 둔 점에서 보면, 이미 '전향'의 단초를 보인다. 결국 친일화로 들어서게 된다.

그런데 그들의 민족운동이란 게 '진짜인지 가짜인지'의 여부를 떠나, 조선인 사회에서 사회적 지도력을 발휘하고 있었음에 주목할 필요가 있다. 곧, 재산·종교·교육·문화 등, 어떤 분야에서건 기반을 축적하

기 파시즘과 한국사회』, 청아출판사, 1988, 379쪽.

11) 이명화, 「민족말살기 일제의 황민화정책과 민족주의자들의 변절과 협력의 논리」, 민족문제연구소 지음, 『친일파란 무엇인가』, 아세아문화사, 1997, 152~153쪽.

고 있었다. 이것이, 적극적으로 항일운동을 하지 않는 데서 나온 결과임은 물론이다. 이 점은 중요하다. 침략전쟁을 치르며 조선인의 '무한동원'을 노리는 일제에게 이들의 동원은 그 하부토대로서의 조선인 사회가 자연스럽게 동원된다고 인식되었을 것이다. 사회주의 운동가들은 많이 체포되고 많이 전향했지만, '비합법 운동가'로서의 그들의 사회적 영향력은, 상징은 컸지만 일반 대중을 움직일 토대는 약했다. 왼쪽 90도에 존재하는 세력은 작지 않지만 일제의 노예적 동원의 궁극적 기반인 일반 대중의 동원을 담보할 역할이 절대적이지 않았다.

그러니 '민족운동' 쪽의 완전한 '전향'에 매달리게 된다. 그들을 침략전쟁의 '전투 요원'으로 만들어야 하부에 존재하는 대중이 덩달아 동원된다. 일제의 구상은 그랬다. 그런데 '민족주의자'는 원래 '합법'을 표방했으니 개인적 동원은 수월할 것 같지만, '조직적 동원'은 수월하지 않다. 최린이 중일전쟁 이전에 이미 '변절'했지만 천도교 세력은 '조직적으로' 일제의 뜻대로 움직이지는 않았다. 이광수가 이미 '굴복'했지만, 문단은 '조직적으로' 친일로 기울지 않았다.

일제는 개인의 '변절'이 아니라 그 상징의 굴복과 그로부터 나오는 하부토대의 동원이 절대적으로 필요했다. 이건 쉽지 않다. 어쨌건, 그들은 한때 일제와 대항하는 축을 형성하고 있었다. 따라서 일제는 '전가의 보도'를 사용한다. 물리적 폭력이다. 다시 풀어주는 한이 있더라도 우선은 '조직사건'을 만든다. 일제는 사회주의자의 전향을 수많은 조직사건을 통해 이루었다. 카프사건으로 사회주의 문인들이 대량 전향한 것이 단적인 예다.

이런 배경에서 동우회 사건과 홍업구락부 사건이 발생했다. 동우회. 홍사단 국내지부의 성격을 지녔지만, 절대 독립주의로서의 홍사단

활동과는 거리가 있었다. '실력 양성'이 주된 목표였다. 한 마디로 독립운동을 위한 정치결사체는 아니었다. 그러니 일제는 항일하는 위협세력으로 간주하지도 않았다. 하지만 중일전쟁 직전에 '민족'진영의 '전향'이 필요한 일제는 동우회를 일차 계기로 삼았다. 우선은 빌미를 잡는다. 이사회의를 일본말로 하라는 것이다. 합법 단체로 첨예한 항일운동을 전개하진 않았더라도 명색이 '민족' 단체인데 그 요구를 순순히 들을 리 없다. 시간을 거치며 수용 여부를 논의하던 중 일제는 급기야 전선 각지에서 181명의 동우회원을 체포했다. 그 중 42명을 기소한다. '치안유지법' 따위를 적용하여 '유죄' 판결을 내렸지만 끝내는 무죄로 사건을 종결시켰다. 물론 이 '무죄' 판결의 배경에는 동우회원 전원의 '전향'이 있었다.

홍업구락부. 미국에 있던 동지회의 국내지부 성격을 가진 단체다. 비밀결사였고 신문 과정에서 '조선독립'을 목표로 한다는 진술이 나왔지만, 홍업구락부가 실제 '독립운동 결사체'인지는 확인할 수 없다. 모호한 표현에 '조선독립'의 뜻이 있다고 갖다붙이는 게 일제가 조직사건을 만드는 수단이었다. 얼마든지 이런 걸 조작해 낸다. 홍업구락부가 실제 '독립운동'과 관련되었다는 근거로 든 게 이승만에게 독립운동자금을 보냈다는 것이다. 신흥우 등은 자금을 실제 보냈다고 했지만 윤치호는 '2만 원'의 자금지원을 부인했다. 윤치호가 당시 일기에 썼으니 사실이다. 일제는 1938년에 홍업구락부원 54명을 체포했고, 이들은 '전향'을 표명한 후 곧 '기소유예' 처분으로 풀려난다.

동우회는 홍사단 계고, 홍업구락부는 동지회 계다. 홍사단 · 동지회의 목표는 절대 독립이다. 하지만 동우회 · 홍업구락부는 '절대독립'이란 목표에서는 벗어났다. 말하자면 이미 90도 정도 방향을 꺾은 상태라 할 것이다. 물론 회원, 또는 부원의 인식에는 편차가 있다. 곧, 조직의 목표와 관계없이 절대독립을 염두에 둔 경우도 있다. 동우회 지도자 안창호가 그러하다. 하지만 국내단체로서의 이들 두 조직은, '조직'적으로 독립운동을 한 건 아니다. '정치운동'을 전개 한 것이 아니다.

이렇게 보면, 사건의 본질이 드러난다. 곧 '민족주의자'를 '전향'시켜 동원정책의 전면에 내세우려 한 것이다. 나머지 90도의 '전향'을 완성하려는 것이다. 그 상징이 크다. 이때의 전향정책은, 단지 사상을 포기시키는 게 아니다. '일본국민'으로 만들고 황민화 정책에 동원하려는 것이다. 일제에게, 동우회·홍업구락부는 '민족주의'와 '친미파'의 상징이다. 이걸 굴복시켜 '전향'시키면 일거양득이다. '민족주의자'와 '친미파'가 '내선일체', '팔굉일우' 따위에 동조하고 동원정책의 전면에 나서는 것은 조선인을 '내선일체'로 세뇌시켜 동원하는 데 효과가 절대적이다. 일제가 노린 목적이다. 실제 두 사건 관계자의 '전향 성명서'를 보면, '민족자결주의'를 포기하는 데 그치지 않고 '내선일체'와 '신일본의 국가적 대이상'에 따른다면서 중일전쟁을 아시아를 해방하는 '성전(聖戰)'이라고 표현했다. 이후 이들이 나갈 길은 뻔하다. 이로써 일제는 민족주의자의 '전향'을 완성했다는 상징을 확보한다. 오른쪽 90도에 존재하던 '민족주의' 세력을 동원정책에 끌어들여 침략전쟁의 전투요원으로 삼는 계기를 마련한 것이다. 결국, 중일전쟁 전후의 '전향' 문제에는, 사회주의 세력과 아울러 민족주의 세력도 포함된다. 이때의 '전향' 기준이 '사상의 포기'뿐 아니라 '동원'도 포함되기 때문이다.

이제 '폭력'과 '자발'의 문제를 보자. 두 전향 성명서는 표현이 거의 같으므로 '자발적 성명'이라기보다, '총독부가 작성'했거나 '강압'으로 작성했을 것으로 지적된다.[12] 사실일 것이다. 여기까지는 '강압', 곧 '폭력'이다. 일제의 물리적 폭력은 무시할 게 아니다. 신념이 강하더라도 저항하지 못하는 경우가 많다. 고문을 보자. 서대문형무소가 '독립공원'으로 조성되어 있다. 여기에 일제의 고문 내용을 재현한 곳이 있다. 이걸 본 이들은 일제의 잔인한 만행에 경악하며 치를 떤다. 고문의 예를 하나만 들자. 손톱 고문. 손톱을 생으로 뽑는다. 또 손톱 밑을 뾰족한 대나무꼬챙이로 마구 찌른다. 신념이 강한 '운동가'들도 이런 '비인간적' 고문에 '인간적으로' 무너지는 경우가 많았다 한다.

'인간적으로' 생각하면 고문으로 '전향'하거나 '변절'한 것을 탓할 수는 없다. 오히려 가슴 아픈 일이다. 하지만 고문당하는 데도 편차가 있다. 신념의 강도, 사회적 신분, 일제와의 유착 정도에 따라 폭력의 내용이 다르다. 동우회 사건을 보자. 대개 고문을 당했다. 김성업은 고문으로 불구가 된다. 안창호, 최윤호의 사망도 고문에 따른 것으로 보인다. 하지만 이광수, 그는 고문 당했다는 기록이 없다. 이광수는 다른 이에 대한 고문은 설명했지만 자신이 고문당했다는 말을 하지 않았다. 해방 이후 자신의 친일 행동을 변명한 예에 비추어 보건대, 고문을 당했으면 아마 많이 과장을 해서 말했을 것이다. 그가 병중이었다 하더라도, 사망에 이를 정도는 아니었다. 그는 병보석으로 병원에 입원하고 뒤에는 자유롭게 활동했다. 이광수는 구금되기는 했지만, 고문의 외각지대에 있었다. 그러니 '고문'보다는 '구금' 자체가 그에게는 고통이다. 구금도 일제의 물리적 폭력임은 물론이다. '고문'보다는 약하지만 그것도 무시할 수는 없다.

일제의 전향통계에 따르면 '구금의 고통'이 전향 동기에서 큰 비율을

---

12) 이명화, 위의 글, 162쪽.

차지한다. 1937년의 비율은 37.2%(전향과 준전향을 합한 것)다. 가장 큰 원인이다. 일제가 조사한 것이니 실제 그 비율은 더 클 것이다. 하지만 1938년에는 사정이 달라진다. 예컨대 1938년 후기에 '공산주의자'는 165명이 전향했는데, '구금' 때문에 전향한 경우는 7명에 불과했다. '민족주의자'는 89명이 전향했는데 '구금' 때문에 전향한 경우는 아예 없다. '구금의 고통' 항목 자체가 없다.

동우회와 흥업구락부의 전향 성명은 1938년 8월과 9월에 있었다. 앞의 전향통계와 연관해 보면 '구금의 고통'이 그들의 전향 동기가 될 수 없다. 일제가 만든 통계니 그대로 믿을 수는 없다. 고문이나 구금의 고통은 현실로 존재한다. 하지만 현실을 감안하더라도 전향 원인 통계에 항목 자체가 없다는 것은, 실제 그들에 가해진 물리적 폭력이 과장되었음을 뜻한다. 안창호 · 최윤호 · 김성업은 일제 폭력의 현실적 희생자다. 하지만 어떤 이(예컨대 이광수)에게는 폭력이 없었거나 과장되었음이 분명하다. 짐작컨대 그들은 현실의 폭력을 보고, 제풀에 꺾인 것이다. 말하자면 이렇다. 옆방에서 고문당하는 비명 소리만 듣고 '사상을 포기'하고 '전향'하는 셈이다.

흥업구락부라고 예외는 아니다. 윤치영은 체포되었던 경험을 회고한 바 있다. 여기에 '고문' 당한 실상이 적혀 있다. 물고문 · 매달기고문 · 침질고문 등을 당했다는 것이다. 실제, 그랬을 수 있다. 윤치호는 일기에서 "서대문서 공포의 맛을 본 사람들로부터, 모든 사람이 그들이 결코 꿈꿔보지 않은 사실을 자백하도록 고문 당했다는 사실을 알게 되었다"고 1938년 9월 8일의 일기에 적었다. 그런데, "가장 잔인한 고문 가운데 하나가 두 팔을 앞으로 쭉 펴고 몇 시간 동안 서 있는 것"이라 했다. 이건 물론 힘들다. 고통스럽다. 하지만, 고문당하는 사람에 대한 '대우'

가 느껴지는 고문이다. 때리고 매달고 찔러서 '육신에 흔적이 남는' 고문은 아니다. 그 실제를 보자. 신흥우는 윤치호에게 '72시간 1번, 52시간 1번'의 서 있는 고문을 당했다고 말했다. 윤치호는 일기에서 "그 말을 믿지 않는다"고 했다. 그런데 고문시간에 차이가 나는 증언이 있다. 이건춘은 신흥우가 24시간 1번, 48시간 1번의 서 있는 고문을 당했다고 말했다.[13] 시간은 중요하지 않다. 고문은 현실이다. 하지만 일제의 폭력(강압)이 전향의 동기란 점을 설명하기 위해선, 고문의 실체가 제대로 밝혀져야 한다. 전향자의 입장에서는 할 수 없이 그랬음을 변명하기 위해 고문 내용을 과장할 수 있다. 그 실체가 확실하지 않는 경우도 있을 것이다. 그대로 믿을 수는 없지만, 일제는 민족주의자의 전향 원인에서 구금의 고통은 아예 빼지 않았는가. '육신의 흔적'이 없는 고문은 분명 과장되었을 수 있다.

그렇다면 일제의 폭력이 '전향'의 계기가 될 수는 있지만 고문, 또는 구금의 실체, 구체적 내용에 따라, 전향 동기에 편차가 존재한다는 뜻이 된다. 곧 당사자에 따라 실제 엄청난 일제의 폭력으로 전향했을 수도 있지만, 실재하지 않거나 '미약한 폭력'에 뜻을 꺾을 수도 있었다는 것이다. 그저 일제가 시켜서 그랬다는 것은 전향의 원인을 충분히 설명할 수 없다.

'공산주의자'의 전향이라고 해서 이 문제를 비껴갈 수는 없다. 전향 원인에 대한 통계에는 '구금의 고통' 항목이 들어 있다. 하지만 앞서 보았듯이 1938년이 되면 비율이 격감한다. 그 뒤로도 같다. 1939년 상반기, 298명의 공산주의 전향자 가운데 '구금의 고통'으로 인한 전향은 8명에 불과했다. 1939년 하반기에는 195명 가운데 13명이

13) 전택부, 『인간 신흥우』, 기독교서회, 1971, 257쪽.

그랬다.

그러니 사회주의자의 전향이건 민족주의자의 전향(또는 변절)이건, 일제의 폭력은 하나의 동기가 될 수 있을지언정, 전향이라는 사회적 현상 모두를 설명할 수는 없다. 이것으로는 전향을 제대로 이해할 수 없다. 오히려, 일제의 폭력은, 파쇼체제에서 파생된 '분위기'일지도 모른다. 말하자면 '말 듣지 않으면 맞는다'는 공포분위기를 사회 일반에 확산해 동원의 통제를 완성하려는 일제의 의도도 있었을 것이다. 지식인은 강하지만 약하기도 하다. 개인에 따라 다르다. 폭력적 통제 분위기에 두 말 안하고 순종하는 지식인도 있다. 일제가 노리는 바다.

문인의 예를 보자. '탄압' 얘기가 한 번 나올 때마다, 친일조직(·활동)이 제꺽제꺽 나온다. 직업적 친일 문인 김문집이 이광수를 찾아가 '문인 대탄압'을 언급한 후 '조선문인협회'라는 주구 단체가 만들어졌다. 김동인이 '감옥에 들어가면 당장 죽는다'는 생각으로 스스로 총독부를 찾아가 '황군 위문'을 제의한 후 '황군위문 작가단'이 구성되었다.[14]

소설에서도 그 예를 찾을 수 있다. 이석훈의 「고요한 폭풍」에 '검거'의 공포가 설명되어 있다. "뜻밖에 신진작가인 고영목이 며칠 전 도경찰부에 검거됐다는 사실을 알았다. 그는 놀랐다. …… 박 자신이 불안한 마음에 사로잡혀 바야흐로 이 시대가 안고 있는 범상치 않는 일종의 공포와도 흡사한 엄숙한 느낌이 신변으로 다가오는 것을 느끼지 않을 수 없었다."[15]

소설의 주인공은 이 경험 이후에 '문예 강연대'에 참가하여 '강연

---

14) 김동인, 「문단삼십년의 자취」, 『동인전집(8)』, 홍자출판사, 1967, 468~469쪽.
15) 이석훈, 「고요한 폭풍」, 『國民文學』 1942년 11월 ; 김병걸 · 김규동 편, 『친일문학작품선집(1)』, 실천문학사, 1986, 312~313쪽 ; 송민호 , 『일제 말 암흑기 문학연구』, 새문사, 1991, 264쪽.

행각'에 나선다. 실제, 소설의 작자 이석훈이 1940년 말에 '문예 강연대'의 일원으로 참가한 것을 보면 이 소설은 이석훈의 개인적 '체험'을 밑바탕에 깔고 있을 것이다.

이런 사례들을 보면 '검거의 공포'가 문단을 휩쓸고 있었음을 알 수 있다. 그건, 사실이다. 하지만, 카프 사건 뒤에 대규모 문인 조직 사건이 없었음을 감안하면, 이때 문단 내에 증폭된 '검거의 공포'는 실체가 없는 것이라 할 수 있다. 있다면, '약한 지식인'으로서의 문인들의 머리 속에 존재하는 것이다. 이쯤 되면, 일제의 물리적 강제와 자발적 협력의 경계가 모호해진다. 그 모호함을 다시 「고요한 폭풍」을 통해 보자.

> 상대편은 더욱 농담투로
> "상부로부터 종용 당했군요?"
> 하고 은근히 속을 떠보는 것이었다. …… 박[태민]은
> "아니오. 협회의 자발적인 움직임입니다."
> 라고 딱 잘라 대답할 수 없는 것이 자기가 생각해도 한심한 일이었다. 그렇다고 해서 상부의 명령이라고 밝힐 비양심도 그에게는 없었다.[16]

문인 얘기다. 소설 속 얘기지만 중요한 점이 있다. 문인이 강연에 동원되는데 강제적 지시와 자발 사이에서 자신이 어느 위치에 있는지 확신하지 못한다. 이건 중요하다. 그 매개체로 조선문인협회가 존재한

---

16) 이석훈, 「고요한 폭풍」, 『國民文學』 1942년 11월 ; 김병걸 · 김규동 편, 위의 책, 319쪽 ; 송민호, 위의 책, 271쪽.

다. 결국 문인 통제는 일제가 하지만, 문단조직으로서의 문인협회는 물리적 강제를 개인의 자발로 치환시키는 역할을 한다. 이쯤 되면, 일제의 고문 · 구금 따위의 실체적 폭력이 없더라도 문인은 '적'으로서의 일제에 투항하고 침략전쟁의 전투요원이 된다. '폭력의 강제'로부터 점차 '자발적 동원'으로 나아가는 과정을 읽을 수 있다.

문단 얘기를 꺼냈으니 문단 얘기로 그 증거를 들자. 카프 사건 때 전향한 백철은 자신의 '심정'을 후일 이렇게 술회했다. "전향 문제는 참 미묘해요. 내 솔직한 심정은 물론 탄압이 직접적인 동기가 되었지요. …… 이래서 외부의 압력을 구실로 내부적으로는 새로운 문학관을 찾은 것이라고 말할 수 있을 거예요. 그러니 내부적으로도 심경의 변화가 있었습니다." '탄압'이 전향의 동기지만 '자발적 동원'이 존재함을 솔직하게 시인하고 있다. 이 말에 대해 양주동은 이렇게 대꾸했다. "나 같으면 이렇게 말해요. '10분의 8은 압력이고 2는 자성이다'라고."[17] '압력', 곧 폭력의 강제와 '자성', 곧 '자발'이 개인별로 혼재해 있다는 지적을 주목하자. 비율은 중요하지 않다. '직업적' 친일분자 따위는 100% 자발이다. 또 100% 강제일 경우도 있을 것이다. 하지만 대부분의 전향자에게는 압력과 자성이 혼재되어 있다. 그것이 중요하다. 문인의 '전향'에 관한 얘기지만 전향 일반에도 적용된다.

여기에 전향 후의 활동 과정이 존재한다. 곧, '자발'이 먼저라면 이건 직업적 친일분자다. '폭력'이 먼저라면 이건 전향자다. 하지만 '자발'로 전환하는 과정이 중요하다. 언제 어떤 계기로 일제 동원정책의 첨병으로 나섰는가. 개인에 따라 다를 것이다. 일제 파쇼정책의 추이에 따라 다를 것이다. 개별적 사례가 밝혀져야 할 것이다. 다만, 일반적으로

---

17) 임헌영 편, 『문학논쟁집』, 태극출판사, 1978, 626쪽.

얘기하자면, 적어도 1938년부터는 '폭력에 의한 강제'보다 '자발적 전환'이 우세해진다고 판단된다. 앞서 보았듯이 전향 원인에서 '구금의 고통'이 격감한 것은 1938년이다. 1939년에는 실제 문인탄압사건도 없는데 문단의 '황군위문사절단'과 조선문인협회가 조직되었다. 이건 분명 '자발적' 동원이다.

1938년은 국민정신총동원 조선연맹이 조직된 때다. 모든 사람을 통제망으로 묶어 '동원의 통제망'을 구축했다. 극단적 파쇼체제로 돌입하기 시작한 때다. 항일민족의식 또는 '개인'의 '이성'을 잠재워 '내선일체'라는 조선인 동원의 주문으로 대체하려는 시도가 '조직의 이름'으로 이루어졌다. 이해할 수 없다. 일제가 통제망을 구축해 '이성'을 잠재우는데, 저항도 못하고 '자발적으로' 동원구조에 편입된 사실은. 대개의 지식인(・유력자)들이 '조직적'으로 그랬다. 동우회 사건, 홍업구락부 사건, 또 천도교의 '특별기도 사건'이 있었지만, 이건 통제망이나 동원정책에 대한 저항이라기보다 일제가 통제망을 구축하기 위해 '만든' 사건에 가깝다.

결국 이때의 '전향'은 강제의 비율보다 자발의 비율이 더 높다 할 것이다. 물론, 그 계기는 전향자 개인에 따라 중일전쟁을 전후로 이미 존재했다 하겠다. 그것이 조선연맹의 탄생을 전후로 노골적으로 변한 것일 따름이다.

이제 '자발'에 대해 보자. '자발'은 말 그대로 누가 시켜 하는 게 아니다. 스스로 생각하고 느껴서 나서는 것이다. 다시 일제의 전향 원인 통계를 보자. 전향 원인에서 신앙・가정애・건강 등 개인 사정과 '구금'이란 강제를 제외하면, 대체로 '자발적' 전향 원인이 된다. 1937년에는 '국민적 자각'이 1.3%, '주의이론 청산'이 3.1%에 불과하지만

'국체교육의 결과'는 21.4%에 이른다. '국체교육'에 이미 일제 권력의 흔적이 보이지만, 결과로는 폭력에 따른 전향이라기보다는 스스로 전향하는 데 가깝다. 1938년부터는 이런 '자발적 전향' 비율이 급증한다.

1938년 후기 공산주의자의 전향 원인 통계. 165명 가운데 '[중일전쟁]에 따른 시국인식'이 무려 68명(41.2%)이다. '(공산주의의) 오류발견'도 38명(23%)이다. 이것만 해도 3분의 2가 스스로 생각을 바꿔 전향한 것이다. 다음은, 민족주의자의 전향 원인 통계. 89명 가운데 54명(60.7%)이 '[중일전쟁]에 따른 시국인식' 때문에 전향했다. '조선독립의 불가능 자각'도 14명(15.7%)에 이른다. 1938년에 이미 '자발적 전향'이 대세를 차지한 셈이다. 그런 경향은 계속된다.[18] 때로 '교회(教誨) 지도'의 비율이 증가하기도 하지만, 이런 원인도 '자발'에 가깝다. 시국인식이니 오류발견, 또는 독립불가능의 자각 따위도 결국 일제 사법부의 '지도'와 밀접하게 연관될 수밖에 없다.

사실 일제의 통계는 그대로 믿을 게 못 된다. 전향 원인을 하나만 대는 것은 무리다. 앞서 보았듯이 '강제'와 '자발'은 개인별로 경계가 모호하게 섞여 있는 경우가 많기 때문이다. 그럼에도 중요한 전향 원인이 변화하는 추이는 주목할 필요가 있다. 1939년 상반기의 전향 원인 통계(공산주의자)에는 '[중일전쟁]에 따른 시국인식'이 298명 가운데 무려 188명(63.1%)이나 된다. 이건 변화다. 중요한 변화다. 틀림없이, 강제적 전향에서 자발적 전향으로 전환되었다는 얘기다.

---

18) 朝鮮軍參謀部,『昭化十三年後半期朝鮮思想運動概況』1939年 2月 ;『昭化十四年前半期朝鮮思想運動概況』1939年 8月 ;『昭化十四年後半期朝鮮思想運動概況』1940年 2月.

그 중요한 계기가 '중일전쟁'이었다는 얘기다.

물론 스스로 전향하는 데도 여러 원인이 있다. 복합적일 수도 있다. 우선은, 중일전쟁부터 보자. 일제는 침략한다. 제국주의란 게 그렇다. 끊임없이 침략전쟁을 일으킨다. 조선·대만을 식민지로 만들고 만주를 점령하고 중국까지 쳐들어간다. 그러나, 겉으로야 침략한다고 할 수는 없으니 '전쟁'이란 표현도 못 쓰고 '사변'이라 한다. 그러면서 '영토적 야심'은 없고 중국과 제휴하기 위한 것이라고 한다. 이걸 곧이곧대로 믿을 이는 없다. 침략은 침략일 따름이다. 전쟁은 '사변'이 아니다. 중일전쟁이 장기화되면서 전쟁의 희생이 일반 국민에게 강제된다. 그러니 전쟁을 계속 수행하기 위해서는 세뇌 '주문'을 만들 필요가 있다. 그래 나온 것이 '(대)동아 신질서 건설', '대동아공영권'(1940년 이후 사용) 따위의 표현이다. 한 마디로 일본이 동아시아를 독점적으로 지배하겠다는 것이다. 그러나 이런 표현들이 침략전쟁을 합리화하지는 못한다. 더 센 주문이 필요하다. '팔굉일우(八紘一宇)'니 '황도(皇道)'니 하는 말들이 등장한다. '팔굉일우'란 '천황'이 온 땅을 통치한다는 뜻으로, 일본 왕 신무(神武)가 도읍을 정할 때 나온 말이다. 고대의 건국신화야 무슨 말인들 못하겠는가. 하지만 "20세기 현대에 그것이 일본의 건국정신이며, 그 정신이 일본의 국시라고 천명한다면 문제는 매우 커진다."[19] 일본 왕이 세계를 지배하겠다는 것은 분명 정상이 아니다. 와카쓰키의 표현을 빌린다면 '신들린' 게다. 그런 상태니 일본 왕은 '살아 있는 신'[現人神]이라 하고 일본이 다른 나라를 침략하는 것은 '성전'이라 외쳐댄다. 이건, 고대의 '주술'이 판치는 세상이다.

---

19) 와카쓰키 야스오 지음, 김광식 옮김, 『일본 군국주의를 벗긴다』, 화산문화, 1996, 189~190쪽.

그런 걸 갖다 국민을 세뇌시키고 전쟁을 계속했다.

전향이 '자발적'으로 전환된 계기가 중일전쟁이었으니, 전향자는 우선 일제의 전쟁 수행을 어떤 형태로건 '긍정적으로' 받아들였다는 얘기다. 내선일체란 주문과 상관시켜 보면 '내선일체'를 통한 조선인의 동원을 상쇄할 만큼 전쟁에 대한 기대가 컸다는 뜻이다. 전쟁에서 도대체 무얼 보았다는 얘긴가. 본질이야 침략전쟁이다. 적극적이었던 소극적이었던 반제항일운동의 실천가들을 180도 돌아서게 한 것은 무엇이었나.

앞서 중일전쟁을 계기로 조선인을 전쟁에 동원하기 위해 '내선일체'란 주문을 만들어 조선인을 세뇌시켰다 했다. 조선인 전향의 경우, 어떤 전향이건, '내선일체' 문제를 떠날 수 없다. 다시 말해, 중일전쟁에 대한 인식은, 곧 내선일체에 대한 인식과 불가분의 관계에 있다.

맑스주의 경제학자 인정식의 경우를 보자. 그는 '제국의 위대한 동아(東亞) 사상의 진실된 뜻'이 알려지며 '민족주의적 · 공산주의적 프로그램 · 코스'가 미몽(迷夢)에 불과함이 드러났다고 했다. 인정식은, 한 마디로 내선일체를 '역사적 필연'이라 규정한다. 전제가 있다. '[일본]제국을 맹주로 하는, 동아 재편성이 필연'적이라는 것이다. 이 조건에서 '내선일체'를 수용한 것이다. 침략전쟁을 통해 일제가 아시아를 지배하는 조건 아래, 내선일체는 필연적이라는 것이다. 인정식은 그게 조선에 이익이라고 강변한다. 병참기지가 된 조선의 일반 민중에게, '경제적, 정치적, 내지 문화적 생활 전반에 매우 행복한 영향을 초래'한다고 주장했다. 공업과 농업이 발전하고 '정치적 권리'도 얻을 수 있다는 것이다.[20]

---

20) 印貞植, 「內鮮一體の必然性について」, 『東洋之光』 1939年 2月號.

인정식의 생각은 이런 셈이다. 일제는 결국, 아시아의 지배자가 된다. 만주를 점령하고, 그 거대한 중국과도 전쟁한다. 한 마디로 일제는 강하다. 현실이다. 그러니, 조선은 독립할 수 없다. 그럴 바에야 일제에 붙어 전쟁의 이익을 보자. 일제가 조선인을 전쟁에 동원해 희생시키기 위한 허구의 '주문'을 현실로 착각한 것이다.

사실 당시 지식인 사회에는 조선의 독립이 불가능하다는 인식이 팽배해 있었다. 전향의 원인에도 이런 이유가 적지 않은 비율을 차지한다. 이 또한 중일전쟁을 보며 '인식'이 바뀐 것과 밀접하게 연관된다. 이미 패배주의에 사로잡혀 있다. 이 패배주의에 일제가 '동아 건설'이란 환상을 제시하니 완전히 여기에 빠져든 셈이다.

그러나 이걸로는 불충분하다. 어떻든 내선일체의 현실은 조선인의 희생이기 때문이다. 이걸 당대 일류의 지식인들이 모를 리 없다. 그렇다면 조선의 이익을 위한다는 전향의 논리는 이미 설 자리를 잃었다. '조선을 위해 조선을 없앤다'는 논리는 있을 수 없다. 빈약하다. 근거가 없다. 그야말로 핑계다. 그렇다면 남는 것은 '약육강식'의 논리뿐이다. 강한 자가 살아 남는다는 '정글의 법칙'이다. 국가와 국가, 또는 민족과 민족 사이의 관계를 결정하는 것은 '무력'이라는 인식이다. 그러니 침략전쟁도 스스럼없이 받아들인다. 이미 조선인의 희생 따위는 안중에도 없다. 조선의 힘없는 대중이 '노예'로 희생되는 것은 관심 밖의 일이다. 이광수는 이렇게 말했다. "강한 자는 이기고 약한 자는 지는 것은 공평한 일이다."[21] 폴란드 바르샤바가 독일군에게 함락된 소식을 듣고 한 말이다. 이 말을 식민지 조선에 적용할 때 '일본이 이기고 조선이 지는 것은 공평한 일' 또 '지배층이 이기고 대중이 지는 것은

21) 이광수, 「想華」(『三千里』 1941년 1월), 『이광수전집(8)』, 삼중당, 1971, 366쪽.

공평한 일'이 된다.

그러니 조선인 대중의 희생을 외면하는 정도가 아니라, 조선인 대중을 희생시킴으로써, 그 목표를 달성하려는 것이다. 대외적으로는 국가가 국가를 점령하는 것이지만, 대내적으로는 지배층이 피지배층을 '지배'하는 것이다. 이런 인식의 전향을 가능하게 했던 것은, 민족주의자의 경우에는 근대화지상주의, 공산주의자의 경우에는 '코민테른의 극좌노선'이다.[22] 그 사상의 밑바탕에 변절 · 전향의 기반이 이미 있었다는 뜻이다. '근대화 지상주의'는 원래 그렇다. 엘리트가 근대화를 주동하니, 대중의 희생은 관심 밖이다. '근대화'된 국가가 약한 국가에 '문명'을 전파하니 '침략' 따위는 없는 것으로 친다. '근대화'가 목적이 되면 거기에 '사람'과 '가치'는 없다. 근대화의 '의미'만 있다. 민족주의자가 '절대 독립'이 불가능하다고 생각할 때 갈 곳은 뻔하다. 제국주의, 곧 일제의 품에 안기는 것이다. 극좌노선도 그렇다. 코민테른(소련)이 각국의 '혁명'을 지도 · 통제한다. 어찌 보면 이 또한 혁명의 '엘리트주의'다. 소련은 공산주의의 종주국으로 자리잡고 혁명 과정에 있는 국가는 소련의 지도를 따를 수밖에 없다. 또 극좌노선은 계급문제를 민족문제보다 중시하게 만든다. 운동 정신이 유연하지 못하고 긴장 상태에 있게 된다. 이런 상태에서 '조선'에서 혁명과 독립이 불가능하다고 생각할 때, '적'으로 인식하던 일제 파쇼체제에 편입되는 것은, '통제와 정신의 긴장상태'에 익숙한 운동가로서는 일반적 사상 전환 경로일지도 모른다. 그것이 개인에 따라 편차가 다르겠지만, 혁명(항일)운동을 현실적 기반 위에 구축하지 못한 '관념적 운동가'는 그 전환이 쉽게 이루어졌다. 일제가 조선인 동원을 위해 내세운 주문들도 관념이

22) 이런 지적은 이명화와 김민철의 글에서 시사를 받았다.

니, 관념에서 관념으로 전환하는 셈이다. 여기서 조선인의 노예적 동원이란 현실은 눈감아 외면한다.

하지만 그래도 의문은 남는다. 폭력의 강제는 전향의 중요 계기지만 1938년 이후 전향 현상을 설명하기에는 부족하다. 자발적 전향에 중일전쟁이 큰 영향을 미쳤지만, 내세운 전향이론이란 게 부족하고 핑계에 가깝다. 또, 전향 전에 이미 '전향의 사상적 · 현실적 기반'이 형성되었다 했다. 하지만, 이것도 하나의 계기가 되지만, 전향의 절대적인 근거로는 부족하다. 이들 여러 원인이 복합되었다고 설명할 수 있다.

그리고 또 하나의 계기가 있다. '권력의 매력'이다. 내선일체 · 팔굉일우 따위의 주문, 천황제 · 군국주의 따위의 중세적 비합리성은, 근대적 '사람'이면 받아들이지 못한다. 이성을 잃지 않고서는 '그것이 살길'이라고 외쳐대지 못한다. 근대화 지상주의가 대중의 희생을 외면한다 했지만, 그것이 고대나 중세의 '주문'까지 허용하진 않는다. 비정상적 근대화라 할 수도 있겠지만, 어떻든 전향의 본질적 목적은 전쟁의 전투요원이 되는 것이고 그것은 일제의 비합리적 주문을 그대로 받아들이는 것을 전제로 한다. 이건 '왜?'라는 물음으로는 이해될 수 없는 문제다. 그러니 그런 주문을 외쳐대며 나타난 결과를 보지 않을 수 없다. 거기에 '권력'이 있다.

일제가 실제 동아시아를 정복하고 세계를 제패한 후 조선이 이익을 얻을 것이라는 건 허구다. 변절자들이 그걸 진짜 믿었을지도 모르지만, 그것이 현실적인 조선인의 희생까지 외면할 정도로 현실에서 구체화되진 않았다. 일제가 내선일체 주문을 세뇌시켜 조선인을 침략전쟁에 동원했지만 '의무'를 강조했지 '권리'를 보장하진 않았다. 내선일체 '의무'의 되풀이다.

여기에는 희생의 현실적 대가는 존재하진 않는다. 조선은 식민지일 따름이다. 그게 일제의 동원정책이다. 그렇다면 변절자가 조선인 대중을 희생시켜 얻은 것은 무엇인가. 현실적 결과에서 나타난다. '권력'이다. 일제 파쇼체제 지도부에 편입되는 것이다. '일제 관리'가 되는 따위의 차원이 아니다. 조선인의 '정치적 권력'은 물론 존재하지 않는다. 하지만 다른 뜻의 '권력'이 있다. 자신이 속한 분야·단체의 '지도부'가 되는 것이다. '권력'이 목적이 되는 것이다.

일제의 동원정책에 협력할 때 전향자(·변절자)는 새로 지도자로 부각해 권력을 쥘 수도 있고 기존의 권력을 잃지 않을 수도 있다. 이건 순전히 개인의 '욕심'에 관한 문제다. 권력의 매력은 크다. 특히 민족운동과 사회운동에 종사한 동기가 '권력'에 있을 경우, 전향은 수월하게 이루어질 수 있다. 여기서의 권력이 물론 '주의'의 권력은 아니다. 순전히 '개인'의 권력을 말한다. 이건, 물론, 개인적 활동의 추적이 필요하다.

최린. 천도교 '지도자'였다. 전향을 권력문제와 연관해 이해할 수 있는 좋은 예다. 잘 알려진 대로 최린은 3·1운동에 참여했고, 변절했다. 일제의 조선지배를 현실로 인정했다. 1933년에 '대동방주의'를 외치며 '내선융합'을 주장한다. 중일전쟁 전에 이미 변절했지만 만주사변이 인식 전환의 계기가 되었다는 자술로 보아 침략전쟁이 변절에 영향을 주었음을 알 수 있다. 최린은 천도교를 '보존'하기 위해 변절했다고 변명했지만 그야말로 변명이다. 천도교는 일제의 동원정책에 따라 민족종교로서의 존립근거를 잃고 변질되었고 여기에 최린이 지키고자 한 천도교는 없다. 오히려 천도교 기층조직은 일제의 '천도교 괴멸책'에 대해 저항했다.

그러니 최린이 변절한 건 다른 원인이 크다. 권력이다. 일제의 최린 취조 문서를 보면, 전향 문제와 관련하여 두 가지 사실을 확인할 수 있다. 첫째, 최린은 일찍부터 민족패배주의에 사로잡혀 있었다. '병합'을 불가피하게 받아들이고, 독립운동을 '청원'이나 '세계 각국의 동정' 따위로 이해한다. 진짜 독립의지(정신)는 없다. 그러니 쉽게 변절한다. 둘째, 권력욕구가 있었다. 심문자가 천도교를 '정치상으로 이용'하려 한 것인지 묻자 최린은 '인내천(人乃天)' 주의를 믿는 것이지 "야심을 가지고 가입한 것은 아니다"고 답한다. 그러나, 종교적 동기는 부정될 수밖에 없다. 심문과정에서, 『용담유사』라는 천도교 경전이 있는 지도 모른다고 대답하기 때문이다.[23] 남는 것은, '(정치적) 야심'이다. 천도교 경전의 유무도 모르고 천도교 지도자를 자처하는 태도는 '야심가'의 모습을 보여줄 따름이다. 이게 독립운동의 수단을 뜻하는 건 물론 아니다. 최린 스스로 '야심'이라 표현했다. 권력 장악을 뜻한다. '야심이 없다'는 것은, 역설적으로, 최린이 천도교를 권력 추구의 수단으로 이용했다는 뜻이 된다.

일제가 그런 최린의 속성을 모를 리 없다. '야심'만 충족시키면 이용하기 좋다. 그러니, '권력'을 보장해 주며 변절시킨다. 최린은 천도교를 분열시켜, 일제와 타협하지 않는 천도교 구파를 배척하고, 신파의 주도권을 장악한다. 일제 수뇌부와 접촉하고 1926년에 조선지배의 브레인인 아베(阿部充家)를 만나 "조선독립이 오늘날 불가능하다는 데 대해 확신하고 있으며, …… 나도 민중의 신임만 얻으면 반드시 조선의회의 한 사람이 되기를 사양하지 않겠다"고 말한다.[24] '민중의 신임'을

23) 李炳憲 編著, 『3・1運動秘史』, 時事時報社 出版局, 1959, 579~580, 585~587쪽.

말했다. 독립을 포기한 최린 따위는 운동가는 물론이고 '조선 민중'의 배척을 받았다. 1920~30년대 전반기까지는 조선의 항일의식이 굳건했다. 그러니 최린이 신임이라 한 것은, 자신이 권력을 잡는 데 일제가 도와 달라는 게다. 그러면 민중에게 독립이 불가능함을 세뇌시키겠다는 뜻이다.

중일전쟁과 일제의 황민화동원정책은 최린에게 마음껏 '권력의 날개'를 펼치게 하는 계기가 된다. 1936년에 천도교의 신도 일부는 최린을 비판하며 배격운동을 벌였다. 최린은 신파의 대도정(大道正)에서 물러나게 된다. 이후 '선생'으로 불리다가 이도 취소되고 고문이 된다. 이런 일련의 과정에 대해 최린은 천도교 간부들에게 불만을 표시했다.[25] 이를테면 자신의 권력기반이 약화되는 데 대한 불만이다. 이런 상황에서 일제가 조선인 동원정책을 강제하자 최린은 주저하지 않고 그에 편승한다. 1937년에 총독부 기관지 매일신보 사장이 되고, 총독부의 시국대책조사위원회 위원도 된다. 급기야 주구단체 임전보국단의 단장, 언론보국회의 회장까지 된다. 일제 파쇼체제 아래서 '조선인'이 누릴 수 있는 최고의 권좌에 올랐던 것이다.

직업적 친일분자가 권력을 탐한 것은, 원래 그런 것이다. 하지만 한 때 민족·사회운동에 몸담았던 이들의 전향(변절)에도 '권력욕'이 개입되었음은 분명하다 할 것이다. 종교계의 정춘수·신흥우·정인과·이종린·이종욱 따위가 그러하다. 전향(변절)의 시점은 차이가 있지만, 중일전쟁 후 극단적으로 친일활동을 한 배경에는, 교단권력의

24) 김경택, 「최린 : 반민특위 법정에 선 독립선언의 주역」, 반민족문제연구소 엮음, 『친일파 99인(3)』, 돌베개, 1995, 158쪽.
25) 『조선중앙일보』 1936년 8월 8일.

장악이 있었다. 개별 분석이 필요하겠지만, 몇 가지 예만 들자. 감리교의 '지도자' 신흥우. 흥업구락부 사건으로 '전향'한다. 전향 후 일제 당국(경찰력)의 비호를 받으며, 감리교를 황민화 동원 단체로 전락시킨 주동적 인물이다. 감리교회를 '독재'하는 신조직계획(이른바 혁신안)을 정춘수와 함께 만들어 외국선교회 계열의 감리교 지도자들과 대립했다. 결국 교권을 장악한다. 윤치호는, 신흥우가 '한국 교회의 무솔리니 또는 히틀러'가 되려 한다고 말했다. 장로교의 '지도자' 정인과. 미국교민대표로 상해임시정부에 참가했다. 동우회 사건 때 '전향'한다. 장로교를 황민화하는 중앙상치위원회를 조직하고 「장로교지도요강」 따위를 발표한다. 물론, 장로교의 동원단체화를 시도하는 내용이다. 그는, 장로교회의 '신흥우' 정도로 이해하면 된다. 불교 종단 '지도자' 이종욱. 3·1운동에 참가했다. 1920년대부터 이미 일제당국과 접촉하며 종단 지도자로 부상하고, 중일전쟁 후에는 교권 장악을 위해 불교를 전시동원단체로 전락시킨다. 중앙조직이 없던 불교계에 '총본산' 제도를 만들고, 중앙통제조직으로서의 '조계종' 종무총장이 된다. 완전한 교권 장악이다. 그것이 불교계의 동원을 전제로 했음은 물론이다.

이때의 종교단체는 파쇼화한다. 종교단체의 모습을 점차 잃어 갔다. 동원단체다. 곧, 종단을 '보호'하기 위해 그랬다는 변명은 통하지 않는다. 이미 지키고자 한 종단의 실체는, 없기 때문이다. 남는 것은, 교권이다. 그것도 종전과는 엄청나게 다른, 통제력 강한 교권이다. 그러니 기를 쓰고 때로는 같은 친일파끼리 경쟁하며 동원정책에 협력한다.

이종욱이 종권을 장악한 과정이 흥미롭다. '31본사를 통괄·지도·감독'하는 총본사는, 일제 당국이 1940년 5월에 '인가'했다. 그런데 1월 말에 월정사 승려 4명이 승려로서는 '처음으로' '지원병'에 '지원'

한다. '지원'은 다른 절로 파급되었다. 월정사 주지가 이종욱이다. 그는 '총본산건설사무소' 대표이기도 했다. 이 절묘한 관계. 직접적 근거는 없다. 하지만 이종욱이 자신이 주지로 있는 절의 승려를 '지원'시켜 그 '충성'의 대가로 '조계종'인가를 받아 종권을 장악했다는 추론은 얼마든지 가능하다. 추론이 아니라 사실일 것이다.

대개 변절자(전향자)의 권력 장악이란 게 이런 식이다. 종단을 보호하기 위해 할수없이 친일행각에 나섰다는 선후 문제가 아니다. 오히려 친일 행각에 나섬으로써 종단 권력을 장악했다는 것이 옳다. 이쯤 되면, 일제의 '폭력적 강제', '시국인식'의 변화, '사상의 전환' 따위 전향동기는 무색해진다. 권력욕만 존재하는 듯하다. 그러니 종교가 어떻게 변질되건 종교인이 어떻게 일제에게 희생되건 관심 밖이다. 교권만 장악하면 된다는 식이다.

'권력욕'에 따른 변절을 주로 종교인의 '전향'과 연관해 보았다. 언뜻 보아 민족주의 계열(일제는 종교단체를 그렇게 파악했다)에 권력 문제와 연관된 변절이 많은 것으로 보인다. 그러나 사회주의 계열의 전향에도 그런 면이 없지 않다. 예컨대 박영희를 보자. 비록 관념적 '프로문학운동가'였지만 카프의 맹장이었다. 카프사건 때 체포되어 전향했다. 전향자단체 사상보국연맹의 조직을 주도하고 조선문인협회 간사장이 된다. 일제 동원정책에 협력하며 활발하게 뛰어다닌다. '관념으로서의 전향'[26]을 한 사회주의자들은 대개 그럴 것이다. 그러나, 사회주의 진영의 전향은 '권력'을 추구한 경우가 상대적으로 적어 보인다. 두 가지 면에서 그렇다.

첫째, 사회주의자의 전향은 상대적으로 많았지만, '자발적' 전향보다

---

26) 김윤식 교수가 이런 분석을 했고, 김민철도 이 지적을 따르고 있다.

는 폭력의 강제에 의해 전향한 이들이 많았다. 중일전쟁 이전에 특히 그렇다. 그러나 '동원'을 위해 중일전쟁 전후로 확산된 민족주의자들의 전향은 상대적으로 '자발적 전향'에 중심을 두게 되었다. 그 계기는 물론 중일전쟁 전부터 있었다. 폭력에 따른 전향은 당연히 '마음의 승복'을 얻지 못한다. 겉으론 전향하지만, 속으로는 굴복하지 않는다. 그러니 일제에 적극 협력하면서 권력을 장악하려는 따위의 행동을 하지 못한다. 통계는 없다. 하지만 그런 이들이 많았을 것이다. 한 전향자는 이렇게 말했다. "사람의 신념은 외부에서 압박하더라도 밑바탕부터 변하진 않는다."[27] 전향하고 전향자 조직에도 가담하지만 변하지 않는 무언가가 있다는 뜻이다. 90도쯤의 전향은 되지만, 180도 전향과는 거리가 멀다. 보호관찰소 보호사 요코다가 "전향한 공산주의자 등은 …… 모두 말은 잘한다. 하지만 잘 활동하지 않아(일제에 협력하지 않아 : 인용자) 걱정하고 성가시게 만든다"[28]고 한 것도 그런 배경에서 나왔다.

둘째, 사회주의자는 전향 후에 활동할 기반이 좁다. 민족주의자의 경우 종교단체에서 두드러지듯이 활동 기반이 넓다. 사회주의자의 '운동기반'(조직 · 대중)은 일제의 탄압으로 와해된 상태다. 그러니 '권력'을 잡기 위한 활동 기반 자체가 존재하지 않는다. 전향 후 그들이 활동할 기반이란, '지식층'의 경우 평론 등 저널리스트의 활동 외에는 거의 없다. 그에 맞는 '동양지광사'(東洋之光社) 등이 있지만, 제한적이다. 사상보국연맹도 수천 명의 회원이 있지만, 수만 명에서 수십만

---

27) 朝鮮軍參謀部, 『昭和十五年前半期朝鮮思想運動概況』 1940年 8月, 한국역사연구회 편, 위의 책, 597쪽.

28) 윤치호, 『윤치호일기(11)』, 국사편찬위원회, 1989, 1940년 3월 7일자.

명에 이르는 인적 기반을 가진 '종교단체'에 비길 게 못 된다. 특히, 동원의 통제망이 전향자의 활동 기반과 밀접하게 연관된다 할 때, '일반 대중'에 대한 사회주의 전향자의 활동 기반은 '사상보국연맹' 외에는 사실상 존재하지 않았다. 결국 사회주의자는 전향하더라도 권력을 장악할 기회 자체가 상대적으로 없었다.

이렇게 보면, 전향의 계기에 대한 탐색은, 폭력의 강제 문제로 돌아간다. 폭력의 강제, 자발적 인식전환, 권력욕 따위로 전향의 여러 계기가 존재하지만, 어느 한 요인이 일제강점 말기 전향을 일반화하진 못할 것이다. '때'와 '사상', '사람'에 따라 전향 현상은 여러 모습을 띤다. 다만 중일전쟁이란 일제의 침략전쟁이 전향의 목표를 '조선인 동원'에 두게 한 것은 분명하다. 곧 강점 말기의 전향은 단지 '사상 포기'에 그치지 않고 조선인을 '동원'하는 것이다. 또 폭력의 강제로부터 자발적 전향으로 대세가 흘러간 것 또한 분명하다. 그 중심은, 일찍이 민족패배주의에 사로잡혔고, 또 권력욕이 강한 이들에 의해 이루어졌다. 그들은 자신이 '전향'했을 뿐 아니라 자신이 활동하던 기반인 대중에게 '전향'을 강요했다. 이것은 '희생'의 강제다. 그들은 일제에 협력하며 지배구조 상부에 고착되었고 그 대가로 일제의 노예적 조선인 동원을 일반 대중에게 강요했다. 강점 말기의 '전향'은 '조선인 동원'의 다른 표현이다. '내선일체'란 주술을 '현실'로 착각하게 만드는, 간특한 수단이었다. 이광수는 '국책에 협력하기로 결의한 것이 전향'이라며, '조선 2천 4백만 민중'이 '전향'하는 '보편적 전향시대'의 도래를 외쳐댔다(「반도 민중의 애국운동」, 『매일신보』 1941년 9월 5일). 보편적 전향? 한마디로 무한대의 조선인 동원을 뜻하는 게다. 지원병 강제 단계에서 '3만 명의 조선인 청년의 죽음'을 요구한 비정상적 언동도 '보편적 전향'이란 배경에서 나온 것이다. 그러니 이때의 보편적 전향의 요구는 이광수 자신을 포함한 상층부의 '전향'을 일제에게 과시하며 권력을 보장받기 위한 '눈물겨운 호소'(?)다. 그걸 외치지 않으면 자신의 '전향'이 설자리가 없다. 이쯤 되면 이광수 따위의 전향의 정체가 더욱 확실해진다. 이광수는 '전향'한 게 아니다. 원래부터 '일본정신'에 사로잡혀 있었다. 그가 외친 '전향'은 조선인의 무한대동원을 강제하는 '선동'이었다.

강점 말기의 전향은 여러 층위가 있다. '폭력의 강제'에 따른 것이고, 그것이 사상의 근본적 전환을 이루지 않았다면 강점 말기의 사회현상을 이해하는 데 중요한 위치를 차지하지 못한다. 탄압보다는 '자발'에 비중을 둔 전향이고, 그것이 조선인 대중의 희생을 강제하는 것이라면 강점 말기를 이해하는 중요 계기가 된다. 개인 활동의 추적과, 그 차이에 대한 분석은 필요하다. 하지만 동원 활동과 권력 장악을 일제의 대중통제망 구축과 연계된 '단체·조직'으로 이룬 것이라면, 우선은 '단체·조직'을 볼 필요가 있다. 사실, 개인적 전향이나 협력 활동은 강점 말기에 드물다 할 것이다. 그것은 집단적으로 이루어졌다. 이성을 잠재우고 중세적인 주문을 현실로 착각하게 하는 것은 '조직'이란 통제망을 통해 이뤄졌다. 전향은, 개인의 문제라기보다, 그 뒤에 나타난, 조선인 동원을 위한 조직·단체의 문제였다.

4 조직, 통제, 동원 : 국민정신총동원(·국민총력) 조선연맹

전쟁이 장기화하면 물자와 병력이 부족하게 된다. 그 보충은 우선 식민지에 강제된다. 중일전쟁 이후 조선은 일제의 '병참기지'가 된다. 그러나 일제가 하자는 대로 '조선'이 전쟁에 순순히 동원될 리 없다. 당연하다. 1930년대 전반기까지 조선의 항일의식은 드높았다. 그러니 일제는 폭력으로라도 '조선'을 동원한다. 그게 일제의 본질이다. 하지만 속으로야 어떻건 겉으로는 그렇게 하진 못한다. 지지를 얻으려 한다.

그건 어렵다. 식민지 조선에서 보통 어려운 게 아니다. 그러니 사회를 물샐틈없이 통제하는 통제망을 구축하려 한다. 이를 통해 동원을 완성하고 동원의 주문도 세뇌시킨다. 일제는 국가총동원법을 만들었다. 하지만 식민지 조선인에게 그 '전쟁만능법'이 통할 리 없다. 저항한다. 그러니 저항도 잠재우고 동원도 완성해야 하는 일제는 우선 통제망을 만들었다. 국민정신총동원(이하 '정동') 조선연맹이 그것이다.

정동연맹은 일본에서 먼저 조직되었다. 하지만 조선연맹은 일본의 하부 연맹이 아니다. 일제 스스로 그렇게 공언했다. 식민지 조선의 동원이 일본보다 더 가혹해야 하는데, 일본연맹의 하부 연맹으로 삼으면 그럴 수 없다. 조선연맹은 식민지의 대중통제조직이다. 오히려 조선에서 연맹을 통한 '전민 통제망' 구축이 완성되어 일본에 '역수출'된 것도 그런 배경이 있다.

중일전쟁 직후 총독 미나미가 '내선일체'의 주문을 외쳤음은 이미 말했다. '내선일체'부터 시작한다. 이건 '동원', 곧 '희생'의 내선일체다. 이 주문을 받아들일 조선인은 없다. 곧 주문을 세뇌시켜 동원을 완성할 조직을 내놓는다. 1938년 4월에 그 조직 구상을 밝혔다.

> 국가의 의사와 활동에 따라 협력할 수 있는 완전·공고한 조직을 만들어, 그에 계통을 부여한 훈련을 실시하여 참된 거국체제를 실현해야 한다.[1)]

도지사회의에서 미나미가 한 말이다. 병력의 조직·훈련이 아니다. '국민'의 조직·훈련이다. 파쇼적 대중 통제다. 미나미는 이어 '개인주의적 자유 사상'의 제거를 공언한다. 그러니, 이 조직의 운동논리는 '개인'의 이성을 잠재우는 전체주의의 파시즘이다. 또 미나미는 일본에 '모범'을 보일 통제방법을 연구중이라고 밝힌다. 무서운 말이다. 동원의 통제조직을 일본에 앞서 시험하겠다는 뜻이다. 시험이란 게 그렇다. 온갖 수단을 다 쓰고 쥐어짤 수 있는 대로 쥐어짠다. 이성을 잃고 물리적 폭력도 쓴다. 그걸 '모범'이라 한 게다.

---

1) 朝鮮總督府官房文書課編纂, 『諭告·訓示·演述總欖』, 朝鮮行政學會, 1941, 177쪽.

미나미의 말은 일제의 '국가총동원법'을 식민지 조선에 적용한 것이다. 곧 일제 '국민운동조직'의 발상은 '동원'에서 비롯되었다. 미나미의 말이 떨어지자 불과 두 달 만에 조직 논의가 구체화된다. 결론부터 말하자. 철저히 관의 통제에 의해 조직·운영된다. 민간인을 조직 전면에 내세우는 따위로 자발적 동원의 시늉을 내지만, 그야말로 속보이는 시늉이다. 연맹 조직에 주도적으로 참여한 윤치호조차, '그 운동은, 총독부의 주도적 관리에 의해 후원·수행되지 않으면 하루도 유지할 수 없을 것'이라고 했다.

총독부가 조직을 주도하지만 겉으로는 민간인을 내세운다. 윤치호·한상룡·조병상·박영철·최린 따위가 일본인 5명과 함께 최초로 조직을 논의한다. 학무국장 시오바라(鹽原時三郎)가 '초대'한 자리였다. 시오바라. '반도의 히틀러'라고 불린 파시스트 황도주의자. 미나미의 브레인으로, 연맹의 기획자·실행가·책임자였다. 일본에 민주주의 사상이 유행하던 때에 벌써 유럽과 미국을 적으로 간주한다. 국수주의 단체 흥국동지회(興國同志會)를 조직하고, 히라누마(平沼騏一郎)·미나미(南次郎) 따위의 황도주의자들이 조직한 국본사에 가담했다. 일제 관리로, 대만·만주국에서 식민지배의 경험을 축적한다. 이런 시오바라가 조선에서 할 일은 뻔하다. 침략전쟁에 조선인을 동원하여 희생시키고 조선 민족을 말살한다.

그 중심에 조선연맹이 있다. 1938년 6월 12일의 최초 논의 후, 14일에 발기인준비회를 개최하여 규약을 만들고 가맹단체를 결정한다. 22일에 발기회를 거쳐 7월 1일에 결성된다.

조선연맹의 조직·인선에는 몇 가지 특징이 있다. 첫째, 시오바라가 이사장이 된다. 윤치호나 야나베(矢鍋)를 이사장으로 삼으려는 말도 있었지만 총독부의 강제가 없이는 연맹은 운용되지 않는다. 그러니 관제대중운동 조직의 물리적 강제를 담보하기 위해서라도 시오바라가 연맹의 책임자가 된 것이다. 그러면서, 조선인 동원을 위한 수사를 빠뜨리지 않았다. 곧, 시오바라는 자신의 취임은 잠시이고, '민간에서, 특히 조선인 가운데' 이사장이 선출될 것이라 발표한다.[2] 수사는 수사에 불과하다. 이사장은 계속 시오바라가 장악한다.

둘째, 조선인 종교단체가 모두 포함되었다. 64개 가맹단체의 대개는, 일제가 통제하는 '관제단체'다. 종교단체도 통제대상이었지만 '조직적' 동원은 불가능했다. 몇몇 지도부가 중일전쟁 이후 일제에 협력했지만 하부토대로서의 일반 신도 대중은 일제정책에 냉담하거나 저항했다. 기독교의 신사참배 저항이 두드러진 예다. 관제단체는 동원이 수월하다. 하지만, 조선인 종교단체는 그렇지 않다. 그러니 조선연맹의 통제가 상대적으로 이들 조선인 종교단체에 집중될 것을 짐작할 수 있다.

셋째, 조선인 동원의 '상징'을 담보하기 위해 조선인과 일본인의 비율을 비슷하게 했다. 발기인은 조선인 28명, 일본인 29명이었다. 임원 인선도 그렇다. 이사의 경우 조선인 14명, 일본인 17명이지만, 상무이사는 조선인 4명, 일본인 2명으로 하여 균형을 맞췄다. 참여는, 조선인 3명에 일본인 20명이다. 평의원도 일본인이 장악했다. 말하자면 조선인을 상무이사에 많이 임명하여 조선인 동원의 상징을 만들고, 일본인 참여·평의원이 이들을 견제하도록 만들었다. 조선인은 조선인 사회의 이른바 '유력자'였다. 재계·언론계·교육계·종교계 등 각계 인사를 망라했다. 20여 명에 불과하지만 각계에 기반을 갖춘 경우도 많다. 일제가 노린 동원의 기반이다.

---

2) 『매일신보』 1938년 7월 2일.

연맹은 이런 진용으로, 7월 7일에 발회식을 가졌다. 미나미 따위가 나와 총동원하자고 외치는 내용이야 뻔하다. 정작 주목되는 것은 시가행진이다. 파쇼 대중집회 모습을 보여준다. 발회식 때 '5만 명'이 참가했다. 이건 행정조직과 연맹의 가맹단체를 통해 동원한 대중이다. 이들을 둘로 나누어 악대를 앞세워 경성시내를 행진한다. '국민정신총동원 · 팔굉일우 · 황도선양 · 내선일체 · 종교보국, 성전의 대목적을 달성하자' 따위의 파쇼 주문을 쓴 표어 기(標語旗)가 나부낀다. 대중을 비합리적 열기로 하나로 묶는 것, 이런 파쇼 특징을 그대로 보여준다. 나치가 그랬다. 대중의 '집단의식'을 만드는 데 행진을 이용했다.

"행진은 인간의 사상을 변화시킨다. 행진은 사상을 죽인다. 행진은 개성에 종지부를 찍는다." 헤르만 라우쉬닝의 말이다.3) 발회식 때의 행진은, 파쇼 조직 조선연맹의 특성을 여실히 보여주었다.

이렇게 중앙조직이 탄생하니 지방연맹 · 직능단체연맹도 급속히 조직된다. 지역연맹은 도(道)연맹－부군도(府郡島)연맹－읍면(邑面)연맹－정동리(町洞里)연맹의 계통으로 조직되었다. 도연맹도 일제 관리가 주도하고 민간인이 포함되는 형식으로 조직되었다. 총재는 도지사, 이사장은 민간인이 맡았다.

여기까지는 쉽게 조직한다. 관리를 동원하고, 적당히 민간인을 끼워 넣는다. 하지만, 문제는 대중이다. 일제가 확보하려는 실제 동원력도 이들로부터 나올 수밖에 없다. 그러니 연맹조직의 최종 목표는 대중을 통제할 조직이다. 그것이 동원을 할당하고 대중을 통제하는 기초 조직인 '애국반'이다. 일제는 이를 두고 '말단(제1선) 실천기구', '중심기구', '세포조직' 따위로 불렀다. 10호를 단위로 조직되었는데 1939년 1월

3) 에릭 호퍼 저, 유석종 역, 『대중운동론』, 대한기독교서회, 164쪽.

현재, 애국반 수는 28만 개, 반원 수는 410만 명 정도였다.[4] 여기에 평균 가족 수를 곱하면 거의 모두가 애국반으로 조직된 셈이다.

하지만 순조롭던 연맹조직은 애국반 조직 단계에서 저항에 부딪혔다. 경성연맹의 경우, 7월 말에 애국반 조직방침이 발표되고 8월에 조직이 시작된다. 하지만, 명륜정 · 혜화정 연맹은 1939년 1월에야 조직된다. 어떤 정연맹은 1월에도 조직되지 않아 연맹 이사들이 직접 나서 애국반 조직을 독려하기까지 했다.[5] 이는 대중의 저항을 뜻한다.

일제는 애국반을 조직하면서 조선인의 '황민화' · '내선일체'가 완성될 것이라고 선전했다. 하지만 이것은 조선인을 전쟁에 동원에 희생시키는 허구의 주문이다. 그 본질은 조선인 동원이고, 통제다. 파쇼 대중동원 · 통제의 핵심이다. 일본인도 애국반에 포함되었지만 '내선일체' 따위의 표현은 애국반 조직의 목표가 조선인 동원임을 공언한 셈이다. 그리고 1939년 6월에 일제는 애국반의 '10호'를 '동원 단위'로 결정했다.[6] 통제망 구성의 본질적 목적을, 노골적으로 확인시킨 것이다.

조선인 대중은 안다. 내선일체가 허구의 주문인 것을. 애국반 조직이 대중을 통제하고 동원하기 위한 것임을. 또 있다. '관이 지시한 민간조직'이란 모순 가운데 애국반 조직의 이유가 대중에게 이해되지 않았다. 그러니 애국반 조직이 지연될 수밖에 없었다. 위에서 아래로 조직한다. 그러나 밑에는 모래가 있다. 사상누각이다. 밑에서 누각을 무너뜨릴 기세다. 연맹의 시작이 이랬다. 연맹의 본질이 그랬다. 이걸 그대로 놔둘 일제가 아니다. 제국주의의 물리적 폭력이 괜히 있는 게 아니다.

---

4) 玄永燮, 「朝鮮國民精神總動員運動 展望」, 『東洋之光』 1939年 2月號, 88쪽.
5) 『동아일보』 1939년 2월 2일.
6) 『동아일보』 1939년 6월 28일.

결국 애국반 조직의 실체는 대중을 물리적 강제로 통제망에 편입하는 것이었다.

물리적 강제다. 그게 없으면 연맹은 움직이지 않는다. 사실 연맹 초기에는 어떻든 대중조직을 표방하고 대중운동을 되뇌었다. '자발적 동원'을 유도하기 위함이다. 일본 육군대장 출신의 가와지마(川島義之)가 '민간인 자격'으로 총재에 취임한 것도 그 때문이다. 심지어 일제는 '조선인의 자발적 동원'을 염두에 두고 윤치호가 이사장에 취임할 것이라는 소문을 퍼뜨리기도 했다.[7] 시오바라는 정동운동이 '민중에 의한, 민중을 위한, 민중의 운동'이라고까지 했다. 이런 말을 파시스트 시오바라가 했다? 윤치호가 일기(1938년 11월 26일)에 쓴 것이니 확실하다. 민주주의 사상을 파쇼 대중운동에 갖다 붙인 것은 견강부회의 극치지만, 온갖 수단을 써서 강제를 자발로 왜곡할 동원기술이란 점에서 보면, 그만큼 일제에게 대중동원이 절박했음을 보여준다.

하지만 위장은 위장일 따름이다. 통제란 본질이 없어지지 않는다. 자발을 내세우고 민간을 강조하다 보니, 연맹 총재 가와지마를 '민간총독'이라고 부르는 현상이 나타났다. '총동원 좌담회'에서 공개 질문을 할 정도로 문제가 된다.[8] 미나미가 우습게 되고 동원정책이 혼란스럽게 된다. 연맹 총재가 겉으로 시늉만 해야 되는데 민간권력자로 부상하니 제동을 건다. '민간'이란 구호를 그대로 놔두면 통제할 수 없게 될지도 모른다. 이건, 대중 통제란 연맹의 목표에서 벗어나는 게다. 그러니 '연맹 강화'란 구실로 관의 통제적 성격을 뚜렷이 했다.

---

7) 『매일신보』 1938년 11월 27일.

8) 「學務局長を中心に當面の諸問題を言る座談會」, 『東洋之光』 1939年 5月號, 63쪽.

1939년 4월이다. 총독부에 정동운동(·조선연맹)을 통제하는 국민정신총동원위원회·간사회를 만든다. 그리고 연맹 조직을 대폭 바꾸어 관헌의 통제를 뚜렷이 한다. 연맹은 조직개편의 중요 사항 가운데 '총독부 각 국장이 연맹 이사로 참가하는 것', '군부가 정동운동에 내면적 협력을 주게 된 것'을 들었다.[9] 한 마디로 총독부, 일본군이 연맹을 통제한다는 것이다.

여기서 일본군이 연맹에 참가한 사실이 주목된다. 일제 군부까지 나선다. 이건 중요한 변화다. 이때 연맹 강화의 목표가 조선인의 병력동원과 밀접하게 연관되었음을 알려준다. 곧, 연맹의 통제 강화와 조선인 희생의 강제가 맞물려 있다는 얘기다. 병력동원은 민간의 '자발'로는 도저히 달성할 수 없으니 일제 관헌이 나서서 강제하겠다는 뜻이다. 이건 사실이다. 실제 활동에 대해서 후술할 터이다.

명색이 연맹 강화니 일제 관헌이 대거 연맹 임원이 되는 외에 종전보다 훨씬 많은 인사들이 연맹 임원이 되었다. 조선인과 일본인의 비율은 차이가 있지만, 조선인 임원 숫자가 절대적으로 증가했다. 80여 명이다. 이들은 '조선인 동원'의 상징이다. 대개 자신의 분야(재계·언론계·종교계·교육계·사상계 등)를 '대표'한 인물이다. 물론 실제 조선인 사회의 대표가 아니라 일제가 조선인 동원을 강제하기 위해 내세운 인물들이다. 이 명단에, 연맹 조직 초기 명단에 없던 인사들이 포함되어 있다. 연맹에 긴박된 조선인 지도층이 늘어가는 과정을 알 수 있다.

그러나 더 주목되는 사실은 가맹단체의 형태다. 단체평의원에 철도국우회연맹(鐵道局友會聯盟), 시국대응전선사상보국연맹(時局對應全鮮思想報國聯盟) 따위가 새로 들어 있다. 가맹단체가 '연맹'화되어 있다.

9) 『總動員』 1939年 6月號, 43쪽.

기존의 전매협회도 전매연맹으로, 천도교 중앙종리원도 천도교연맹으로 바뀌었다. 중앙종리원은 6월에 연맹으로 되었다. 조직 개편 후다. 그러니 이때의 연맹 강화는 가맹단체의 '연맹화'와 밀접하게 연관된다. 실제, 이후 각 종교단체는 연맹화한다. 연맹은 '동원조직'이다. 종교단체의 연맹화는 동원강화와 같은 뜻이다. 각 단체·조직에 대한 파쇼적 통제의 강화다.

조선연맹을 강화한 후 파쇼 전위대도 만들었다. 이른바 '추진대'다. 연맹은 '정예 연맹원'을 뽑아 그들을 정동운동의 '추진력'으로 삼으려 했다. 한 마디로 '총동원 운동꾼'이다. 파쇼 전위대니 자격요건을 까다롭게 했다. 총독부 중견청년수련소를 수료했거나, 지원병 제대 후에 연맹 강습을 받았거나, '동아근로보국대 조선부대원'이었던 자 따위를 대상으로 했다.[10] 곧, 일제의 조선인 동원의 본질인, 노력·병력동원을 경험한 자를 추진대로 삼는다는 것이다. 자격요건이 이러니 그들의 활동 내용이란 것도 뻔하다. 일반 대중을 동원하는 것이다. 파쇼전위대의 '권력'을 준다 했으나 일제의 뜻대로 되지 않는다. 1939년 8월에 계획을 발표했지만, 1940년 5월까지도 1천 명에 불과했다. '지원병' 예를 들자면, 황민화되었기 때문이 아니라 먹고 살기 위해 지원한 경우가 태반이다. 그러니 지원병 다녀왔다고 추진대원이 되는 게 아니다. 파쇼전위대 형성이 절박했던 일제는, 따라서 목표를 계량화한다. 곧, 1940년 내에 추진대원을 5천 명으로 대폭 늘리고 '여자 추진대원'도 신설하며, 추진대가 조직되지 않았던 경성에는 '특별추진대'를 설치하려 했다.[11]

---

10) 『總動員』 1939年 10月號, 65쪽 ; 朝鮮總督府, 『朝鮮に於ける國民精神總動員』, 1940, 50쪽.

연맹 사무국도 강화했다. 총무과 · 기획과 · 선전과 따위로 분장했는데, 선전과가 주목된다. 학무국 교화주임이던 오쿠야마(奥山仙三)가 연맹 전무참사를 거쳐 선전과장(기획과장 겸)이 된다. 곧, 학무국에 있던 시오바라의 심복이, 연맹 선전책임자가 된 것이다. 하지만 이보다 더 주목되는 것은 인적 구성이다. 5명인데 4명이 조선인이다. 현영섭 · 박영희 · 김경하 · 석태우 따위다. 현영섭 · 석태우는 일제로부터 '열렬한 일본주의자'로 '인정'받던 친일주구분자다. 여기에 박영희가 가세했다. 카프의 맹장이 연맹 선전과 촉탁으로 연맹의 기관지 따위를 만들었다. 이건 조선인의 힘으로 조선인을 동원하겠다는 뜻이다. 선전 활동이라고 무시할 게 아니다. 조선인의 저항을 억누르고 세뇌시키는 것이 연맹 선전 활동의 본질이라 할 때 그것은 조선인의 무한 동원의 기초가 되는 것이다. 박영희 따위의 비중있는 전향자를 선전과 촉탁으로 기용한 데서 조선인 동원이란 연맹 활동의 본질을 읽을 수 있는 것이다.

연맹 조직을 보았다. 이제 목표를 보자. 연맹은 「취지」, 「선언」 따위에서 예의 주문을 늘어놓았다. '황도정신', '성전', '건국 정신', '국체(國體)', '내선일체의 국책', '팔굉일우', '국민정신총동원' 따위의 현란한 말들이다. 이건 비합리적 주문이지 실제의 연맹 목표는 아니다. 국민정신총동원연맹? 실제는 '조선인'정신마비(· 세뇌)연맹이다. 한 마디로 조선인의 얼을 빼놓는 게다.

「취지」에서 정작 주목되는 것은 '통제'라는 단어다. 연맹은, 이걸 빼고는 존립할 수 없다. 미나미는 1938년 4월에 '조직 · 훈련'을 지시했다. 이건 통제 없이는 안 된다. 그것을 확실히 한 것이다. 그 통제는 '식민지 조선'에서 더욱 강화된다. '내선일체'란 허구의 주문은 조선연

11) 『매일신보』 1940년 4월 25일 ; 5월 12일.

맹 활동의 특수성이다. 그런데 「취지」와 「선언」에서 내선일체는 '성전 수행'에 종속된다. 결국 그 실체는 조선인의 병력동원이자 노무동원이다. 이를 위해 조선인을 조직 · 훈련 · 통제한다. 이게 실제다. 파쇼다.

연맹의 본질적 목표는 식민지 최후의 수탈이다. 하지만 처음부터 그걸 내세울 수는 없다. 이래저래 간부들이 모여 내놓는 활동방침이란 게 본질을 비껴가면서 이것저것 늘어놓는 것이다. 처음에 대강(大綱) 4개 항을 만들고, 이어 4대 방침이란 걸 또 만든다.[12] 이 두 가지를 대충 섞고 황민화정책 추진 따위를 포함하여 9대 강령을 내놓는다. 1938년 9월 22일이다.

1. 황국(皇國)정신의 현양(顯揚)
1. 내선일체 완성
1.생활의 혁신
1. 전시경제정책에 대한 협력
1. 근로보국
1. 생업보국
1. 총후보국
1. 방공 방첩
1. 실천망 조직 및 지도의 철저[13]

진짜 목표인 '병력동원'이란 속셈은 드러내지 않는다. 하지만 '내선일체의 완성'이란 항목에, '반도의 일반 민중도 …… 성전에 협력 · 참가

12) 자세한 내용은 『매일신보』 1939년 7월 16일, 8월 3일을 참조.
13) 朝鮮總督府, 『朝鮮に於ける國民精神總動員』, 1940, 67~70쪽 ; 『동아일보』 1938년 9월 23일.

하는 것은 …… 무상의 영예'라는 말을 넣었다. 모호하지만 은근히 병력동원의 뜻을 포함시켰다. 하지만 연맹 초기엔 그걸 나타내지 않는다. 오직 '정신'의 동원에 매달린다. 총재 가와지마는 거듭 연맹의 목표가 '정신 동원'이라고 밝힌다.

우선은 동원하기 좋게 세뇌시키는 것이다. 하지만 속셈을 감추는 것이 오래 가진 않는다. 연맹 강화가 추진될 무렵 『동양지광』에 연맹 개조에 관한 글이 발표된다. 『동양지광』은 타의 추종을 불허하던 황민화 선전잡지. 일제의 자금지원을 받았다. 그러니 여기 실린 글은 일제의 동원정책을 그대로 반영한 것이라 할 수 있다.

이홍근은 우선 기존의 연맹을 비판한다. 한 마디로 '조직'이 아니고 '연명표'에 불과하며 요란하기만 하지 실제 동원 내용이 없다는 게다. 그는 연맹 개조의 제1목표를 이렇게 말했다. "비상시국 아래 물질적 국민총력의 동원과 병행해 정신적 국민총력을 동원함으로써 그 물질동원을 추추(推追)함."[14] 한 마디로 정신동원의 뒤에 물질동원이 있다는 것이다. 나머지 개조 목표인 '국민 재조직, 의사전달 경로의 구축' 따위는 부차적이다. 그건 본질이 아니다. 통제망 구축과 연관된 얘기다.

물질동원은 연맹 존립의 근거다. 여기서 물질동원이란 '물적 동원'과 '인적 동원'을 포괄한 유형적 동원을 뜻한다. '지원병' 강제모집도 포함된다. 이홍근이 운을 뗐으니 일제 수뇌부가 단계별 활동목표를 집약해 발표하는 것만 남았다. 1939년 5월, 조선연맹 임원 총회. 미나미는 여기서 '연맹 최후의 목표'를 말한다. 곧 '2천 3백만 민중으로 하여금 충량한 황국신민이 되게 하고', '내선일체의 완전한 구현'에 목표가

14) 李弘根, 「國民精神總動員聯盟の改造を論ず」, 『東洋之光』 1939年 5月號, 54~55쪽.

있다고 한다. 그러면서 '저축', '폐품 이용' 따위의 연맹 목표가 '너무 많아 걱정'이라며 다시 한 번 '내선일체의 구현'을 강조했다.15)

비슷한 시기에 시오바라는 연맹의 목표가 '조직되지 않은 자'에게 '망을 치는 것'이라고 밝힌다.16) 애국반 조직을 기반으로 전민통제망을 완성하겠다는 뜻이다. 이게 준비되어야 본질적 동원을 할 수 있기 때문이다. 이 계획은 6월에 '10호를 동원 단위로 한 애국반' 조직으로 실현된다.

이어 12월에 시오바라가 나서 연맹의 본질적 목표를 밝힌다. 연맹이 '애국반 조직'을 완성했다고 판단한 시점이다. 시오바라는 "국어[일본어] 보급과 지원병 모집의 양대 운동을 근간으로 해 …… 적극적인 활동을 해나 갈 방침"이라고 공언한다.17) 병력동원에 연맹의 힘을 집중하겠다는 것이다. 노골적이다. 폐품 수집이니 저축 강제 따위야 실제 전력에 별 도움이 안 된다. 그저 조선인이 통제에 따른다는 상징일 따름이다. 전쟁 수행에 긴요한 병력동원, 이거야말로 일제 동원정책의 핵심이고, 연맹 존재의 근거다.

지원병 모집, 이건 일제가 징병제를 강제하는 전제다. '조선인이 병력동원에 순응한다'는 상징이 바로 '지원병'이다. 그러니 수단 방법을 가리지 않고 지원을 늘리려 한다. 이게 연맹 활동의 목표로 되는 것이다. 그건 또 통제망 구축과 연관되었다. 후술하듯이 '애국반'에 '지원'이 '할당'되었기 때문이다. 결국 일제의 단계별 연맹목표 설정은

15) 南次郎, 「聯盟 本來의 使命 : 議論보담도 實行」, 『總動員』 1939年 7月號, 68~69쪽.

16) 「學務局長を中心に當面の諸問題を言る座談會」, 『東洋之光』 1939年 5月號, 64쪽.

17) 『매일신보』 1939년 12월 20일.

무서울 정도로 치밀하게 되어 있다. 병력동원의 전단계로 국민 재조직을 내세운다. 그것이 완료되면 지원병 모집을 내세운다. 그리고 강제모집으로 '지원자' 수를 늘린 시점에서 최후수탈인 '징병제'를 공언한다. 그럴 목표로 시오바라는 '[지원병] 성적이 좋아지면 제도를 더 확대·발전'할 것이라고 공언한다. 징병제다.

하지만, 징병제의 전제가 있다. 저항이 없어야 한다. 동원의 통제가 이루어져야 한다. 한 마디로 저항 없는 동원을 관철하기 위해, 사회 일반을 '병영'으로 만들어야 한다. 일제의 구상은 그랬다. 여기서 '국민총훈련'이란 목표를 내세웠다. 총훈련이란 일반 대중에 대한 통제적 훈련과 민간의 병영사회화를 뜻한다. 1940년 2월에 그 계획이 발표되었다. 5년간 청년층을 주 대상으로 하고 장년층·부인층까지 포함하여 '철저한 국민적 훈련'을 실시한다는 것이다. 훈련시설로 '청년단·청년훈련소·지원병훈련소' 따위가 제공되었다. 그 총훈련의 '주력 부대'가 연맹으로 설정되었다.[18] 바야흐로 파쇼의 병영사회, 통제·훈련 사회를 눈앞에 두었다.

새 목표가 생기니 활동목표도 수정된다. '내선일체' 따위는 실체가 없는 허구의 주문이다. 하지만 총훈련은 뚜렷하다. '조선의 병영화', 이보다 더 확실한 목표가 없다. 조선인의 병력동원을 위해서도 '총훈련'을 외친다. 그러니, 갑자기 총훈련이 연맹활동의 최우선 순위가 된다. 1940년에 국민총훈련은 '연맹의 운동 정신의 큰 것'으로 일컬어지며 갑자기 부상된다. 이사장 시오바라는 총훈련이 '조선에서 특히 긴요'하며, '조선의 황민화, 내선일체, 병참기지화' 따위가 모두 국민총훈련에 의해 강화·지속되어야 한다고 외친다.[19]

---

18) 『매일신보』 1940년 2월 29일.

이런 가운데 1940년도 연맹 사업계획이 나왔다. 그 가운데 '지원병제의 선전·보급', '일본어 보급', '창씨제 보급 철저' 등을 '내선일체 완성의 촉진'에 포함시켜 일제 동원정책의 핵심사항을 연맹이 주동적으로 강제해 나갈 것을 표명했다. 국민총훈련 역시 7항에 포함된다.[20]

결국 연맹의 활동 목표는 나열식으로 제시되었지만 점차 노골적인 조선인 동원과 민족 말살(창씨제 강제)을 중점적 목표로 삼았고, 전체로는 '총훈련'이란 이름 아래 사회를 병영화하는 데 중점을 두었던 것이다.

이제 연맹이 어떤 활동을 했나 보자. 우선 '생활'에 대한 통제. 연맹은 동원조직이며 통제조직이었다. 물적 동원은 시간이 흐를수록 강화되지만 생활통제는 연맹조직 자체가 통제망 구축과 연관되어 있으므로 처음부터 강제되었다. 연맹은 9대 강령에 기초하여, 21개 항의 실천요목을 정했다. 이게 대중이 생활 속에서 통제 받아야 할 사항들이다. 강령은 뜬구름이지만 실천요목은 '현실'이었다. 여기에 '궁성요배·신사참배' 따위의 황민화 세뇌작업, '저금·국채모집' 따위의 물자절약, 근로동원, 일본군 후원, 방공망(防共網) 구축 따위가 열거되어 있다.

그 가운데 7항이, '비상시 국민생활기준 양식의 실행'이다. 별도로, '의·식·주·의례(儀禮)·사회풍조'로 29개 항목의 생활통제 기준을 설정했다. 생활 속의 통제 현실이다. 구체적이다. 흰색 남자 한복은 입지 못한다. 여자 한복도 특정 기준에 따라야 한다. 남자는 국민복, 여자는 '몸뻬' 바지를 입게 한다. 조선의 여성은 저항한다. 일제는

19) 鹽原時三郞, 「紀元二千六百年と精動運動の新展開」, 『總動員』 1940年 3月號, 8~9쪽.

20) 國民總力朝鮮聯盟編, 『朝鮮に於ける國民總力運動史』, 1945, 96~106쪽. 「활동 방침」은 3월에 결정되었고, 그 방침에 따른 사업계획은 4월 23일의 이사회에서 결정되었다.

연맹과 관공리를 동원해 강제로 몸뻬를 입게 한다. 음력도 폐지하고 양력만 쓰게 한다. 모든 일상 생활에 '국민생활 기준양식'이 적용된다. 적당히 넘어가지 못한다. 일제가 애국반을 괜히 만든 게 아니다. 생활양식을 통제한다. 통제에 저항하면 '전체에서 떨어져 주목받는 데 대한 두려움 · 공포'를 감내해야 한다.

> 일제 말 당국은 설(구정)을 쇠는 것을 엄격하게 금했다. …… 우리 당내(堂內)의 대소가 네 집은 …… 이웃이 마지못해 따르는 양력설을 거부하고 끝까지 설을 고집했다. 먼저 생각나는 것은 설이 몹시 싫었던 일이다. …… 이웃이 몰라야 했으므로 날이 밝기 전에 차례를 올렸던 것이다. …… 집으로 돌아와서는 다시 평상복으로 갈아입고 학교를 갔다. …… 학교 가서도 종일 죄를 지은 것 같아 가슴이 두근거리던 일만이 생각난다.[21)]

신경림 시인의 회상이다. 일제(나아가 통제망에 포함된 대중)와 일제 정책을 거부한 대중 사이에 팽팽한 긴장이 있었음을 알려주는 중요한 기록이다. 설을 쇠는 것은, 통제에 저항하는 적극적 노력이었다. 그 이면에 '통제된 전체'에서 떨어진 데서 나오는 두려움도 있었다.

연맹의 '애국반' 조직이 그 감시망의 역할을 했다. 이웃에 대한 감시 · 통제. 연맹 실천요목에는 없다. 하지만 '간첩의 경계'(20항), '방공방첩' 따위의 항목이 실제 감시로 실행된다. 그게 없으면 연맹의 통제력은 없어진다. 연맹의 지시에 저항하는 인사는 애국반의 '국외자'가 된다. 강점 말기에 조선에 살았던 한 러시아인은 애국반의 기능을 이렇게

---

21) 申庚林, 「설에 생각나는 일」, 『조선일보』 2000년 2월 7일.

회고했다.

> '[애국반의] 첫 번째 목표는 전쟁에 필요한 모든 것을 …… 총동원하는 것이었다. …… 두 번째 목표는 일본의 정책과 전쟁에 불만을 품은 불온사상자들을 적발(그들을 격리시킬 목적으로)하는 것이었다. …… 고발과 감시가 기승을 부렸다. …… 애국반 책임자는 이웃끼리 직장동료끼리 그리고 심지어 사제 간에 서로를 감시하라는 의무를 모든 이들에게 부여했다.[22]

동원과 감시·통제란 연맹의 본질을 '경험'으로 진술했다. 정확하다. 그러니 실천요목이란 것은 동원의 내용이며 아울러 감시와 통제의 기준이다.

일제 파쇼체제가 강화되면서 통제 기준 또한 강화된다. 예컨대, 식생활을 보자. 조선연맹은 1939년 7월에 '혼식·대용식'을 '국민운동'으로 내세웠고 이어 10월에 '죽'을 먹도록 강제했다. 물론 쌀을 먹지 못하도록 해 일본군의 군수물자로 징발할 목적이었다. 겉으로는 어린아이·노인은 아침에 죽을 먹으라는 것인데[23] 말만 그렇지 실상은 누구나 하루 한 끼 죽을 먹게 강제한 것이다. 연맹의 지시는 아래로 내려가며 더욱 강화된다.

먹거리 통제에 일반 대중은 저항한다. 연맹의 통제망이 가동된다. 쌀 소비를 조사하고 나아가 배급하는 데 연맹조직을 이용했다. 1940년 2월에, 경기도는 '식량재고신고령'을 발표했다. 이는 사실상 '조사'다.

---

22) 파냐 이사악꼬브나 샤브쉬나 저, 김명호 역, 『식민지 조선에서』, 한길사, 1996, 203~204쪽.
23) 『매일신보』 1939년 10월 12일.

조사는 전체 조선으로 확대된다.[24] 이어 4월에, 애국반을 단위로 쌀 '매출표'를 분배하여 '쌀소비'를 통제하도록 했다.[25] 통제수단으로 애국반이 이용된다. 쌀을 먹지 못하게 하는 지시는 연맹의 '조사' 형태로 관철된다. 연맹 지시를 어기고 쌀을 소비하면, 감시·통제와 폭력을 생활 속에서 겪어야 한다.

한 가지 짚고 넘어 가자. 연맹의 지시는, 쌀이 많은데 먹지 못하게 한 게 아니다. 그것은 일제의 수탈로 생존의 위협을 받는 대중에게 강제된다. 오히려 '가난한' 대중에 대한 통제는 더 가혹하다. 통제망의 가장 아래에 있기 때문이다. 그 결과는 윤치호의 언급에 잘 드러난다.

> 구영수가 그의 부인에게 1천 원짜리 모피코트를 사주었다고 부인이 나에게 말했다. …… 수백만의 가난한 한국인이 초근밖에 먹을 게 없는데 그렇게 값비싼 모피코트를 사주는 그는 어리석다고 생각한다.[26]

1940년 5월에 경성에 사는 59만 6천여 명이 매출표로 쌀을 사야 했다. 반면 식량 걱정이 없는 사람은 8만여 명이었다.[27] 매출표 배급은 가난한 대중을 상대로 한 것이다. 그러니 결국 애국반을 이용한 쌀 통제는 가난한 대중에게 가해졌다. 일반 대중이 '풀뿌리로 연명'하는 반대편에서, 친일파 부호는 모피코트를 두르고 마음대로 쌀을 소비하는 그런 상황이 벌어지는 것이다. 이것이 일제·연맹이 쌀 소비를 통제한

---

24) 『매일신보』 1940년 2월 28일, 3월 9일.
25) 『매일신보』 1940년 4월 12일.
26) 윤치호, 『윤치호일기(11)』, 국사편찬위원회, 1989, 1940년 1월 23일자.
27) 『매일신보』 1940년 5월 3일.

다는 실상이다. 결국 일제가 전쟁용 식량을 대중에게서 짜내는 과정은 일반 대중의 먹거리가 쌀에서 잡곡·감자, 그리고 최후에는 콩깻묵으로 떨어지는 과정과 일치한다.[28]

연맹의 식생활 통제를 보았다. 식량만이 아니다. 일제의 통제는, 채권·저축에도 관철된다. '능력에 관계없이' 대중에게 채권매입, 저축 따위가 '할당'된다. 그 기초가 애국반이다. 그 결과 예컨대 연 소득이 600원인 사람에게 217원을 저금하도록 강제해 집이나 땅을 저당 잡혀야 하는 상황이 벌어졌다.[29] 해를 거듭하며 할당은 강화되었고, 따라서 일반 대중의 구조적 빈곤은 가중되어 갔다. 연맹이 생활 속에서 물자를 통제한 당연한 결과다.

연맹의 생활 통제는 구체적 동원의 내용이기도 하다. 그저 나열만 해놓은 게 아니다. 현실 속에서 계량화된다. 그것 또한 일제 파쇼체제의 특성을 그대로 보여준다. 일제는 황민화 세뇌작업을 위해 갖가지 행사를 실시했다. 무슨 날, 무슨 주간이니 해서 기념일과 주간행사를 많이 실시했다. 이게 다 연맹의 동원 사항이다. 매월 한 번 애국일 행사를 하고 만주침략일 따위도 기념일로 삼는다. 그런 게 많다. '국민정신작흥주간, 국민정신총동원강조주간, 국민정신총동원총후보국강조주간' 따위의 주간행사도 한 달에 한 번 꼴로 있다. 그러니 한 달에 열흘 정도는 행사에 동원된다. '국민정신작흥', '총동원강조' 따위의 이름에서 이미 정체가 드러난다. 한 마디로 대중의 얼을 빼놓겠다는 것이다. 정신차리지 못하게 황민화의 세뇌작업을 한다. 그게 또 수치로 계량화

28) 콩깻묵은 콩기름을 짜고 남은 콩 찌꺼기로 원래 가축사료도 아닌 비료용이었다. '개도 안 먹는 것을' 식량으로 배급한 것이(강태원, 『서울에 살어리랏다』, 무수막, 1993, 196쪽) 식량통제의 결과였다.

29) 윤치호, 『윤치호일기(11)』, 1938년 12월 16일자.

된다.

일본정신발양주간을 보자. 1939년 2월 8~14일에 실시되었다. 연맹 스스로 "1939년도 최대의 전선(全鮮) 행사로 …… 연맹의 힘을 …… 처음 세상에 보였다"고 내세운 파쇼 행사였다.[30] 그 '취지'란 게 '팔굉일우 정신의 천명을 중심으로 존엄한 국체, 조국(肇國)의 이상, 내선일체 정신의 발양에 노력'한다는 것이다. 세뇌 주문의 되풀이다. 그 주문이 '동원'을 통해 현실로 구체화된다. 연맹이 계량화의 주동이 된다. 충남연맹의 경우, 주간의 기원절 기념식에 44만여 명을 동원한다. 1주일 동안 3,812회의 강연회 · 좌담회를 개최하여 318,310명이 참가했다. 또, 264,791명이 신사참배를 했다. '일본군 봉사' 따위의 근로동원에 6,231개의 보국대, 연인원 306,956명이 동원된다.[31] 참가인원 단위가 수십 만이다. 신사참배를 보자. 조선인 대중의 저항을 받았다. 신사참배는 황민화 세뇌 활동이다. 일제는 황민화정책이 침투되는 상징으로 삼았다. 주간행사 따위에서 빠짐없이 신사참배가 강제되고 그것은 계량화된다. 그걸 연맹이 주동했다. 곧, 신사참배라는 세뇌작업은 '정신동원'의 집단적 물량화로 이어진다. 주문의 현실화다.

여기까지는 '정신 동원', 곧 세뇌작업에 중점을 두었다. 하지만 앞서 보았듯이 연맹의 본질적 목표는 유형적 동원이다. 1939년 말에 본색을 드러낸다. 1939년 10월에 전남연맹이 각 부락연맹에서 '1명 이상'의 지원병을 뽑는다는 계획을 발표했다.[32] 이어 시오바라가 연맹 중점활동사항으로 '지원병 모집'을 선언한다. 순서는 중요하지 않다. 전남연

---

30) 玄永燮, 「國民精神總動員運動一年を顧て」, 『總動員』 1940年 1月號, 86쪽.
31) 國民精神總動員忠淸南道聯盟, 『國民精神總動員聯盟要覽』, 1939, 164~171쪽.
32) 『매일신보』 1939년 10월 13일.

맹이 운을 떼고 중앙 차원에서 조직적으로 나서는 것으로 이해하면 된다. 12월 1일 조선연맹이 각 도연맹에 「육군특별병 지원자 응모에 관한 건」이란 문건을 보낸다. 대대적인 강제모집의 시작이다.

문건의 1항은 '지원병제도의 취지보급의 철저'인데 강연회 · 좌담회 따위를 통해 선전할 것을 지시한 것이다. 이건 이전에도 했다. 그 본질은 2항 '응모자의 증가'에 있다. '전선(全鮮)의 각 정동리(町洞里) 부락 연맹에서 최소한 1인 이상의 지원자를 응모하도록 지도할 것'을 지시했다. 이건 할당이다. 하지만 할당한다고 조선의 청년이 지원하지는 않는다. 그러니 대비책을 마련한다. 곧, 각지 경찰서 · 청년단 · 부인회 · 일본군과 긴밀히 연락하라고 했다. 말이 '연락'이지 군경 따위의 강제로 지원병을 차출하라는 뜻이다. 연맹은 어떻게든 할당된 숫자를 채워야 한다. 연맹활동의 경쟁적 계량화다.

이 지시를 구체화하기 위해 12월 4~5일에 연맹 협의회가 개최된다. 각 도연맹 활동가가 참석한 여기서 지시 문건은 재확인된다. 다만 이 때의 결정사항은 주목할 변화가 있다. 곧, 협력기관에 '면사무소'가 포함된 외에는 같은 내용이지만, '부락연맹 최소 1인'이 '부락연맹 혹은 애국반 최소 1인'으로 변경된다.[33] 기초 할당조직이 연맹 '세포조직'인 '애국반'으로 축소되었다. 언론은 '1애국반 1병주의(一兵主義)'라고 선전했다. 결국 연맹통제선의 아래로 내려갈수록 지원병 모집이 더욱 강제된 현상을 보여준다.

관헌의 물리력을 배경으로 연맹이 활동한 결과, 지원병은 순식간에 급증했다. 불과 한 달 만에 시오바라가 '큰 효과'를 거두었다고 만족할 정도였다.[34] 징병제를 강제하기 전까지 지원병 강제모집은 확대되었

33) 『매일신보』 1939년 12월 8일 ; 『동아일보』 1939년 12월 8일.

다. 1939년 2월에 불과 20여 명이던 함경남도. 1940년 2월에는 지원이 1만 9백여 명으로 급증한다. 전체로 보면, 1938년 근 3천 명이던 '지원자 수'가 1940년 8만여 명, 1941년 14만여 명, 1942년 25만여 명, 1943년 30만여 명으로 증가했다. 30만여 명이 지원한 1943년 이듬해에 징병제가 강제된다. 그 숫자는 애국반 수 34만과 비슷하다. 그러니 '1애국반 1병주의'가 관철된 시점에서 노예적 병력동원, 징병제가 시작된 것이다. 물론 지원병제의 강제에는 일제 군경, 관리, 지원병후원회 따위가 동원되었지만 할당이란 점에서 조선연맹이 주도적 역할을 한 것은 확실하다.

조선인의 병력동원과 밀접한 동원 내용으로 '창씨제' 강제가 있다. 이것도 연맹이 주동했다. 창씨제란 조선인의 성과 이름, 나아가 민족을 말살하는 것이다. 그러니 '정신동원'의 하나지만 병력동원과 관계된 점에서 유형 동원이기도 하다. 창씨제는 내선일체란 주문을 기반으로 했다. 내선일체의 목표는 '동원'이다. 창씨제라고 예외가 아니다. 일제는 조선청년을 전쟁터로 끌고 갔다. 그런데 문제가 있다. 조선인은 같은 성이 많으니 성을 부르면 서너 명이 대답한다. 일본군의 지휘에 혼선이 생긴다. 그러니 징병제를 강제하기 전에 이 문제를 어떻게든 해결하려 했다. 결국 창씨제는 노예적 병력동원의 전제조건인 셈이었다.

연맹 통제망이 창씨제 강제에 동원되었다. 일제는 "특히 광범한 조직망을 가진 정신총동원조선연맹을 통해 [창씨제] 취지를 이해·보급시킨다"고 공언했다.[35] 그러니 연맹 사업 계획에 포함된다. '내선일

---

34) 鹽原時三郎, 「紀元二千六百年と精動運動の新展開」, 『總動員』 1940年 3月號, 8쪽.

체 완성' 항목에 '일본어보급', '지원병모집'과 함께 창씨제 강제가 들어가 있다. 나머진 추상적 사항이다. 위 세 가지는 '수치'로 계량화된다. 경쟁적으로 강제되는 사항이다. 각 도연맹의 활동사항 보고에는 빠짐없이 창씨제 실행이 들어갔다. 예컨대, 충남연맹. "현재 본 연맹을 필두로 각 군부읍면연맹이 주체가 되어 [창씨제]에 관한 좌담회를 개최해 4월 상순까지는 완료할 예정이다"[36]고 했다. 하지만 4월까지 4천 6백 호만이 신청했다. 조선 전체로 보면 4월 말까지 4%에 불과했다. 저항을 받았던 것이다.

여기서 연맹의 통제망이 또 활용된다. 처음에는 조선연맹과 지방연맹의 '창씨 강연회' 따위가 중요 활동이었다. 하지만 5월 이후의 신문을 보면 이런 선전 행사는 거의 없다. 5월은 실적이 저조하자 일제가 온갖 수단을 동원하여 물리적으로 창씨를 강제하기 시작한 때다. 곧, '선전' 대신에 물리력에 의지할 때다. 4월까지 강연회의 대상은 지방사회의 중간층이었다. 결국 이들을 주력으로 삼아 연맹 통제망을 이용해 5월부터 창씨제를 강제해 나갔다 할 것이다. 창씨는 일제 관경(官警)에 의해 주로 자행되었다. 하지만 연맹 활동이 경쟁적으로 수치화되는 과정에 연맹 통제망은 일제 관경과 긴밀히 연계된다. 지원병제도 그랬다. 결국 창씨제도 애국반 단위에서 '100%'를 목표로 강제되는 것이다. 예컨대, 1940년 7월 성진(城津)의 애국반장협의회. 근로보국 따위와 함께 '씨 설정에 관한 건'을 협의한다.[37] 말이 협의지 창씨를 강요하는 방법을 의논하는 것이다. 결국 창씨하지 않으면 애국반의 통제 속에서

35) 미야다 세츠코(宮田節子), 「창씨개명의 실시과정」, 정운현 편역, 『창씨개명』, 학민사, 1994, 99쪽.
36) 精動忠南聯盟, 「精動忠南聯盟の活動狀況」, 『總動員』 1940年 5月號, 52쪽.
37) 『매일신보』 1940년 7월 23일.

이것저것 고통을 준다. 이것이 일제가 연맹을 통해 창씨제를 '선전'한다는 실상이었다.

위에서 연맹의 중요 활동 '내용'을 보았다. 이 외에 다양한 선전활동이 있었다. 그것은 활동 '내용'을 이끌어 내기 위한 중요 수단이었다. 연맹은 그야말로 극렬하게 선전에 매달렸다. 세뇌작업의 우선 수단이다. 강연회·좌담회 따위를, 일일이 거론할 필요는 없을 것이다. 단, 그 엄청난 '수량'만은 지적한다. 앞서 보았듯이 일본정신발양주간 때 충남연맹은 1주일 동안 3,812회의 강연회와 좌담회를 개최했다. 충남연맹이 특별히 많이 한 게 아니다. 다른 연맹도 마찬가지였다. 충북연맹도 1주일 동안 산하 각 연맹을 동원하여 2,350회의 강연회와 좌담회를 개최했다. 각 도연맹을 합하면 1주일에 몇 만 회의 선전행사가 개최된 셈이다. 주간 행사 모두와 그 외 일반 선전행사를 합해 3(연맹 존속연도)을 곱하면 강연회와 좌담회 숫자는 상상을 초월한다. 또 있다. 간행물. 연맹은 각종 간행물을 간행했다. 그 가운데 『총동원』 자매지 『새벽』(대중용 한글판. 일어판은 『曉』)은 40~50만 부가 간행되었다. 연맹의 선전활동, 세뇌작업이 폭풍처럼 몰아친 시대였다. 그 중심에 조선인 지식인과 유력자가 있었다. 1938년의 '민심작흥주간' 선전활동. 조선연맹 최초로 '순회강연반'을 구성해 각 도로 파견했다. 43명이었는데 이름이 확인된 명단만 봐도 34명이 조선인이었다.[38] 조선인이 조선인을 동원하게 만드는 연맹의 술책이었다.

국민정신총동원 조선연맹은, 조선인의 동원을 목표로 한 파쇼 대중통제조직이었다. 이 특성은 그 후계 조직인 국민총력 조선연맹에도 그대로 이어진다. 1940년 8월 일제는 '신체제'를 발표하며 '고도국방국가'

---

38) 『동아일보』 1938년 11월 1일.

체제로 돌입한다. 한 마디로 군사적 총동원체제가 된 것이다. 이를 위해 일제는 국민을 조직해 전쟁에 동원하려 했다. 이에 따라 국민조직으로 대정익찬회(大政翼贊會)가 조직된다. 하지만 조선에서는 이미 정동연맹이란 대중통제조직이 있다. 일제 스스로, '국민조직의 모범적 사례'가 조선에 있다고 할 정도로[39] 조선연맹은 통제성을 확보했다.

그러니 신체제 구상을 조선에 적용하는 게 어려울 게 없었다. 이름을 국민총력 조선연맹으로 바꾸기만 하면 됐다. 하지만 여기도 식민지의 특수성이 나타난다. '대정익찬회'란 명칭을 사용하지 못하고 '국민총력'이 된다. 대정익찬회는 정치성이 있으나, 조선의 조직은 정치성이 철저히 배제되기 때문이었다. 연맹은 "하부 연맹 상회(常會)에서 자칫하면 정치성을 띠게 되는 폐가 없도록 하라"고 경고하기도 했다.[40] 이유야 뻔하다. 조선인에게 '희생의 의무'만 강제하고 '정치적 권리'는 철저히 차단하려는 것이다.

하지만 총력연맹은 중요한 차이가 있다. 정동연맹은 후기에 들어 '유형적 동원'을 강화해 나갔지만 '정신총동원'이란 조직 명칭에서 보이듯이 겉으로는 '정신동원'을 강조했다. 그런데 총력연맹으로 바뀌면서 '물적 동원'을 공언하게 된다. 일본에 가서 조직 전환을 협의한 연맹 이사장 시오바라는 '정신운동'에서 '경제활동', 곧 '절미 · 물자절약 · 폐품회수 · 금헌납' 따위로 바뀌는 데 목표가 있다고 발표한다.[41] 정동연맹의 활동 사항에 이미 포함되어 있는 것들을 새삼스럽게 내세우

39) 國民總力朝鮮聯盟 編, 『朝鮮に於ける國民總力運動史』, 1945, 44쪽.
40) 『매일신보』 1941년 4월 5일. 총력연맹은 말단 연맹 상회에서 상회 명의로 각종 민원 진정을 하는 것을 '독립적 정치행동'으로 파악하고 그러한 행동을 하지 못하도록 경고하였다.
41) 『매일신보』 1940년 9월 4일.

는 것은, 노골적으로 물자동원을 강제하겠다는 뜻이다.

또 변화가 있다. 관의 노골적인 통제다. 물자동원이 결국 물리적 강제로 관철된다는 점에서 보면 관의 통제는 예견되는 일이다. 정동연맹 때도, 총독부의 통제가 강화되며 '유형동원'이란 속셈을 드러냈다. 연맹과 사무국 조직에 관의 통제가 그대로 반영된다.

연맹 총재와 부총재를 총독과 정무총감이 담당한다. 통제선의 일원화다. 연맹 총재를 '민간 총독'이라고까지 부르던 정동연맹 초기와 비교할 때 노골적인 통제 강화다. 이건 대중통제망이 구축되었으니 그걸 행정조직에 일치시켜 동원을 강화하겠다는 뜻이다. 실제로 미나미는 1941년 10월에 '행정조직과 국민운동조직이 완전히 일체'가 되는 것이라고 했다.[42)]

사무국은 총무 · 지방 · 식산 · 농림 · 저축 · 보도(輔導) · 사상 · 훈련 · 선전의 9부로 나누었다. 총무 · 선전을 제외하고 모두 총독부 각 국장이 부장이 되었다. 총무부는 전 도지사 정교원이 맡고, 선전부는 경성일보 사장 미타라이(御手洗辰雄)가 맡은 점을 감안하면, 사실상 총독부 관리가 연맹 사무국을 장악한 셈이다. 이런 조직 전환은, '민간의 자발적 운동'이란 수사를 철회하고 노골적인 통제 · 동원에 나서겠다는 선언이나 마찬가지다.

'자발'이란 수식어의 철회는 연맹 임원명단에도 나타난다. '조선인의 동원'에 관해 보자. 총력연맹 초기 명단에는 조선인 간부가 정동연맹에 비해 30여 명 정도 줄었다. 종교단체 따위가 포함되어 있고 개인으로 각계 '대표'들이 포함되어 있어 조선인 동원의 상징을 포기하진 않았지만 인원수가 준 것은 상대적으로 일본인 관리의 연맹 장악과 밀접하게

---

42) 南次郎, 「總力の發揮」, 『國民總力』 1940年 11月號, 13쪽.

관련된 것이다. 이건 반대로 해석하면, 조선인 '유력자'들로 하여금 더 적극적으로 친일활동에 나서게 만들기 위한 것이다. 1941년 6월의 명단을 보자. 이사 28명, 평의원 28명, 참사 25명으로 조선인 간부 수가 는다. 조선인 이사 수는 배로 늘었다. 이건 이들 간부가 친일활동구조에 자발적으로 고착되는 과정을 뜻한다. 이 직후, 조선인으로만 구성된 친일주구조직 임전보국단이 조직되었음을 볼 필요가 있다. 결국 조선인유력자의 자발적 협력을 담보로 연맹의 조선인 간부가 증원되었다 할 것이다. 말하자면 일제는 '자발'과 '통제'를 적당히 조절하면서, 조선인 동원을 완성하려 한 것이다. 임전보국단이 총력연맹에 합류(1942년 10월)한 후 1943년 1월의 간부 명단에서 이사 14명, 평의원 19명, 참사 18명으로 조선인이 준 것은 '자발'의 철회와 '통제' 강화를 뜻한다. 그렇지만 '조선인 유력자의 자발적 협력'은 실제다. 간부 명단의 변화는 '경쟁적' 친일활동의 결과, 또는 계기라 할 것이다.

김동환. 문인으로 『삼천리(三千里)』란 잡지를 간행했다. 그런 그가 1941년 6월에 참사가 된다. 그가 조선임전보국단 결성을 주도했음을 기억할 필요가 있다. 또 1941년 8월에는 문화부연락위원(출판계 담당)이 된다. 일찍부터 '문인'으로 일제에 협력했지만 연맹 간부로 선임되었음은 이미 '일개 문인'으로서의 협력 단계를 넘어 파쇼적 황민화 조직·선동가로 일제에게 인정받았음을 뜻한다. 따라서 1943년 명단에도 계속 참사로 있게 된다. 물론 간부명단에 있다고 해서 친일의 격렬함을 규정적으로 논할 수는 없다. 총력연맹 당시의 개인의 활동사항을 밝혀야 한다. 하지만 김동환의 예는, 일제가 연맹 간부 선임을 통해 그들을 조선인 동원의 첨병으로 내세우는 과정을 알려준다.

관의 통제는 연맹 본질상 필연이다. 하지만 명색이 대중운동을 표방하니 '자발'이란 생색도 포기할 순 없다. 1942년 6월, 고이소(小磯國昭)가 총독이 된다. 고이소는, 연맹에서 '관료를 제거'하고 '내선(內鮮) 민간인으로 그를 대체'했다. 그에 앞서 연맹 이데올로그 모리타(森田芳夫)는, "연맹은 관청이 아니다"라고 하며 연맹이 일반 대중의 생활에 파고들어야 한다고 강변한 바 있다.[43] 관헌의 물리적 통제로는 관철할 수 없는 것을 연맹이 해야 한다는 것이다.

1942년 11월의 연맹 사무국 개편은 '자발'의 상징을 내세우기 위한 것이다. 총무・연성・경제・후생・선전 따위의 5개 부로 개편하고 민간인이 부장이 되었다. 민간인의 부장 임명은 이후 계속된다. 하지만 이런 '상징'은 어디까지나 '상징'에 불과하다. 연맹은 철저히 관의 통제로 움직였다. 특히 사무국의 조직 재편이란 게, 일제의 우선적 동원정책에 따라 이루어진다. '국민총훈련'의 강조와 더불어 '연성부'가 중시된 1942년 11월의 개편, 근로동원・병력동원이 강조되면서 '실천부'・'징병후원사업부'가 설치된 1943년 11월의 개편 따위가 그런 성격을 잘 보여준다. 결국 연맹의 사무국 조직의 변화 추이는, 일제의 조선인 동원 강화 과정과 같다.

특히 1943년 말의 개편은 연맹 조직 면에서 중요한 변화를 가져왔다. 곧 종래 '근로보국' 따위의 노무동원을 더 강화하여 아예 군대식 조직인 '사봉대(仕奉隊)'를 조직케 했던 것이다. 직장연맹 애국반을 개조한 사봉대는 사무국 실천부의 업무사항이었다. 사봉대는, 장년대・청년대・부녀대로 구분되고 '대대－중대－소대－분대'의 군대식 조직을 갖췄다.[44] 연맹은 이에 대해 연맹의 '조직적 중점' 사항으로 평가했다.

---

43) 森田芳夫, 「조선사상 제진영의 전망」(『東洋之光』 1941년 1월 ;), 최원국 엮음, 『일제말기 파시즘과 한국사회』, 청아출판사, 1988, 395쪽.

조직 전환을 통해 근로동원을 군대식(파쇼)으로 통제하려 했던 것이다. 노무동원은 1944년 12월에 '근로부'의 설치로 더욱 강조되었다.

이 밖에 연맹은 파쇼 전위대의 강화도 꾀했다. 먼저 추진대. 정동연맹 때 수천 명에 불과하던 추진대를 3년간 무려 10만 명으로 증원하려 했다. 1941년 4월에 계획이 발표되었는데, '연맹운동의 첨병'으로 활동케 한다는 것이다. 여자 추진대원도 양성하려 했다. 종래의 자격요건을 넓혀 각종 황민화 강습소에서 국민총력운동의 훈련을 받은 자를 임명케 했다. 또, 연맹강습을 받은 애국반장, 청년단 간부 따위도 추진대원이 되게 했다.[45] 대중의 무한대동원을 대비해 그를 현실 속에서 강제할 전위대를 강화하려 한 것이다.

부인부도 만들었다. 사무국에 포함되지 않고 1941년 1월에 중앙연맹 산하로 조직된다. 부인부는 '부인층지도의 참모본부', 또는 '총력진의 여성부대'로 일컬어지며[46] 연맹의 활동사항을 가정에 강제할 전위대라 할 것이다. 10여 명이 부인부 위원으로 선임되었는데, 이숙종 따위도 포함되었다. 부인부는 '내선일체 국가를 위해'를 목표로 삼았다. 중점 활동사항에 '국방훈련' 따위를 포함시켰다. 또 이숙종은 '총력운동의 실천'이 중요하다고 했다. 곧, 연맹 부인부는 여성 파쇼 전위대였다. 하지만, 여성 전위대로서의 부인부는 추진대와 같이 큰 실효를 거두지는 않은 것으로 보인다. 곧, 1941년 12월에 가서야 도연맹(황해도)에 부인부를 설치했다. 중앙과 1년 가까운 차이가 있다. 실제 대중적 기반 위에서 부인부를 설치하는 것이 쉽지 않았던 것이다.

---

44) 『매일신보』 1943년 8월 4일.
45) 『매일신보』 1941년 4월 9일.
46) 『매일신보』 1941년 1월 26일.

이제 총력연맹의 활동 목표를 보자. 정신총동원운동에서 총력운동으로 이름이 바뀐 데서 이미 총력연맹의 목표는 확인된다. 곧 물적 동원의 강화다. '정신동원' 따위의 세뇌 활동 단계에서 벗어나겠다는 뜻이다. 일제와 연맹 스스로 이걸 공언했다. 1940년 10월 14일 총독부는 「조선국민조직신체제요강」을 발표했다. 그 가운데 '실천방책'에서 "국민정신총동원운동과 농촌진흥운동을 비롯하여 물심 두 방면의 각 부문의 모든 운동을 통합・포섭하고 …… 참으로 국민총력 발휘의 실(實)을 거둘 발랄(潑剌) 강력한 실천운동을 전개"한다고 밝혔다.[47)]

이에 따라 총력연맹은 '사상의 통일', '국민총훈련', '생산력확충'을 실천대강으로 내세운다. 앞의 두 사항은, 정동연맹 때부터 강제하던 동원의 세뇌작업과 병영사회 건설을 뜻한다. 사실 실천대강의 세항인 '실천요목・실천사항' 따위는 정동연맹의 실천요목을 재차 나열한 데 불과하다. 주목되는 것은 '생산력 확충'이다. 그 세항인 '계획증산의 강행', '근로 배가', '잉여 노력의 활용' 따위는 연맹 최고목표인 '고도국방국가체제의 확립'과 연관시킬 때 '인적 동원'의 강화를 뜻한다. '식량대책', '물자배급', '저축・국채응모' 따위도 정동연맹 때의 '조선인동원'의 상징적 의미를 벗어나 실제적 물적 동원으로 나아가게 된다.

그런 일제의 의도는 1941년도 사업계획에서도 드러난다. 곧, '특히 생산력 확충'에 매진할 것을 공언했다. 사업계획의 '증산 수행' 요목은 무려 17개 항에 달한다. 그 가운데 '계획증산 강행' 따위는 '부락 생산확충 계획의 완수'로 구체화되고 '공동작업・전가(全家)근로' 따위가 포함되어 있다. 이건 생산량이 부락연맹단위로 '할당'됨을 뜻한다. 그 완수를 연맹이 독려・강제하는 것이다. 물론 그 생산물은 생산자 몫이

---

47) 『國民總力』 1940年 11月號, 7쪽.

아니고 연맹을 통해 일제군수물자로 동원되었다. 이건 사실상의 공출이다. 그걸 연맹의 통제망으로 이루겠다는 것이다.

생산 확충을 위한 근로동원은 징용단계로까지 강화된다. 곧 1942년 운동방침은 '연성 · 근로동원 · 일본어보급'에 중점을 둔다. 그런데, 근로동원의 내용이 질적으로 바뀐다. 총력연맹은 "대동아 건설에 필요한 인적 자원의 배양과 전국적 수급의 조정에 자(資)하며, 반도 유위(有爲)의 노무자를 산업전사로 참가시키도록 한다"고 했다. 생산력 확충을 위한 근로동원을 사실 '징용' 차원으로 강화시켰다. '전국적 수급의 조정'은 노력 동원의 강제를 뜻한다. 실제, 이 방침을 구체화한 사업계획은 '근로보국 촉진시설' 항목에서 "1) 노력공출의 지도, 2) 개로운동 촉진, 3) 우량 근로보국대 조성, 4) 국민징용제도의 주지 철저" 따위를 제시해[48] 연맹이 일제 당국의 최후 전시동원인 징용에 적극 나설 것을 촉구했다.

1943년에는 애국반을 '사봉대'란 군대식 통제조직으로 바꾸어, 근로동원을 강화했다. 그리고 1944년 운동의 주요목표에 '사봉 증산의 강화'를 삽입했다. 연맹은 "황도에 기초한 사봉정신을 널리 …… 침투시켜 각종 사봉대 활동을 더욱 충실 · 강화하고, 국민개로운동을 강화해, 유휴 노동력의 일소를 도모"해야 한다고 밝혔다.[49] '유휴노동력 일소'란 '징용'과도 연관된다. 곧, 연맹 통제망을 이용한 일반 대중의 징용 할당을 뜻한 것이다.

근로동원이 강화되어 사실상의 징용까지 나간 것과 같이 국민총훈련도 강화된다. 정동연맹 때보다 강화된 훈련 형태로 '미소기'란 게 있다.

---

48) 國民總力朝鮮聯盟 編, 『朝鮮に於ける國民總力運動史』, 1945, 122쪽.
49) 위의 책, 1945, 141～142쪽.

사전적 의미로는 '목욕재계하여 부정함을 씻는' 의식이지만, 고통스런 행동까지 포괄한다. 예컨대, 한겨울에 물 속에 뛰어드는 따위의 비이성적 행동이다. 군인이 한 게 아니다. 대중에게 그걸 강제한 것이다. 이런 걸 '훈련'의 중심 활동으로 삼았다.

1941년 연맹 훈련부장 시오바라는, 미소기가 '정신운동의 한 가지 실천 방법'이라고 했다. 곧 국민총훈련의 방법으로 연맹지도자부터 일반대중에까지 실시할 것을 공언했다.[50] 이후 미소기 의식은 국민총훈련의 일환으로 각계각층에서 실시된 연성회의 기본의식이 된다. 곧, 각종 집단훈련에 빠짐없이 들어가게 된다. 1942년도 연맹 운동방침에는 '지도자 연성'이 들어 있다. 하지만 1943년에는 '황민의 연성'이 운동 목표에 포함되었다. 구체적으로 '지도자'뿐 아니라 '청소년·부인·직역(職域)·문화인' 연성이 포괄된다. 이건 국민총훈련의 일환이다. 단순한 강습회나 신사참배 따위를 내세운 1942년과 달리 1943년에는 '훈련·단련·연성'을 표방하고 '문화인 연성강습'이란 형태도 등장했다. 시오바라가 지시한 대로 '지도자'에서 일반 대중에까지 강제되는 것이다. 1942년 말에 사무국에 연성부를 둔 것도 그 일환이며, 결국 '비이성적 훈련과 통제'가 사회 일반에 횡행하는 '연성의 시대'를 목표로 삼은 것이다.

여기서 연성의 실제를 짚고 가자. 일본정신을 세뇌하는 '연성' 현장에서 미소기가 강제되었다 했다. 사실이다. 한 목사의 회고다.

> 전국에 있는 목사들을 소집하여 일본정신을 세뇌하기 위해서 죽을 먹여 가며 일본정신을 가르치며 미소기 훈련을 시켰다. …… 마지막

---

50) 『매일신보』 1941년 1월 18일.

날에는 한강에 나가서 물속에 들어가 앉아서 두 주먹을 흔들며 후르다마 후르다마 구호를 외치게 하였다. …… 이영엽 목사는 그때 감기가 들어 폐렴을 앓다가 그 병으로 세상을 떠났다.[51]

눈에 선하다. 목회자들이 집단으로 찬물에 들어가 비이성적 '주문'을 외우는 모습이. 그게 일제와 연맹이 강제한 연성, 곧 국민총훈련이다. '죽음'에까지 몰고 가는 집단세뇌훈련, 그게 국민총훈련의 정체였다.

다음, 총력연맹의 중점 목표로 병력동원이 있다. 정동연맹의 본질적 목표는 할당에 의한 지원병 강제모집이었다. 총력연맹으로 개편되면서 강제모집은 계속되었다. 하지만 연맹활동의 중심은 징병제로 바뀌었다. 그러니 초기 연맹 목표에는 지원병 모집 따위는 사라진다.

1942년 일제가 '징병제 강제'를 발표하자 연맹은 1943년도 중요 목표의 하나로 '징병제 실시의 준비'를 넣었다. 연맹은 '징병제 실시의 성과'가 '조선에서의 제일 긴요한 임무'라고 공언했다.[52] 그 구체적 사항으로, 각종 선전활동, '군대숙박연성회', '군대생활과 연습견학' 따위의 준군사훈련, 일본어보급, 호적정비를 제시했다.

1944년에는 '징병제도의 완수'로 강화된다. 그 실시 사항은 대체로 1943년과 같지만, 호적정비의 세항에서 '소재 불명자 조사와 이동 신고의 여행(勵行)'이 주목된다. 이건 징병제에 대한 저항을 차단하기 위한 조치다. 일부 조선 청년들은 징병제에 저항했다. 거주지를 옮기거나 산악지대에 숨고, 또는 국외로 탈출하는 경우도 있었다. 일제는 그걸 막기 위해 상호 감시의 통제망인 연맹을 이용하려 했던 것이다.

---

51) 이정엽, 「3·8이북 수난 체험기」, 안재정 엮음, 『원로목사 체험수기(1)』, 복지문화사, 378쪽.
52) 國民總力朝鮮聯盟 編, 『朝鮮に於ける國民總力運動史』, 1945, 129쪽.

연맹이 거주자 조사에 나서겠다는 것은, 징병거부를 사전에 차단하고 병력동원의 통제망을 완성하겠다는 것이었다.

총력연맹의 활동목표는 일제 파쇼체제가 극단적으로 강화됨에 따라 인적 · 물적 동원을 노골적으로 강제하는 것으로 나아갔다. 정동연맹 때의 '내선일체' 따위의 주문과 지원병 강제모집 따위가 포기되진 않았지만, 근로동원은 징용 단계로, 병력 동원은 징병 단계로 나아갔다. 바야흐로 노예적 동원시대로 들어섰다. 물적 동원도 정동연맹 때의 굴종의 '상징' 단계를 넘어, 실제 물자동원에 중심을 두는 형태로 강화되었다. 한 마디로 강점 말기의 '징용 · 징병 · 공출' 따위에서 두드러지듯이 '조선'을 노예처럼 수탈하는 것이 총력연맹의 목표였다.

이제 활동 내용을 보자. 연맹의 황민화 세뇌작업과 생활통제는 정동연맹 때와 마찬가지였다. 오히려 더 강화된다. 총력연맹 초기에는 유형동원을 노골적으로 내세우진 않았다. 예컨대, 1940년 12월 경기도에서 만든 '국민총력연맹 애국반 훈련교본'을 보자. 모두 13개 항으로 구성되었다. '저축, 부락생산확충계획의 수행'을 제외하면 궁성요배 · 신사참배 · 대마봉재(大麻奉戴) 따위의 황민화 세뇌 주문이 대부분이다.[53)]

이런 세뇌활동이 강화된 게 '연성' 따위다. '훈련'은 저리 가고, '연성의 시대'가 된다. 연성의 이념은 물론 비이성적 주문이다. '내선일체'도 무색하다. 1943년도 연맹 운동요목에 지도민족으로서의 연성이란 내용에 든 게, '황국의 세계적 사명 자각의 철저', '지도민족인 자질과 품격의 함양', '세계 신질서 건설단계에 관한 지식의 보급' 따위다. 한 마디로, 세계의 '지도민족' 일본의 침략전쟁이 '세계적 사명'이란다. '연성'의 이념이 이미 '내선일체' 단계가 아니다. '내선일체' 주문의

53) 『매일신보』 1940년 12월 29일.

모태인, 더 크고 요상한 주문 '팔굉일우'다.

연성의 이념적 근거가 황당한 주문이니 그 형태와 강도 또한 정동연맹 때의 단순한 선전활동과 자못 다르다. 한 마디로 조선인이 모였다 하면 '연성회'가 되고 세뇌작업이 진행된다. 특히 종교단체는 총독부·연맹의 통제를 받으며 빈번하게 연성회를 개최했다. 예컨대, 감리교는 교단조직에 연성국(국장 갈홍기)을 둘 정도였다. 다른 종단도 유사한 기구를 두었으리라. 이때 종교인의 연성회는 두 가지 뜻을 지녔다. 첫째 일본정신의 세뇌작업과 함께 동원정책의 침투 경로로 기능한다. 총력연맹연성소는 1944년 11월에 '종교단체 제1회 연성회'를 실시했다. 이어 한 달 동안 1회 4일로 각 도별로 연성회를 개최한다. 이때 연성회의 내용이 '미소기'와 함께 '징병·징용·공출'에 대한 강연 따위로 구성되었다. 세뇌작업이 구체적 동원정책과 불가분의 관계로 설정된 것이다. 각 종단 총력연맹이 주관한 연성회 따위도 마찬가지다.

둘째, 연성의 '중층적 강제 구조'를 만들었다. 곧 총독부―연맹―종단지도부―종단중간층―신도 대중의 '연성'의 통제망이 형성되었다. 그건 물론 동원의 통제망이기도 했다. 연성회 기록을 보면 참가 인원이 대개 수십 명이다. 종교보국회의 1945년 계획을 보면, 본부·지부의 간부연성계획에 250명이 잡혀 있다. 비교적 많은 수의 연성계획을 세운 유림은, 1944년에 6백 명, 1945년에 2천 명을 계획했다. 하지만 이들 연성회는 대개 중앙·지방의 종단지도부를 대상으로 한 것이다. 유림연성회 대상은 향교 직원·장의 따위의 각지 유도회 간부였다. 하지만 연성은 여기서 그치지 않는다. 여기서 그친다면 총력연맹이 아니다. 연맹 목표는 대중동원이다. 실제 희생이 강제되는 것도 대중이다. 그러니 세뇌주문의 확산과 아울러 동원을 담보할 연맹 연성회는 대중에게 강제된다. 1943년 1월 종교단체를 통제한 총독부 학무국은 '황국신민 연성' 방침을 발표해 '신도의 철저한 통제 지도와 연성 훈련'을 실시하라고 지시한다. 이 때 주된 대상은 불교와 유림이었다.[54] 그 가운데 유림과 불교의 '중견층'이 연성대상이었다. 특히 불교는 '각 사찰에서 5~6년, 혹은 10년 이상 공부한 승려 5·6명'이라 했다. 곧, 중일전쟁 이후 종교 교역자가 된 승려를 뜻한다. 이들을 우선 황민화 연성의 전위대로 만들고 이들로 하여금 신자의 연성을 강제하겠다는 것이다. 이건 각 종단 모두에 해당된다. 곧, 예컨대 1944년에 각 종단·종파 대표 50여 명이 '종교단체총궐기협의회'란 요상한 회의를 연다. 이때 '사원이나 교회에서는 미소기·좌선 등 종교행사를 보급시켜서 인고 결핍을 이겨나갈 심신 단련을 시킬 것'을 결정한다. 훈련이고 연성이다. 이쯤 되면 연성회란 게 지도층, 중견층만 대상으로 하지 않고 '신자' 대중에게까지 확산된 것이다. '신도의 황민화 연성'[55]이 강제된 것이다. 예컨대 감리교에서 상동교회를 '황도문화관'(관장 연성국장)으로 만들어 '연성'이란 세뇌·동원 작업을 실행한 것도 이즈음이다.

일제는 전쟁한다. 전쟁은 길다. 일본군은 곳곳에서 패전한다. 대중은 안다. 일제는 결국 패망하리라는 걸. 그러니 일제는 대중의 이성을 마비시키는 주문을 강화한다. 단순한 선전으로 안 된다. 훈련시킨다. 강제한다. 정신 못 차리게 한다. 그게 훈련이요 연성이었다. '훈련과 강제'의 시대였다. 그 중심에 총력연맹이 있었다.

다음 물적 동원 활동을 보자. 물자가 없으면 전쟁을 치를 수 없다.

---

54) 『매일신보』 1943년 1월 14일.
55) 『매일신보』 1944년 10월 8일.

전쟁이 길수록 물자동원도 극단화된다. 우선 현금동원. 쉽게 말해 대중의 돈을 빼앗는 것이다. 저축, 국채매입 강요 따위로 방법도 다양했다. 그런데 그 정도가, 정동연맹 때와 비교도 안 된다. 연맹 통제망에 비율까지 정해 할당하고, 대중의 수중에 돈이 있는 걸 참지 못한다. 1940년 추수 직후 농촌에 쌀 판 돈이 유포된다. 일제는 농촌의 구매력을 억제하려고 '저축운동에 전력을 집중'하라고 공언한다. 겉으로는 '강제가 아니라'고 했다. 일제가 '아니다' 하면 맞는 것이다. 강제다. 총력연맹 결성 직후부터 그랬다.

1941년에 저축목표액은 6억 원. 총력연맹은 도연맹에 금액을 할당하고, 도연맹은 이걸 다시 각 호별 · 인별로 할당했다. 1,500만 원이 할당된 강원도연맹은 1인당 매월 75전을 저축하라고 강제한다.56) 1억 9천 2백만 원이 할당된 경기도연맹은, 호당 매월 1원 이상을 저축하라고 강제했다. 이걸 '총력 저축'이라 했다. 이 밖에 한 달 수입에 일정 비율을 강제저축하는 '호별 저축'도 있었다. 비율은 수입 100원 이하~500원 이상에 따라 5~20% 이상이었다.57) 이건 말이 '저축'이지 실제는 '현금 공출'이다. 이때 연맹은, '애국반 총력'을 집중해 저축운동을 전개한다 했다. 저축, 곧 물자 동원이 총력연맹 활동의 중점 사항이 된 것이다.

저축 강제가 대중의 생활에 어떤 영향을 주었나. 1원 따위로 말하면, 실감나지 않는다. 쌀로 환산해 보자. 1940년대 쌀 1말이 2원 정도였다. 경기도연맹의 '총력저축'이 연간 12원 이상이니 쌀 6말 '이상'을 저축이란 명목으로 '공출'한 셈이다. 여기에 '호별저축'이 추가된다. 100원

56) 『매일신보』 1941년 5월 24일.

57) 『매일신보』 1941년 5월 3일, 5월 24일.

수입일 때 연간 최소 60원을 저축하게 된다. 쌀 30말에 해당된다. 100원을 버는 집은, 연간 쌀 36말을 사실상 공출 당하는 셈이다.

그건 최소다. 할당은 '이상'으로 규정되었다. 1938년에 연간 600원을 번 집에 217원(36%)의 저축이 강제된 사례를 위에 언급했다. 1940년대에는, 그 정도가 극도로 강화되어 일반 대중의 생존을 위협하는 데까지 이르렀다. 강점 말기 저축의 실제에 대한 회상이다.

> 가장 잘못한 일은 아이들이 못 먹어서 부황이 들어 다니는 것이다. "내일은 '저축의 날'인데 어떤 수입의 일부를 국가에 바쳐야 한단 말인가? 아이들의 입에서 또다시 먹을 것을 끄집어 내란 말인가? 무슨 수를 내야 할 판이다." 이것은 나와 내 친구가 소소한 물건을 샀던 방물장수가 한 말이다.[58]

국채발행도 대중의 돈을 '공출'하는 것이었다. 친일주구조직 임전대책협의회에서 '채권가두유격대'란 전투적(?) 이름을 내걸고 '1원 꼬마채권' 판매에 나선 것은 널리 알려졌다. 그러나, 그 액수는 미미하고 실제 대부분의 채권은 직장연맹과 애국반에 할당되었다. 18년 만기상환의 '휴지나 다름없는'[59] 채권을 강제로 대중에게 할당한 것은 사실상 '공출'이었다.

다음은 금속과 식량을 중심으로 물자 공출을 보자. 금속 공출. 겉으로는 '헌납'이라 했지만 연맹의 통제로 각 단체연맹·애국반을 동원해 공출을 강제했다. 1941년 8월에, 종교단체 대표들이 유기의 '자진

---

58) 파냐 이사악꼬브나 샤브쉬나 저, 김명호 역, 『식민지 조선에서』, 한길사, 1996, 105쪽.

59) 임종국, 『日帝侵略과 親日派』, 청사, 1982, 210쪽.

공출'을 결의한다. 물론 총력연맹이 이걸 주도했다. 말로는 '자진공출'이라 했다. 하지만, 일제가 '유기헌납 강요는 절대 불가'라 했다.[60] 이건, 일제의 유기수집이 강제되면서 여론이 악화된 사실을 전제로 한다. 실제는 연맹 통제망에 의해 유기 공출이 강제되었던 것이다.

1943년이 되면 상대적으로 공출에서 제외되던 식기·제기, 교회·사찰의 종도 공출되었다.

7월에 일제가 발표한 '금속물 비상회수 실시 요강(要綱)'은[61] 일반 가정의 식기·제기 따위도 회수한다는 것을 중요 내용으로 했다. 이 지시에 따라 연맹은 공출운동을 산하 연맹에 지시한다. 그 내용은 '모든 가정'에 금속공출을 '보급'하고 '대용품으로 쓸 수 있는 금속류 제품은 무엇이든지 전부 공출'한다는 것이다. 그런데 공출방법을 이렇게 밝혔다. "종래의 경험에 비추어 보면, 본인의 의사를 무시하고 공출물건의 대금을 부락이나 애국반의 공동비용으로 쓰게 하거나, 또는 돈을 받지 않고 그 공출품을 헌납하라고 권고하는 일도 없지 않았는데 이것은 모두 그 본인의 의사대로 할 것이고 결코 강제적으로 할 것은 아니다."[62]

연맹은 '훈련과 강제'의 통제조직이다. 여기에는 '자발'이 없다. 할당에 의한 경쟁적 달성만 있다. 그러니 위 공출 방법은 강제적 징발의 존재를 연맹 스스로 인정한 것이다. '자발'은 선전에 불과하다.

식량공출. 중일전쟁 이후 일제는, 매년 조선에서 천만 석 내외의 쌀을 공출해 군수물자로 반출했다. 쌀뿐 아니다. 각종 식량·농산품도 공출된다. 조선인의 식량은 만주의 잡곡·콩깻묵 따위로 대체되었다.

60) 『매일신보』 1941년 8월 28일.
61) 『매일신보』 1943년 7월 18일.
62) 『매일신보』 1943년 8월 8일.

공출 전의 단계로 쌀 소비를 억제하는 배급·소비 조사에 정동연맹이 동원되었음은 앞서 보았다. 총력연맹은 식량공출을 극단화한다. 1944년에는 연맹 운동목표에 아예 '중요물자의 증산 공출'을 삽입한다. 그건 물론 할당으로 이루어졌다. 일경·관리는, '마루 밑, 헛간 바닥, 지붕꼭대기까지 쑤시고 다니면서'[63] 식량을 강탈해 갔다. 일반 대중의 생존을 위협했다. 당시 기록으로 그 실상을 보자.

> 농부는 말한다. "……내가 많이 생산할수록 그들이 많이 가져간다. 나에게는 먹을 것, 입을 것이 남지 않는다. ……" 이들 불평에 대해 통치자들은 …… 대답한다. "불평하는 것은 반역이다. ……" [공출은] 가정에 엄청난 부채와 기근만 가져다[준다.][64]
>
> 생사여탈권(生死與奪權)을 지닌 [총독]의 무장한 부하들이 마지막 한 줌의 쌀을 빼앗기 위해 가난한 농부의 집을 뒤[진다.][65]
>
> 그녀는 보리 9섬을 수확했다고 말했다. 그녀는 7섬을 공출 당했는데 그들은 그녀에게 그 대가로 12원을 주었다! …… 그녀들끼리는, "더 많은 쌀을 생산하기 위해 애쓸 필요가 없지 않는가? 우리는 쌀 한 톨도 가질 수 없다. 이렇듯 어려운 상황 아래서 살기보다 차라리 죽는 게 더 낫다"고 말했다.[66]

식량공출이 조선인 대중의 생존을 위협했음을 사실대로 보여준다. '부채와 기근, 차라리 죽는 것이 낫다는 생각'을 필연적으로 가져오는 식량공출은, 일제의 강제공출과 일반 대중의 저항이 삶의 현장에서

---

63) 임종국, 『日帝侵略과 親日派』, 청사, 1982, 212쪽.
64) 윤치호, 『윤치호일기(11)』 1943년 1월 1일자.
65) 위의 책, 1943년 2월 6일자.
66) 위의 책, 1943년 9월 6일자.

첨예하게 충돌하는 현실 문제다. 농민의 생각을 '반역'이라 한 것은 저항을 폭력으로 제거한다는 뜻이며, 두 번째 인용은 '총칼의 폭력'이란 정황을 보여준다.

일제 관헌이 그랬다. 하지만 그를 뒷받침한 게 연맹이다. 연맹이란 통제망이 없으면 총칼을 휘두를지라도 생존을 위협하는 공출은 저항을 받는다. 실제다. 1940년 11월, 총력연맹은 '미곡공출 여행(勵行)'을 전체 애국반원에 지시한다.[67] 시간이 흐를수록 연맹의 공출활동은 강화된다. 연맹 간부를 동원, 각 군에 파견해 식량공출을 독려하기도 한다.[68] 연맹은 상호감시의 통제조직이다. 애국반의 '분위기'와 '수상한 사람'을 감시하고 관헌에 밀고한다. 이걸 식량공출에 적용하면 식량 보유의 감시와 밀고가 극심해지게 된다. 식량을 보유하는 건 생존이 걸린 저항이다. 이를 감시하고 밀고하는 건 일제의 물리적 폭력의 변형인 셈이다.

다음, 강제노동력동원과 강제병력동원, 곧 인적 동원에서의 연맹의 활동을 보자. 강제연행 · 강제동원 · 징용 등 어떻게 부르건, 일제가 노동력을 징발해 생산현장에서 투입한 것은, 조선인의 노예적 동원이었다. 그건 물론 일제의 폭력으로 관철되었다. 연맹의 통제망도, 중요한 역할을 했다. 강제노동력동원은 정확한 숫자는 밝혀져 있지 않다. 일제는 패망과 함께 극악한 행위의 기록을 불태웠다. 그래서 정확한 통계는 없다. 일본으로의 강제연행은 여러 기록들을 종합해 볼 때, 150~153만 명 정도였다는 것이 일반적 견해다. 또 조선 내 동원은 480만(1944년까지)~640만(1945년 포함 추정 누계) 명 정도였다고 한다.[69]

---

67) 『매일신보』 1940년 11월 25일.
68) 『매일신보』 1944년 11월 17일.

국외로의 강제연행은 두 경로로 이루어졌다. 일제 군·관·경이 각지를 돌아다니며 보이는 대로 끌고 간 경우가 있다. 이건 말 그대로 '노예' 동원이다. 일본인 요시다 세이지(당시 야마구치현 노무보국회 동원부장)의 기록에 그런 형태의 강제연행 실상이 적혀 있다.[70] 그러나, 이 기록에는 총력연맹에 관한 언급이 없다. 조선 현지에서 경찰의 도움을 받았다고만 했다. 연맹이 관여한 노동력 동원은 할당에 의한 것이다. 곧 일제 후생성(厚生省)이 총독부에 징용을 의뢰하면 총독부가 도·군·면으로 동원 인원을 할당하는 식이다. 그 할당의 기초가, 연맹 통제단위인 애국반이다. 힘없는 대중에게 동원이 강제된다. 실제를 보자.

> 어느 날 징용자 5명이 할당되었다. …… 징용은 목적지가 명시되지 않았다. 복무 기한도 없다. …… 유기그릇도 달라면 준다. 돈도 내라면 준다. 이번에는 사람을 달라? 안 된다. …… 내가 어찌 사람으로서 다른 사람을 희생시킬 수 있겠는가. …… 이 일을 [안 하려고] 이사를 했다. …… 하루는 외출하고 돌아오니 …… 징용영장이 [왔다.] 내가 다른 사람 징용 보내는 그것이 싫어서 이사를 왔더니 이번에는 내게 징용장이 떨어졌다.
>
> 앞집이 반장집이었다. 그 집에는 아들이 둘이 있다. 그런데도 식구를 거느리고 있는 가장에게 징용장을 보낸 것이다.[71]

---

69) 강제동원과 그 사망자 숫자에 대한 여러 설의 검토는 김용수, 『한일 50년은 청산되었는가』, 고려원, 1995, 258~265쪽 참조.

70) 요시다 세이지 지음, 현대사 연구실 옮김, 『나는 조선사람을 이렇게 잡아갔다 : 나의 전쟁범죄 고백』, 청계연구소, 1989.

71) 강태원, 『서울에 살어리랏다』, 무수막, 1993, 197~198쪽.

애국반을 단위로 한 징용 실상이 그대로 적혀 있다. 또 사할린으로 징용 갔던 이창희는, 1942년 9월에 인조조장(隣組組長 : 애국반장)이 "화태(樺太 : 사할린) 탄광으로 가라"는 종이를 들고 와 징용되었다 한다.[72] 국외 징용도 연맹 통제망을 이용했으니, 국내 징용도 물론 할당으로 이루어졌다.

연맹의 강제노동력동원은 또 있다. '근로보국' 따위로 표현된, 노동력동원이 그것이다. 생산현장에 감금하진 않지만, 일정 기간 생산현장에 동원하는 형태다. 정동연맹 때 이미 근로보국운동이니 근로봉사니 따위의 이름으로 동원되었지만 총력연맹 때는 극단적으로 강화된다. 총력연맹은 1941년 초 조선청년단 단원 600만 명을 농·수산·공·광업 따위 생산현장에 동원한다고 결정했다. 1개월 이상 '정기적'이란 조건이 붙었다.[73] 계획에 따른 실제 동원숫자는 밝혀져 있지 않지만, 준징용이라 해도 지나친 말이 아니다. 이런 노동력 동원은 국내 강제동원 통계에도 잡혀 있지 않다. 또 있다. '국민 개로운동(皆勞運動) 요강'이 결정되었는데 청장년남녀 400만 명을 각 지역별로 조직해 근로 '총동원체제'를 갖추게 했다.[74] '동원령이 내리면 즉시 응하게' 한 것이다. 이에 따라 '근로보국정신대'가 조직되었고 정연맹을 조직 단위로 했다.[75] 이런 동원도 기왕의 강제동원 통계에는 잡혀 있지 않다.

1942년 연맹 사업계획은 근로동원을 더 구체화한다. 곧, 5개 항 가운데 '노력 공출의 지도'에서 징용에 대한 연맹의 통제를 밝히고, '근로보국대 조성' 따위에서 준징용의 노동력 동원을 제시했다.[76]

---

72) 北海道新聞社 編, 『祖國へ!』, 北海道新聞社, 1988, 67쪽.
73) 『매일신보』 1941년 2월 28일.
74) 『매일신보』 1941년 9월 2일.
75) 『매일신보』 1941년 11월 23일.

연맹이 총칼을 앞세워 강제연행하지는 않았다. 하지만 할당에 의한 징용과 준징용, 그리고 징용에 대한 저항의식을 마비시키는 대중통제활동은 총력연맹의 몫이었다.

다음, 강제병력동원. 징병제에 대한 연맹의 활동은 주로 선전이었다. 1943년 연맹 활동계획에 '징병제 실시의 준비'가 포함되고, 사무국에 징병후원사업부도 조직되었다. 손영목이란 친일주구분자가 부장이 된 것은 조선인 병력동원을 염두에 둔 것이지만 활동계획 세항을 보면 '징병제의 밤' 개최, 징병제에 관한 인쇄물 따위의 작성, 징병제 선전 문예 따위의 지도와 강연회·연성회 따위의 선전활동이 중심이다. 그럴 수밖에 없다. 징병제는 지원병제처럼 연맹 통제망을 통해 할당되는 게 아니고 그냥 끌고 가는 것이다. 징병후원사업부의 역할이란 것도, 징병제 '미담'(?)을 수집할 작가를 선정·파견하는 따위로 선전에 집중되었다.

실제 선전활동을 일일이 열거할 필요는 없을 것이다. 1943년 8월 1일, 국민총력 조선·경기도·경성연맹 합동으로 개최한 '징병제실시 감사 결의선양대회'라는 읽기도 힘든 파쇼 집회만 보자. 학생과 청년 '3만여 명'이 동원된다. 식이 끝난 후 대를 지어 시가행진을 했다. 연맹이 파쇼 열기를 만들어 대중의 의식을 마비시키려 한 모습을 보여준다.

하지만 학병제는 다르다. 겉으로는 '지원'이다. 그러니 강제로 '지원' 시켜야 한다. 이건 선전만으로는 안 된다. 연맹이 말 그대로 '총력'으로 달려든다. 징병제 선전과 달리 강제적 독려활동이 총력연맹의 본질이었다. 대응부터 틀리다. 징병제는 '선전'이지만, 학병제는 '전원 지원'시

---

76) 國民總力朝鮮聯盟 編, 『朝鮮に於ける國民總力運動史』, 1945, 122쪽.

킬 방법을 '협의'한다. 예컨대 1943년 11월 6일, 연맹 주최로 연맹 총장과 연성부장, 중추원 관리, 민간 유력자, 총독부 학무국장 · 경무국장, 조선군 관계자 등이 참석해 '전원 지원'시킬 방책을 협의했다.[77] 경무국과 일본군이 참가했다는 것은 이미 물리적 강제를 시사한다. 물론 선전도 포함된다. 초기에는 선전과 방문을 통해 설득하는 방법을 많이 사용했다. 하지만 학생과 대중은 안다. 학병제가 조선인의 첨예한 희생을 강제하는 것임을. 그러니 지원하지 않았다. 이때부터 일제의 물리적 폭력이 자행된다. 예컨대, 경찰이 학생 가족을 구속하고, 지원한 다음에야 풀어주는 따위다. 이때쯤 연맹의 독려 수단도 강화된다. 예컨대, 평남 총력연맹은, 11월 13일에 유학생과 그 부형을 소집하여 '간담회'를 개최한다.[78] 말이 간담회지 이건 그 자리에서 학병을 '지원'하라고 강요하는 것이다. 연맹은 대중통제조직이다. 그러니 이때 '지원'하지 않으면 일제의 병력동원정책에 반대한다는 뜻으로 해석된다. 감시 · 통제 · 괴롭힘이 뒤따른다. 사실상 '지원' 강제다. "반도지도층을 총동원해 지원운동을 전개했다"고 연맹이 자평할 정도로[79] 강제병력동원 활동은 연맹의 '총력'을 다한 활동이었다.

77) 『매일신보』 1943년 11월 8일.
78) 『매일신보』 1943년 11월 10일.
79) 國民總力朝鮮聯盟 編, 『朝鮮に於ける國民總力運動史』, 1945, 68쪽.

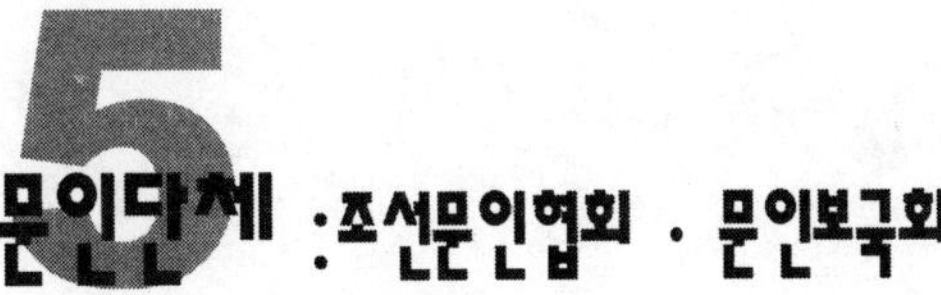

5 문인단체 : 조선문인협회 · 문인보국회

1946년 2월 8일. 서울 기독교청년회관에서 전국문학자대회가 개최된다. 좌우파 문인 91명이 참석한 ‘8·15’ 이후 최초의 대규모 문인대회였다. 여기서 ‘건설기의 조선문학’의 방향을 논의한다. ‘건설’은 과거의 ‘반성과 기억’을 통해 이루어진다. 이때 강점말기의 문학은 통열한 반성의 대상이 된다. 시인 김기림은 이렇게 말한다. “우리의 굴욕과 배신과 변절과 거짓과 아첨에 찬 36년, 특히 그 최후의 수년간을 우리는 쉽사리 잊어서는 아니 될 것이다. 안타깝게 쳐다보는 대중에게 아무 표정도 지어 보일 수 없었으며 더군다나 대중을 속이며 역사를 속이며, 가장 무서운 것은 스스로의 양심을 속여 가며 침략자의 복음을 노래하던 날을 너무나 값싸게 잊어서는 아니 된다. …… 우리들은 우리들의 아픈 상처와 과실 때문에 좀더 통렬하게 통곡해야 하겠다.”[1] 소설가 이태준은, 조선작가가 ‘모어’(한글)에 대해 ‘잔인’했고 ‘예술가적 자존

1) 조선문학가동맹 엮음, 최원식 해제, 『건설기의 조선문학』, 온누리, 1988, 65쪽.

심이 결핍'했다고 하며, 일본어로 '전향'함으로써 '조선문학을 부정하고 조선민족을 부정'했다고 비판한다. 그러면서 '우리 민족 앞에 경건히 참회하고 연후에 다시 조선어에 붓을 댈 것'을 요구했다.[2)]

임화는 대회의 첫 번째 보고연설에서 일제 파쇼체제 아래 조선문학의 과제를 셋으로 지적했다. "조선어를 지킬 것, 예술성을 옹호할 것, 합리정신을 주축으로 할 것."[3)] 조선문학이 결국 한글을 지키지 못했고, 일제 선전도구로 전락했고, 비합리적 천황제 이념과 파시즘에 굴복했던 사실을 반대로 증언한 것이다. 한결같다. 대회 보고연설을 읽다 보면, 강점 말기 문학(·문인·문단)은 '통곡', '잔인' 따위의 격정적 표현을 쓸 만큼 통한(痛恨)의 대상이다.

왜 그랬을까. 한때 계급문학·민족문학으로 항일전선의 중요한 축을 이루던 문인이, 한글을 '잔인하게' 버리고 문학을 광고전단으로 추락시키고 사람됨을 포기한 채 중세적 주술에 사로잡힌 건 어떤 이유 때문인가. 지금으로선 도저히 이해가 되지 않는 '역사적' 현상이다. 문인 개개인과 분야별 문학론에 대한 검토가 필요할 것이다. 하지만, '국민문학', '국방문학' 따위로 표현되는 당시 글을 보면 현기증이 난다. 이건 도저히 읽을 게 못 된다. 문학과 문인에 대한 연구라면 그걸 견뎌야 한다. 하지만 여기서 말하고자 하는 건 그게 아니다. 다행으로 생각한다.

'왜'라는 질문을 던졌다. '전향' 문제와도 연관된다. 앞서 전향에 일제의 물리적 폭력과 자발이 섞여 있다 했다. 개인에 따라 편차가 있다 했다. 개인별 '추적'이 필요하다. 이건 문인만의 문제가 아니다. 당대의 지식인 일반에 해당된다. 개인에 대한 관심을 돌려, 문단 일반을

---

2) 위의 책, 128~129쪽.
3) 위의 책, 43쪽.

보자. 조직과 단체가 있다. 그 시기의 문학을, '역사에서 지우고 싶을 정도로' 비참하게 만든 친일활동의 중심에 문인주구조직이 있다. 파쇼는 조직하고 통제한다. 사람으로서의 개인이 설자리를 없앤다. 홀로 서면, 이성이 살아 숨쉰다. 비합리적 주술에 빠지지 않는다. 그런데도 많은 문인들이 그랬다. '왜'라는 질문은 여기서 나온다. 한두 사람이 아니다. '폭풍'이 몰아치듯 많은 문인들이 그랬다는 것은 개인에 대한 '왜'라는 질문만으로는 감당할 수 없다. 파쇼 시대의 특성이다. 그리고 문학의 파쇼화 중심에, 조선문인협회(·조선문인보국회)라는 주구단체·파쇼조직이 있다. 그 실제를 보자.

> 이상할 정도였다. 노래하는 가운데 송영수는 피로도 공복도 불안도 어깨를 짓누르는 무게도 잊고, 정말로 즐거운 기분으로 행군할 수 있었다. 이제 그는 외토리가 아니었다. 하나의 뜻이 움직이고 있는 전체 속의 한 명이었다.4)

최재서의 단편 소설 「보도연습반(報道演習班)」(『國民文學』 1943년 7월)에 나오는 대목이다. 문인보국회가 조직된 직후, 정비석 등의 문인을 조선군에 파견해 '보도연습훈련'을 받게 한다. 5월이다. 최재서가 참가했는지는 확인되지 않는다. 하지만 내용과 시기로 보아 이때의 '훈련' 경험이 '소설'로 발표된 것이다.

소설의 주인공 송영수는 훈련을 받는 가운데 불안과 갈등을 느낀다. 하지만 행군 속에 군가를 부르며 '개인'이 아닌 '전체 속의 한 명'으로 안도감을 느낀다. 행군이란 게 그렇다. 파쇼 의식화의 일환으로 이용되

4) 김병걸·김규동 편, 『친일문학선집(1)』, 실천문학사, 1986, 334쪽.

는 경우가 있다. 나치가 대중의 전체의식을 조성하는 데 행군을 이용했다. 송영수가 '전체'를 자각한 순간 그 결과는 뻔하다. '일본의 비약만이 동아의 10억을, 아니 세계의 파탄을 구원할 수 있는 것'이며 '조선 2천 7백만은 내지 [일본]7천만을 도와서 성스러운 과업을 성취하지 않으면 안 된다'고 '자각'한다. 여기까지는 '주문(呪文)'의 수용이다. 그리고 동원의 현실로 나아간다. 일제의 총알받이로 희생당하는 지원병을 '동족의 의심과 조롱을 극복'한 존재로 찬양한다.

말하자면 이렇다. 문인이 '민족을 배반했다는 생각' 때문에 갈등한다. 하지만 '훈련과 행군' 가운데 파쇼체제가 주는 '소속감'에 안도하게 된다. 여기서 중요한 건 소설의 선전성이 아니라, 문인의 의식이 민족과 일제 사이에서 갈등하다 '전체' 분위기에 휩쓸려 안심한다는 그 과정이다. '보도훈련'은 예일 따름이다. 그건 일제가 강제한 훈련프로그램의 하나일 뿐이다. 문인조직으로 보자면 이미 문인협회 · 보국회가 있다. 일제의 파쇼적 강제와 문인 개인의 자발적 동원을 매개한 중심에 주구조직이 있다. 문인의 동원 활동은 그 다음이다.

일제는 문인을 침략전쟁 선전에 이용하기 위해 갖은 수단을 다 써 문인조직을 만들려 했다. 그 1차 작업은 항일세력으로서의 문인조직을 파괴하는 것이다. 1934년에 카프 산하 연극동맹 극단인 '신건설'이 전주에서 공연하던 중 전단이 발견된다. 이를 계기로, 신건설 단원과 카프 간부를 대대적으로 검거한다. 1935년 말까지 일제는 카프를 강제 해산시키고 맹원들을 전향시킨다. 카프의 해산은 문단 내 항일세력의 와해를 뜻했다.

그 다음 일제의 작업은 문단에 '전쟁 협력' 분위기를 조성하는 것이다. 이게 되어야 친일 문단의 조직화가 가능하다. 카프 사건 판결 직후인

1936년 1월(시점을 주목할 필요가 있다) 이광수가 「전쟁기의 작가적 태도」를 발표한다. "조선의 현상으로 보면 전쟁의 엄숙하고 용장(勇壯)한 것을 재료로 하는 문학이 있고 싶다고 생각한다"[5]고 했다. 일제의 침략전쟁을 미화할 것을 시사했다. 문학이 침략전쟁의 선전 도구로 기능하는 '(제국주의)전쟁문학'의 시발이다. 이광수는 10월에 「조선문학의 발전책」에서 "작가가 서로 모여서 교양과 문학적 수련을 위하여 …… 교환 강의"할 필요가 있고 "조선문학자에게 파트론이 있어야 한다"고 주장한다. '파트론'에 대한 논의는 "개인으로나 단체로나 파트론이 재정적 후원을 주어서 …… 창작, 발표하게" 해야 한다는 데까지 이어진다.[6] 이광수의 인식을 연결시키면 '전쟁문학', '작가모임', '후원자'의 필요성이 서로 맞물린다. 이 절묘한 관계. 일제가 바라던(혹은 요구하던) 바다. 문인을 조직해, 제국주의 선전문학을 '생산'케 한다. 그것을 일제가 후원·통제한다. 그런 구상이다. 일제가 이광수에게 그런 구상의 글을 발표케 했는지, 이광수가 일제의 심중을 헤아려 알아서 썼는지 선후는 중요하지 않다. 그 결과가 중요하다.

그 결과란 1937년에 조선총독부가 조직한 '조선문예회'다. 일제가 후원·통제해 조선문인을 조직하고 전쟁 선전가요를 생산케 한 조직이다. 1937년 4월부터 이광수, 최남선, 김영환, 다카키(高木市之助) 따위가 총독부 학무국의 알선으로 문예회 조직을 준비한다. 5월 2일, 발회식이 거행된다. 참석 조선인 명단을 보면 최남선·김억 등 '시인의 작사, 이종태·현재명 등 작곡가의 작곡, 박영철 등 실업가의 후원' 형태로

5) 『조선일보』 1936년 1월 6일.
6) 이광수, 「조선문학의 발전책 : 신흥예술의 발전책」, 『朝光』 1936年 10月(『이광수전집(8)』, 삼중당, 1971, 613~614쪽).

활동이 이루어질 것임을 알 수 있다. 친일문단조직의 필요성을 절실하게 제기한 이광수가 명단에 빠졌다. 이광수는, 학무국장 · 최남선과 문예회 조직 관계로 만난 사실을 인정했지만 문예회 참가를 거절한 것처럼 변명했다. 이건 사실이 아니다. 그는 발회식 뒤에 동우회사건이 일어난 것으로 말했지만 일제는 '민족주의'(일제가 그렇게 파악) 인사를 동원하기 위해 4월에 이미 동우회 해산을 '지시'한 상태였다. 그러니 이광수가 조직에 참가하지 않은 것은, 최초의 주구문인조직을 반대했기 때문이 아니라(오히려 그걸 요구했다), 일제와 동우회의 관계 속에서 타의 · 자의로 문예회 조직 전면에 나설 수 없었기 때문이다. 말하자면, 더 큰 친일협력을 위해 소소한 문인조직쯤은 건너뛴 셈이다.

여하튼 조선문예회는 '사회 풍교(風敎)의 정화'(학무국장의 발표), '사회교화'(취지서) 따위를 구호로 내걸고 다수의 '시국가요'를 창작 · 보급했다. 특히 중일전쟁 후에 '국체관념 명징(明徵)'을 공언하고, 제국주의 침략전쟁을 미화하는 노래를 보급한다. 예컨대 「종군간호부의 노래」(김억 작사/이면상 작곡), 「김소좌를 생각함」(최남선 작사/이종태 작곡), 「총후의용(銃後義勇)」(최남선 작사/이면상 작곡), 「장성의 파수」(최남선 작사/현제명 작곡) 따위다.

문예회는 물론 순수 문인조직은 아니다. 총독부가 통제한, 작곡가도 포함된 문예동원조직이다. 하지만 '문인'(그 수는 중요하지 않다)이 일제의 통제 아래 있는 관제조직에 관여한 것이 중요하다. 이건 '항일 문인조직의 파괴 → 친일 문인조직의 과도기 준비 → 친일 문인조직의 결성'이란 과정에서 2단계가 완성됨을 뜻한다. 실제로 이광수는 조선문예회를 '조선문인회'로 표현했다.[7] 그러니 총독부의 조직 의도가 '문

7) 이광수, 『나/나의 고백』, 우신사, 1985, 226쪽.

인'의 조직이었거나, 이광수 자신이 문인조직으로 파악했음을 알 수 있다. 문예회는 노래를 보급한 후 소멸된다. 1939년에 들어 '문사간화회(文士懇話會)'라는 형태의 문단조직이 논의될 때, '조선문예회의 부흥 · 확대'라는 의견이 나온다.[8] 곧, 조선문예회는 친일문단주구조직의 선(先)경험이었다.

그러나 비록 문인의 전향과 일제 지배체제로의 편입이 시작되었지만, 문단 전체가 일제에게 굴복해 '협력'을 공언하기까지는 시간이 걸린다. 이 과정에서 '문단브로커' 김문집이 '화려하게' 등장한다. 김문집은 학무국장 시오바라(鹽原時三郎), 총독 미나미를 연이어 만나 '조선어 폐지', '조선 문단의 국가적 재인식' 따위를 논의한다. 또, '총독부 경무국의 앞잡이이자 문화 브로커'[9]인 가마시마(辛島曉) · 쓰다(津田剛)와도 접촉한다. 친일문단의 조직화를 중심으로, 일제 수뇌부와 조선인 · 일본인 '문화브로커'가 결합한 것이다.

1939년에 '문단 명의'를 빈 '복종의식(儀式)'이 있게 된다. '황국위문 문단사절'이 그것이다. 이광수는 동우회사건으로 전면에 나서지 못한다. 김동인이 나선다. 김동인은 일제가 '문단의 희생양'을 구할 것이라고 예상한다. '병약한' 그는 '죽기 싫어' 스스로 총독부 학무국을 찾아가 '황군위문'을 제안한다. 또 이태준에게 그 뜻을 전달하고 이태준은 임화 · 최재서를 만나 '전선위문'을 합의한다. 그리고 위 네 명이 경무국 도서과(문인 · 출판통제기구)를 찾아가 '전선위문'을 협의했다.[10]

여기에 '문단권력'을 지향한 이광수와 김문집이 뛰어든다. '위문'이

---

8) 「朝鮮新文化政策を聞く：圖書課長古川兼秀氏談」, 『東洋之光』 1939年 9月, 36쪽.
9) 이병기 · 백철, 『國文學全史』, 신구문화사, 1968, 449쪽.
10) 김동인, 「문단삼십년의 자취」, 『동인전집(8)』, 홍자출판사, 1967, 468~469쪽.

논의되는 과정에 이광수는 『조선신문(朝鮮新聞)』에 자신이 끼지 않았으니 이걸 문단행사로 인정할 수 없다고 발표했다. 조선군 사령부가 동조하며 이광수는 문단을 대표한 '의식'의 진행자로 인정받는다. 그는 『조선신문』의 발표가 김문집의 농간이라고 했지만, 그 진행 과정을 보면 이광수건 김문집이건 위문행사가 일회적 행사에 그치지 않고 문단조직의 정치권력을 가늠하는 계기라고 파악했음을 알려준다.

김동인과 이광수의 타협으로 3월 14일 문단·출판 관계자 50여 명이 모여 '황군위문문단사절 파견'을 결의한다. 이광수가 참석해 개회사를 하고, 박영희가 회의를 진행했다. 여기서 김동인·백철·임학수·김동환·박영희·주요한·김용제·정지용 등 8명이 파견 후보로 선정되고 실행위원으로 이광수·김동환·박영희·노성석·한규상·이태준·임화·최재서·이관구 등 9명이 결정되었다. 그리고 실행위원의 협의 결과, 파견자로 김동인·임학수·박영희가 선정된다. 이 행사를 통해 '새로운 전쟁문학이 싹틀 것'을 예상하고 또 위문결과를 출판할 것을 공언했다.[11] 결국 이 굴종의식은 침략전쟁에 협력하는 (선전)문학의 탄생을 예고했다. 총독부 담당자는 "성전의 의의와 시국의 인식을 …… 붓으로 반도 민중에게 전하여 신념을 굳게 해줄 것을 믿는다"고 하여[12] 문단의 '조직적' 전향의식에 만족을 표명했다. 김동인 등 3명은 근 한 달 동안 전선의 일본군을 위문하고 문단의 굴종의식을 마쳤다.

의식이 끝난 후 남는 것은 문인의 동원조직화였다. 그것은 두 경로로 이루어진다. 우선, 위문사절을 주선한 총독부 도서과. 1939년 6월

---

11) 『朝光』 1939年 5月, 127쪽 ; 『매일신보』 1939년 3월 2일.
12) 『朝光』 1939年 6月, 162쪽.

30일, 문인·출판인 등 근 30명을 소집해 간담회를 연다. 이광수·이태준·이기영·유진오·김남천·함대훈·임화·임학수·정지용·김용제·최재서·김문집·박영희·김동환·김동환·노익형·한규상·이관구 등이 참석했던 사실로 보아13) '문단위문사절'의 연속이다. 이때 총독부 도서과장은 "내선일체를 기초로, 총후국민의 사상지도와 일본정신 발양 및 민중의 시국인식, [일본어]보급"이란 협의주제를 제시한다. 결과, "출판문화와 총후문단의 통일을 꾀하는 …… 열매를 거두고" 간담회가 종료된다. '문단 통일'을 언급했다. 곧 친일 문인조직을 논의한 것이다. 하지만 도서과의 문인통제는, 출판과 관련된 것이다. 일제가 요구한 것은 문인의 조직화다. 이게 되어야 문인을 통제해 동원정책의 전면에 세울 수 있다. 그러니 실제 조직화작업은 정동연맹을 통제하는 학무국에서 주도했다.

그 인적 경로는, '학무국장→김문집→이광수→문인들'이다. 자세히 보자. 이광수의 회고.

> [위문사절 이후] 김문집[이] 나를 찾아왔다. 그는 …… 학무국장 시오바라와 친하다고 하며, 지금 [조선]문인들이 대단히 당국의 주목을 받고 있으니 문인의 단체를 만들어서 [정동]연맹에 가입하지 아니하면 필시 대탄압이 오리라 하고 문인의 단체만 만들면 시오바라가 후원한다고 하며 내게 의향을 묻기로, 나는 좋겠다고 대답하였다. …… 김문집은 그로부터 자주 나를 찾아왔다. 그는 문인들을 찾아다니며 문인회 설립을 권유하노라는 보고를 하고, 나더러도 적극적으로 나서라고 권유하였다. 내가 보기에도 한국문인들의 신

13) 『매일신보』 1939년 7월 1일 ; 『동아일보』 1939년 7월 1일.

> 변이 위험한 것은 짐작하고 있었으므로 관헌의 주의를 받을 만한 친구 몇 사람에게 권유도 하였다.[14)]

조직화의 인적 경로 외에 '탄압'을 언급한 게 주목된다. 1939년에 문인조직사건은 없었다. 일제가 사건을 조작할 수 있으므로 '대탄압'의 가능성이 전혀 없진 않다. 하지만, '탄압'이란 한 마디에 '스스로' 국민정신총동원 조서연맹 가입을 전제로 친일 문인조직이 탄생한 것은 이들의 '민족의식'이란 게 거의 소멸된 상태였음을 알려준다. 곧, 탄압은 '구실'이고 다른 한편에 주체할 수 없도록 폭증된 '내선일체 신념'이 존재했던 것이다. 김문집·이광수 따위가 여기 해당된다.

그 결과 조선문인협회가 조직된 것이다. 이광수·김문집·김동환·이태준·박영희·유진오·최재서 등은 1939년 10월부터 '조선문단'의 정동연맹 가입을 협의한다. 10여 명의 '찬동'을 얻어 10월 20일에는 발기회가 개최된다. 발기인은 이렇다.

> 이광수 정지용 김동환 김기림 최재서 이태준 백철 임학수 임화 이하윤 김상용 김억 김동인 김기진 김문집 박영희 방인근 김소운 김형원 박태원 유진오 함대훈 이극로 이기영 정인섭 김용제 전영택 조용만 辛島曉 津田剛[15)]

모두 30명[당시 교섭중이던 사토(佐藤淸)를 포함하면 31명]이다. 『삼천리』(1940년 3월)는 16명이라고 언급하고, 15명의 이름을 거론했다. 모두 위 명단에 포함된다. 조직 논의에 참가했던 최재서·가라시마

---

14) 이광수, 『나/나의 고백』, 238쪽.
15) 林鍾國, 『親日文學論』, 평화출판사, 1977, 110쪽.

(辛島曉) 따위의 이름이 안 보이는 것으로 보아 『삼천리』의 기록은 축약한 것이다.

다음은 10월 29일 결성대회 때 뽑힌 임원 상황. 시오바라가 명예총재가 된다. 학무국이 문인조직을 통제하겠다는 뜻이다. 그리고 이광수가 물론 회장이 되고, 간사로 김동환 · 정인섭 · 주요한 · 이기영 · 박영희 · 김문집와 일본인 가라시마 · 쓰다 외 2명이 선임된다.[16] 그러나 곧(11월 초로 추정) 임원진을 새로 짠다. 상무간사직을 만들어 박영희가 취임하고, 일본인 간사를 8명으로 늘린다. 최초보다 두 배다. 조선인 간사는, 김문집이 유진오로 바뀐 외에 인원수는 똑같다. 이 명단은 『삼천리』(1940년 3월)에 실려 있다. 여기에 아예 결성대회 때의 임원명단이라 했으니 결성대회 직후에 바로 임원진을 개편했음을 알 수 있다.

12월 5일에는 이광수와 주요한은 회장과 간사직을 사퇴한다. 동우회 사건으로 재판중이었기 때문이다.[17] 물론 활동은 제약받지 않았다. 이광수는 '지원병훈련소'를 시찰하고 '조선문예상'까지 수상한다. 내용이야 어떻건, 사퇴는 사퇴다. 김문집도 그렇다. 문인협회는 정동연맹에 가입해 11월 22일자로 승인을 받는다. 김문집은 연맹 촉탁이 된다. 그러니 김문집의 사임은 협회를 연맹의 동원활동에 연계하려는 의도였다 할 것이다.

결성하자마자 간부 명단을 바꾸고 일본인 간부를 증원했다. 무려 두 배나. 이건 결국 조선인 문인의 동원활동을 일본인 문인이 통제하겠다는 뜻이다. 발기 때 겨우 2(~3)명밖에 참가하지 않았는데도 간사직은 오히려 조선문인보다 2명 많다. 일제의 협회 통제는 시간이 흐를수록

16) 『매일신보』 1939년 10월 30일.
17) 이광수, 『나/나의 고백』, 239쪽.

강화된다.

1941년 8월 12일, '전시체제에 적합한 기구'라는 명목으로 조직을 개편한다. 한 마디로 일제의 신체제 선언에 따라 정동연맹이 총력연맹으로 바뀌듯이 조직을 개편·강화한 것이다. 연맹보다 상대적으로 늦었다. 총력연맹을 일제 관헌이 노골적으로 통제했는데 협회도 그랬다.

이때 박영희가 간사장이 되고 3개 부서의 상무간사를 이렇게 임명한다. 총무부 : 박영희 외 일본인 2명, 기획부 : 정인섭·백철 외 일본인 1명, 문학부 : 김동환·유진오 외 일본인 1명. 또 간사는 상무간사 외에 최정희·모윤숙·함대훈·이태준·이석훈·최재서·김억·서두수·노천명·이헌구·유치진과 일본인 2명이 뽑힌다. 조선인 간사를 늘였다. 그렇다고 일본인의 통제를 벗어난 게 아니다. 오히려 통제는 강화된다. 고문직을 만들어 경기도지사, 조선군 보도부장, 경무국장 따위의 일제 고위관헌을 앉힌다. 한 마디로 조선문인들에게 순순히 말 들으라고 협박하는 상징이다. 또 있다. 평의원직도 만든다. 여기에 조선인 동원의 통제 실무진을 앉힌다. 일본군 장교, 보호관찰소장, 총독부 보안과장·도서과장 따위다.[18] 문인협회를 조종·통제하는 실무진이다.

이때 조직 개편의 특징이 또 있다. 간부 명단은 물론이고 발기인 명단에도 없던 최정희·모윤숙·이석훈·서두수·노천명·이헌구·유치진 등이 간부진으로 등장한다. 반면에, 발기 때 참여해 결성식 때 간사가 된 이기영은 이때 간부진에서 제외된다. 이건 문인협회의

18) 『매일신보』 1941년 8월 21일 ; 林鍾國, 『親日文學論』, 103~104쪽. 간사장 박영희는 8월 25일의 간부회의에서 선임되었다.

활동 가운데, 친일문인과 그렇지 않은 문인의 재편이 진행된 과정을 알려준다. 곧 후술하듯이 시간이 흐를수록 문인협회의 친일 활동이 활발해지며 여기에 참여한 문인이 협회 간부진으로 문단 권력에 참가하게 되고, 반면에 비협조적인 문인은 문단 권력에서 탈락하는 셈이다. 실제 이석훈 · 서두수 · 모윤숙 · 이헌구 따위는 적극적으로 앞에 나서서 활동하던 이들이다.

1942년 9월 5일에는 총무부 · 문학부의 2부 체제에 문학부를 평론부회, 소설 · 희곡부회, 시가부회로 나누어 장르별로 전문화한다. 조선문인보국회로 조직전환하기 전의 진용은 이렇다.

간사장 박영희
총무부 (총무) 일본인 3명
(상무) 이석훈 김용제 외 일본인 1명.
문학부 (평론부회) 정인섭 백철 최재서
(소설 · 희곡부회) 유진오 이무영 유치진
(시가부회) 김동환 외 일본인 2명(이상 상임간사).
간 사 김 억 이태준 최정희 함대훈 모윤숙 이헌구 노천명
서두수 정인택 외 일본인 3명

김용제 · 이무영 · 정인택 따위가 새로 간부진에 포함되었다. 이상 발기인부터 협회 간부진에 포함된 조선인 문인은 근 40명이다. 이들은, 협회 활동의 주도층이다. 그 가운데는 때에 따라 들고 나는 개인적 편차가 있음이 분명하다. 하지만 최대한으로 잡고, '간부진'에 한정되었다 하더라도 40명에도 못 미치는 인원이 협회의 실제 인원이었다. 후술하겠지만 협회 활동도 이들을 중심으로 이루어진다. 일반 회원의

활동이 보이지 않는다. 그나마 1942년 9월의 조직 개편과 아울러 활동이 강화된 가운데 1942년 12월의 일본군 유가족 방문 보고문 작성에 정비석 · 채만식 · 김종한 · 이선희 등의 협회 회원이 포함될 정도다. 앞의 3명은, 후일 조선문인보국회를 결성할 때 간부진에 든다. 여기서, 협회 간부진과 실제 협회 활동인원은 선후관계의 차이는 있지만 대체로 일치한다. 활동이 활발한데 간부진에 들지 않거나, 간부진에 있는데 활동하지 않는 경우는 거의 없다 할 것이다. 다시 말하지만, 개인에 따라 진퇴는 분명히 있을 것이다. 하지만 간부진에 계속 들어 있을 경우, 분명 주구조직으로서의 조선문인협회의 주동인물이다.

일반 회원에 대한 문제를 짚고 가자. 이건 중요하다. 협회 조직 현황을 파악할 수 있는 기본이다. 그러나 아쉽게도 현재까지 일반 회원 명단은 밝혀지지 않았다. 그 수가, 추정되지도 않았다. 일반 회원의 가입 상황을 추정해 보자. 우선 당시 잡지의 협회조직에 대한 언급. 최재서가 운영한 『인문평론』은 문인이 '행동과 문장'을 통해 '국책 수행에 기여할 필요가 있는 상황'에서 협회가 결성되었다 했다. '국책 수행'이 전제되어 있다. 이 조건이면 많은 문인이 가입하진 않는다. 내선일체의 '주문'에 세뇌되지 않고, 일제가 폭력으로 강제하지 않았다면 가입하진 않는다. 다음, 이태준의 『문장』은 '조선 최초의 문인의 대동단결'이라 표현했다. 『조광』은 '조선문학사 상의 새로운 출발'이라 말했다.19) '대동단결'이니 '새 출발' 따위의 표현에는 많은 문인의 참여를 시사하고 있다. 하지만 여기에서의 '대동단결'은 문인조직만을 염두에 둔 것이지만, 실제 협회 조직은 '일제의 조선인 동원'을 전제로

---

19) 『人文評論』 1939년 12월, 100쪽 ; 『文章』 1939년 12월, 202쪽 ; 『朝光』 1939년 12월, 225쪽.

했으니, 알 거 다 아는 지식인으로서의 문인들이 쉽사리 '대동단결'이라는 시늉만 보고 가입하진 않았을 것이다. 또 이광수는 「내선일체와 국민문학」(『朝鮮』 1940년 3월)에서 "조선에서 문인의 거의 전체가 조선문인협회에 가입했다"고 했다. 그 결과 '일본정신에 기초한' '새 문학'이 탄생할 것이라 했는데, 이 조건을 충족시킬 '조선인 문인'의 수는 제한적인 점을 감안하면 '문인 전체가 협회에 가입'했다는 이광수의 말은 과장이다. 사실 그렇다.

그 실상을 좀더 자세히 보자. 협회 회칙(3조)에는 '(협회)취지에 찬동하는 문인'은 간사 1인의 추천으로 간사회의 결정에 따라 회원이 된다고 했다. 자격 요건을 제한했다. 협회취지란, 회칙(2조)에 '국민정신총동원'이라고 명기했다. 그러니 '내선일체'란 주문을 바탕으로 '문학'에 의해 조선인을 동원하는 게다. 한 마디로 일제의 조선인 동원정책에 찬동하는 문인으로 자격요건을 제한했다. 한편, 『인문평론』은 '[일본인]과 조선인이 문필에 종사하는 이상 다 입회케 된 점'에 회칙의 특성이 있다고 언급했다. 이건 의무가입제를 뜻한다. 하지만 회칙의 실제 내용은 앞서 보았듯이 자격과 가입을 제한했다. 의무가입제는 최재서(『인문평론』 발행자)의 바람을 담은 것인지도 모른다. 이건 물론 문인일반에 대한 통제를 강화하려는 일제의 의도와도 어느 정도 연관될 것이다. 실제로, 문인통제가 더욱 강화된 조선문인보국회 때(1942년 2월) '문학자등록제'를 실시하려 한 것도 그 일환이다. 하지만 문인협회 단계에서는 그런 시도는 없었다.

그러니 협회 결성을 주동한 적극적 친일분자와 일제의 의도가 어떻든 일반 회원 수는 많지 않았을 것이다. 결성 대회 때 참석한 조선인 문인은 수십여 명이다. 『인문평론』에 '문인 거의 전부와 내빈 수십

명 등, 총 백여 명'이 참석했다 했다. 『문장』은 일본인을 포함하여 250여 명이 참석했다고 했다. 이건 분명 과장이다. 총독부 기관지 『매일신보』도 100여 명으로 기록했다. 그러니 100여 명에서 총독부 관리를 포함한 축하객과 일본인을 빼면 참석 조선인 문인은 그다지 많지 않다. 조선인 발기인 숫자인 근 30명에 불과할지도 모른다.

결국 협회의 조직적 기반이라 할 문인 일반은 협회를 외면했다 할 것이다. 저항과도 연관될 것이다. 그 실제를 기록소설로 보자. 이석훈은 1940년 12월 '총후사상운동' 강연에 참가했고, 그 경험을 「고요한 폭풍」으로 소설화한다. 여기에 강연대에 참가한 인사에 대한 반응이 다음과 같이 묘사되어 있다.

> 한결같이 문단 사람들은 전부 표면적으로는 냉정을 가장해 한 마디도 거기에 대해 언급하지 않으려 했다. 애써 강연 행각의 일을 묵살하고, 나아가서는 경멸의 시선조차 띠고 보았다.

'묵살'과 '경멸의 시선'이라 했다. 협회 활동이 문인 일반의 호응을 얻지 못했음을 알려준다. 물론 소설은, 어떤 '평론가'가 강연대에 끼지 못하자 주인공에게 냉정을 가장해 '지사'가 된 것이라고 썼다. 그럴 수도 있다. 서로 경쟁하며 친일활동이 극단화하던 정황을 고려하면 얼마든지 그럴 수 있다. 하지만, 어떤 한 사람의 경쟁자가 보낸 '냉정'을, 문인 일반의 '경멸의 시선'으로 확대할 순 없다. 그건 확실하다. 그러니 이석훈은 강연대에 참가하는 데 대한 문인 일반의 '냉정'(한 비판)을, 친일의 경쟁으로 왜곡함으로써, 자신의 협회 활동을 합리화하려 했다는 것이 온전한 해석이다. 일반 대중도 그랬다. 소설에는 주인공이 강연할 때 청중이 도중에 퇴장하고 신문기자 등이 강연의 '진의'를 비판하는 것으로 묘사된다.

협회 활동이 문인 일반의 호응을 얻지 못하니, 당연히 협회의 조직이 문인 일반이란 대중적 기반을 갖추지 못했다. 그저 간부 명단에 낀 '전향'문인을 '중심'으로 조직되었다 할 것이다.

이제 조선문인협회의 활동 목표를 보자. 협회 회칙은, "국민정신총동원의 취지의 달성을 기하고 문인 상호의 친목향상을 도모함으로써 목적으로 함"(제2조)이라 했다. 전시 '총동원'과 친목이라 했다. 친목 따위는 그냥 들어간 게다. 전시동원이 본질적 목표다. 그러니, 창립 「성명서」는 협회의 사상 방향을 '홍아의 대업을 완성케 할 황국적 신문화 창조'에 두고 협회가 이를 위해 '붓'으로 '국책선(國策線)에 따라 분투노력'하겠다고 선언한다.[20] '문학의 선전도구화', 이게 협회 목표다. 발기회 전날, 시오바라는 협회발기인과 간담회를 가진다. 여기서 '당국과 조선문단인 사이의 접근'이 필요하다며 '조선문단인'이 '시국에 협력하여 활동'할 것을 요구했다.[21] 문인의 상호 '친목' 따위는 아예 언급하지도 않는다. 일제의 관심은 문인을 조직해 통제 · 동원하는 것이었다.

한편, 발회식 때 이광수는 협회 조직의 목적을 이렇게 말했다.

> 협회 창립의 참뜻은 새로운 국민문학의 건설과 내선일체의 구현에 있다. …… 문학도 국민생활을 떠나서는 존재할 수 없는 것이다. 반도의 문단의 새로운 건설의 길은 '내선일체'로부터 출발되어야

---

20) 『文章』 1939년 12월, 202쪽.
21) 『매일신보』 1939년 10월 20일.

할 것이다. 오늘의 이 협회 창립도 아름다운 내선문화인의 서로 상애하는 정으로부터 빚어낸 것이라고 하겠다.22)

'문인'조직으로서의 특수성을 표현했다. '국민정신총동원운동'이 '문인조직'에 구현될 방법을 밝혔다. 그것을 이광수는 '국민문학'이라 했다. 한 마디로 전시 파쇼체제를 선전하는 선전문학이길 요구한 셈이다. 다음으로 '내선일체'를 언급했다. 회칙에도 없는 걸 이광수는 언급했다. '내선일체의 구현'은 일제가 조선인을 동원하기 위해 만든 '세뇌주문'이다. 협회 회칙에도 없는 걸(물론 협회가 '내선일체'를 포기한 건 아니다) 이광수가 공언한 것은 협회 조직을 실제 조선인 동원활동의 일환으로 중시했음을 알려준다.

이광수의 신념은 한 걸음 더 나아간다. '일본정신'에 기반한 '국민문학'의 탄생을 외친다. 곧 「내선일체와 국민문학」에서 침략전쟁을 '동아시아의 구원, 세계의 구원'으로 왜곡해 받아들이는 것을 '일본정신'이라 강변하며, 이것이 '새로운 문학'의 기조라 했다. 협회에 가입한 문인이 그걸 탄생시켜야 한다는 것이다. 문학을 '침략전쟁의 선전도구'로 전락시키기 위해 '일본정신'에 세뇌되도록 한 것이다. 이 말을 할 때 이광수는 문인협회 회장은 아니었다. 하지만 활동에 제약을 받지 않았고, 실제 협회 간부들과 같이 행동했다. 곧 이광수의 언급은 협회 '대표'로서 문인협회의 활동목표를 밝힌 것이나 마찬가지였다.

한 마디로 일제가 조선인을 동원하기 위해 내세운 세뇌주문을 고스란히 받아들인 것이 이광수의 인식이다. 하지만 주문(주문)은 주문에 그치지 않는다. 조선인 동원을 주문(注文)하는 현실로 변한다. 그걸

22) 『매일신보』 1939년 10월 30일.

위해 협회가 조직된 것이다.

'국민문학의 창작', 이건 물론 협회에 가담한 친일문인에 의해 이루어진다. 하지만 개인의 창작 외에, 조직 차원에서의 동원활동이 있다. 여기서 다시 협회 회칙으로 돌아간다. 국민정신총동원운동을 외쳤다. 그건 파쇼의 대중통제운동이다. 그러니 협회 또한 조직적 동원활동이 없을 수 없다. 그런데 이게 조직 초기에는 힘들다. 협회에 참가한 이들 중에는 한때 일제와 대항했던 운동가들이 적지 않다. 그들에게 노골적 동원활동을 요구하진 못한다. 곧 명색이 '조선의 일류문인'들에게 절약·저축·헌금 따위를 요구하진 못한다. 그러니, 문인조직의 특성도 살리고 동원활동의 상징도 확보하는 사업계획을 세운다. 1939년 12월 3일에, 명예총재로서 시오바라가 초청한 간담회 자리에서였다. 이때 문인회관 건설, 문예상 설정, 문예상심사위원회 설치, 협회 결성기념 '문예의 밤' 개최(경성 부민관), 평양·대구·동경 등지를 순회하는 '문예의 밤' 또는 좌담회 개최(국민문화운동의 일환) 따위를 결정한다.[23)]

문인회관을 짓고 문예상을 만들어 물질적 '지원'을 받는 대가로 '문예의 밤'행사를 각지에서 개최한다는 게다. '국민문화운동'이란 거창한 이름을 내걸었다. 한 마디로 일제의 돈을 받고, 대신에 조선인을 희생시키기 위한 선전활동에 나서겠다는 것이다. 이 행사는 실현된다.

정동연맹 때 협회의 구체적 활동목표는 이 정도였다. 하지만 파쇼통제가 더 강화된 총력연맹 때는 노골적인 동원사업이 강제된다. 한 마디로 노골적으로 동원단체로 변한다. 총력연맹은 1941년에 문화부를 만들고 문화통제를 공언한다. 이에 따라 문인협회는 간사회(6월)를

---

23) 『매일신보』 1939년 12월 5일 ; 『동아일보』 1939년 12월 5일.

열고 실천사항을 결의한다. 내용은 이렇다. (조선) 지식인에게 '국민의식 실천'을 촉구하는 성명서의 간행, 호국신사(護國神社)에서 회원의 '근로봉사', 간부의 '일본문화강좌'(총력연맹 문화부 개최) 청강, '위문문·위문품 모집'.[24] '위문품'이나 '근로봉사' 따위가 일제의 실제 전력증강에 큰 도움이 되진 않는다. 그건 상징에 불과하다. '조선'의 문인이 일제의 동원에 '절대적으로' 따른다는 상징이다. 그러니 이때 협회의 활동사항이란 건, 동원의 내용보다 문인들을 이런 활동을 통해 일제 파쇼체제에 강고하게 고착시키는 뜻이 깊다. 이를테면, 문인 통제 수단인 셈이다.

곧이어 나온 협회 「신선언」이란 것도 그렇다. 내용이야 주문의 되풀이다. 하지만 주문이 강화된다. 이때 일제는 '고도국방체제'를 표방했다. 그러니, 이에 맞추어 협회도 '문학'이 '반도에 부동의 신념을 확립시키는' 데 집중해야 한다 밝힌다. 전시체제다. '당국의 지도'를 언급하며 문인통제를 '스스럼없이' 받아들이고, '문인의 사상과 행동을 귀일시킨다'고 해 '전체주의'를 공언한다.[25] 협회의 활동목표는 파쇼 동원체제의 강화와 더불어 더 극단화된다.

다음은 1942년 9월 협회 조직 변경과 함께 나온 「실천요강」이다.

> 一. 문단의 국어[일본어. 이하 같음]화 촉진 ① 국어문학상의 설정 ② 잡지 국어란의 확충 ③ 국어창작의 지도(작가회의 소집)
> 二. 문인의 일본적 단련 ① 성지 참배 ② 근로봉사의 실천 ③ 일본고전의 연구회 개최

---

24) 林鍾國, 『親日文學論』, 102쪽.
25) 『매일신보』 1941년 8월 27일.

三. 작품의 국책 협력 ① 일본정신의 작품화 ② 도의조선(道義朝鮮) 확립의 의의 탐구 ③ 동아신질서 건설의 인식 철저 ④ 징병제의 취지 철저

四. 현지의 작가 동원 ① 선내(鮮內) 증산운동 현지 조사 ② 남북 중국의 전지(戰地) 탐방 ③ 만주개척 시찰[26)]

일본어 창작(사실상 한글말살), 문인의 황민화, 문학 작품 내용의 동원화, 문인의 동원현장 파견 따위다. 대강이야 이전에도 주장된 것이지만 일제의 노예적 병력동원이라는 현실 속에서 '징병제를 선전하는 작품의 생산', '현지 보고문학의 창작' 따위로 구체화되었다. 그런데 여기에서 '조선문인조직'으로서의 협회가 한글 말살에 공언하고 나선 점은 특기할 만하다. 이게 중심 목표였다. 징병제를 선전하는 작품을 쓰되, '일본어'로 쓰라는 것이다. 그게 전제다. 협회가 회의를 열었다 하면, 한글말살 음모를 획책했다. 9월 12일의 간사회는 일본어 창작을 '촉진'하기 위해서 '문학상 2종'을 만들고 편집자간담회를 개최할 것을 결정한다. 이에 따라 10월 3일에 협회 총재・상무간사와 각 신문・잡지 편집자들이 모여 간행물의 일본어화를 획책한다. 11월 12일, 소설・희곡부회를 개최해 구체적으로 일본어 사용을 강제한다. 여기서는 한글작품의 '일역', 회원의 '일본어 애정' 설문조사 발표, 일본어 창작에 관한 논문 집필, 일본어화에 대한 소견 발표 따위가 결정된다.

잠깐 눈을 돌려, 일본어 창작의 실상을 짚어 보자. 강점 말기의 문인이 '한글에 잔인했다'고 해방 이후 이태준이 비판적 반성을 했다는 것은 앞서 말했다. 그럴 만큼, 문인의 일본어 창작은 중요한 문제다.

---

26) 林鍾國, 『親日文學論』, 105～106쪽.

'조선 문학'의 표현수단인 한글을 빼앗긴다는 것은 최후의 저항선이 무너진다는 것을 말한다. 협회 창립 당시는 '일문, 한글 불문'이라 했다. 그런데 이제는 일본어로만 쓰라는 것이다. 이건 '황민화'된 문인(예컨대 이광수)을 빼놓고는 고통이다. 그 고통과 한글의 운명에 대해 김동인은 '일본말로 안 쓰는 사람은 뒤떨어진 사람이라고 비웃는 무리까지 생겼고' 일본말을 못하는 어떤 작가는 자기 작품을 친구에게 부탁하여 일역하는 '구차스러운 비극'까지 벌어졌다고 술회했다. 무엇보다 '불출십년(不出十年)에 조선어는 다만 지방―산골의 토어(土語)로 떨어져 버릴 형편'이었다고 말했다.[27)]

그걸 문인협회가 '조직적으로' 강제한 것이다. 이 무렵 조선어학회사건이 있었음은 다 아는 사실이다. '말'을 지키는 최후의 지식인이 일제에게 고난을 당하는 상황에서, '글'을 지켜야 할 최후의 지식인인 '문인'은 문인협회란 주구조직에 안주하며 '한글'을 '잔인'하게 말살하고 있었다. 문인이 '한글'을 포기하면, 그 다음 활동 목표는 뻔하다. 거리낄 것 없이 전쟁의 선전도구가 되는 것이다. 「실천요강」이 그걸 표명했다. 문인조직이 황민화 세뇌훈련을 공언할 단계가 되면, 비이성적 주문의 세계로 빠져드는 것이다. 그건, 단지 '문학'의 문제가 아니다. 인간성이 사라지고, 조직적 '파쇼 광신'의 시대가 된 것이다. 그리고 급기야 '협회'란 이름도 포기하고, 이름부터 파쇼 냄새가 물씬 풍기는 '조선문인보국회'로 바뀐다.

이제 구체적 활동을 보자. 최초의 활동은 일본군 '위문대' 헌납. 회원의 위문문을 넣은 위문대를 1개 '이상' 만들게 해 100여 개를 일본군에 바친다. 1939년 12월이다. 그리고 12월 3일 '사업계획'을

27) 김동인, 「망국인기」, 『동인전집(10)』, 홍자출판사, 1967, 74쪽.

결정했음은 위에서 보았다. 그게 그대로 실현된다. 계획은 '문예의 밤' 행사를 통한 선전활동이고, 그 대가로 '문인회관'과 '문예상'을 제시했다. '문인회관' 건설은 실현되지 않는다. '문예상'은 실현된다. 일본인 기쿠치(菊池寬)가 만든 '조선예술상' 문학부문을 1941년부터 문인협회에서 실행한다. 1회 수상자는 이광수. 그는 구차한 수상소감을 밝힌다. "동경문단에서 이름높은 분이 …… 많은 돈(500엔)을 내놓으시니 우리 반도 사람으로서는 무엇으로 감사한 뜻을 표할지 모르겠으며 앞으로 더욱 이 방면에 힘쓰겠다."[28] 구차하다. 그러나 더 중요한 사실은 협회의 활동과 관련해 지속적인 '물질원조'를 이광수가 갈구했다는 점이다. 1940년 8월 협회 명예총재 시오바라, 기쿠치, 이광수 등이 참석한 좌담회가 열린다. 여기서 이광수는 협회 결성 후 조선문학이 국민문학으로 변화하는 문제를 가지고 '갈팡질팡하는 문인'이 있다고 밝힌다. 이건 문단 일반의 협회에 대한 저항을 뜻한다. 그런데 그 저항을 무마하기 위해 이광수가 내놓는 방법이란 게 '강력한 후원자'다. 이 말을 듣고 시오바라 · 기쿠치는 '문인협회 보호' 차원에서 '잡지 간행의 원조', '원고료 지불' 따위를 제시한다.[29] '조선문학'이 '나락'에 빠져 '절망'하는데 이광수는 고작 '물질적 후원'타령이나 하고 있었다. 협회 활동의 실상을 여실히 보여준다. 문학을 일제의 선전도구로 타락시키면서 '배부름'을 요구한 것이다.

그러니 일제에게 '뭔가' 보여주기 위해 '문예의 밤' 행사를 계획 직후 개최했다. 1939년 12월 21일 부민관에서였는데, 최초의 '문예행

28) 『매일신보』 1940년 5월 1일.
29) 「문인의 입장에서 : 菊池寬 씨 등을 중심으로 반도의 문예를 말하는 좌담회」(『경성일보』 1940년 8월 13~20일), 이경훈 편역, 『춘원 이광수 친일문학전집(2)』, 평민사, 1995, 470~471쪽.

사'였다. 사회는 김동환. 1940년 2월 10일에는 평양에서 같은 행사를 개최한다. 두 행사를 합쳐 참가자를 보면 일본인은 4명에 불과하고, 정인섭 · 김용제 · 임학수 · 박영희 · 백철 · 최정희 · 김동환 · 이태준 · 모윤숙 · 유진오 · 이효석 · 김문집 따위 조선인 문인이 주다.[30)]

이 행사는 중요한 의미가 있다. 첫째, '문학의 시대성', '국민문학', '전쟁문학', '조선문인협회의 사명' 따위의 연제가 보여주듯이, 문인조직 차원에서 '전시동원문학'의 성격을 논의했다. 이전에도 문학의 친일화가 논의되었다. 하지만 이때는 대규모의 집단적 제기다. 행사 직후 이광수와 최재서 따위는 국민문학론 · 전쟁문학론을 연이어 발표한다. 『문장』과 『인문평론』을 폐간시키고 급기야는 아예 『국민문학』이라는 선전문학 잡지를 만든다. 협회 행사는 '국민문학'이 횡행하는 시발이 되었던 것이다.

둘째, 문인협회 결성에 참가하지 않았던 모윤숙 · 최정희 등이 행사에 참가했다. 이건 상대적으로 협회 외각에 존재하던 문인을 동원하여 협회에 긴박시키는 과정을 보여준다. 이건 물론, 친일문학의 창작으로 이어진다. 실제로 모윤숙은 행사 이후 '친일 시'를 여럿 발표한다.

이 행사 직후 협회 간부진은 '육군지원병훈련소'를 '참관'한다. 2월 22일, 일본인 3명과 박영희 · 김동환 · 이광수가 여기에 참가했고 그 보고기록으로 이광수는 「지원병훈련소를 보고」(『매일신보』 1940년 3월 3일)를 쓴다. 지원병제를 왜곡한 선전이다. 지원병제의 본질은 강제적 병력동원이다. 그걸 왜곡 미화해 '지원 수'를 늘리려는 속셈이

---

30) 林鍾國, 『親日文學論』, 99~100쪽 ; 『동아일보』 1940년 2월 14일. 평양행사를 기록한 『동아일보』에는 이효석 · 김문집 · 최정희의 이름은 없다. 두 기록 다 참가 예정자 명단이라 실제는 다를 수 있다.

다. 문인협회가 '지원병 강요 구조'에 포함된 것이다. 정동연맹 때 협회의 중요 활동은 이 정도다.

하지만 총력연맹 때가 되면 다르다. 총력연맹이 통제 · 동원을 강화하며 탄생했으니, 연맹 가맹단체로서의 협회 활동도 이에 따라 강화될 수밖에 없었다. 총력연맹이 결성된 직후 '총후사상운동'이란 이름을 내건 강연회가 개최된다. '문예의 밤' 행사 정도가 아니다. 강연 지역도 전국 각지를 아우르고 연사 모임도 아예 강연 '부대'라 불렀다. 이 행사의 계획은 총독부, 일본군, 총력연맹이 협의하여 결정했다.[31]

'강연부대' 제1반은 경부선 6개 도시를 순회하며 12월 8~13일에 김동환 · 박영희 · 정인섭 외 일본인 2명이 연사로 나섰다. 제2반은 호남선 6개 도시를 돌며, 12월 1~6일에 정인섭 · 서두수 · 이헌구 외 일본인 1명이 연사로 나섰다. 3반은 경의선 6개 도시에서 11월 30일~12월 5일에 유진오 · 최재서 · 백철 외 일본인 2명이 연사로 나섰다. 4반은 함경선 6개 도시를 순회하며 12월 5~11일에 함대훈 · 이석훈 외 일본인 2명이 연사로 나섰다.[32]

1회성 행사가 아니다. 규모부터가 '문예의 밤' 따위와는 다르다. 무엇보다 강연 내용이 틀리다. 모두 15개인 강연 제목에서 직접 '문학'에 대한 것은 3개에 불과하다. 12개 강연이 지원병, 애국반, 일본어 보급, 총력운동 따위로 일제의 조선인 동원활동을 주제로 삼았다. 이미 문인의 '문학'이 사라지고 '동원'만 남는, 극단적 파쇼체제로 돌입하는

31) 『매일신보』 1940년 11월 17일.

32) 『매일신보』 1940년 11월 25일, 28일 ; 林鍾國, 『親日文學論』, 100~101쪽 ; 김학민 · 정운현 엮음, 『친일파 죄상기』, 학민사, 1993, 438~439쪽. 예정 명단과는 차이가 있다. 예컨대 4반 예정자이던 이효석은 실제는 연사로 나서지 않았다.

현상을 읽을 수 있다.

또 서두수·이헌구·이석훈 등이 협회 활동 전면에 나선 사실로부터 협회에 긴박된 문인이 느는 과정을 읽을 수 있다.

이 행사는 문인의 파쇼적 '훈련'과도 연관된다. '강연 부대'라 했음을 상기할 필요가 있다. 일제와 문인협회가 행사를 대대적으로 선전해도 이 따위 행사가 문인 일반과 대중의 지지를 얻을 리가 없다. 이는 보고소설 「고요한 폭풍」을 통해 앞서 설명한 대로다. 더 주목되는 것은 연사로 나선 문인의 인식이다. 소설은 '일본이라는 광명'에 '비판자'들도 결국 굴복하는 것으로 결론짓는다. 그러나 문인 일반이나 대중이 그런 게 아니다. 그것은 작자의 '증폭된 일본정신' 때문에 나온 결론이다. 그러니 '강연부대'의 기능은 대중에 대한 영향력보다 협회조직의 '황민화' 정도가 강화되는 데 초점이 있다. 실제로 이석훈의 분신인 소설의 주인공은 "이유 없이 강연에 나가기로 결심했다. …… 이 기회에 자신을 단련해야지"라고 한다. '황민화 훈련'이 노골적으로 표현되어 있다. 그러니 이 소설이 '국어문예연맹상'까지 수상한 것이다.

한 마디로 이 행사는 문인의 통제가 강화되고 문인조직이 파쇼체제화하는 계기가 되었다. 일제가 바라는 바다. 그러니 이 단계에서 문인을 더 옥죈다. '문화인 통제'를 내세우며 총력연맹에 '문화부'를 설치한 것이 그 결과다. 총력연맹은, 위 강연이 문화부 신설의 '선구'라고 공언했다.[33] 1941년 1월에 협회와 문화부는 '조선문화의 진로', 곧 '문화통제'에 대한 간담회를 개최한다.[34] 이어 60여 명의 문화위원을 선정하고 통제와 동원을 강화시켜 나간다. 여기에 백철·정인섭·유진

33) 國民總力朝鮮聯盟 編,『朝鮮に於ける國民總力運動史』, 1945, 54~55쪽.
34) 『매일신보』 1941년 1월 15일.

오 · 박영희 · 김억 등이 협회를 대표하여 문화위원으로 선정된다.[35)]

문화부 조직 후 최초의 단체 활동은 '문화인 성추부대 근로봉사'다. 이건 상징이 크다. 곧 문화인이 '내선일체'의 주문에 완전히 세뇌되었다는 것을 집단적으로 보여주었다. 문인협회를 대표해 김동환 · 정인섭 · 이석훈 · 함대훈 · 박영희 등이 '부여신궁(夫餘神宮)' 공사에 참가한다.

문화부의 통제에 따라 협회에서 '실천사항'을 결의했음은 앞서 보았다. 그것이 그대로 실현된다. 1941년 7월 7일을 전후하여 "대화혼(大和魂)에 사는 일본인이 되라"는 '내선일체' 주문의 성명서를 발표하고 회원 50여 명이 '호국신사'에서 '근로봉사'를 한다. 또 위문문 · 서적 수백 점을 모아 일본군에 바친다.

협회는 이후 '신선언', '신계획' 따위를 발표하지만, 이석훈이 일본에 가서 '성지참배'를 한 외에 집단적 활동은 뜸했다. 하지만 그건 잠시다. 일제가 태평양전쟁을 도발하면서 '문예의 밤' 행사 따위를 다시 하고 일제의 조선인병력 동원을 선전하는 첨병의 역할도 한다. 1942년 5월에 조선하이쿠작가협회(朝鮮俳句作家協會) 따위와 공동으로 '국민문예의 밤' 행사를 개최한다. 또 6월에는, 조선군 보도부장과 협회 간부 20여 명이 참가하여 '징병제 실시를 앞두고 그 준비에 대한' 간담회를 개최한다. 협회가 '조직 차원'에서 강제병력동원에 협력할 것을 논의한 것이다. 간담회를 전후하여 이광수는 「병역과 국어와 조선인」(『신시대』 1942년 5월) 따위의 일련의 동원 독려문을 발표했다.

1942년 9월에 「실천 요강」을 발표한 후, 협회는 더 맹렬히 활동한다. 몇 가지 중요 활동을 보자. 1942년 12월 8일, '국민시낭독회'를 개최한다. 박영희 따위의 9명의 조선인 문인이 참가한다. 또, 12월 4일부터

---

35) 『매일신보』 1941년 1월 30일.

각 도에 문인을 파견하여 '영예의 유가족을 찾아서'란 제목의 보고선전문을 작성·발표케 한다. 이건 병력동원을 선전하는 것이다. 조선인 문인 9명과 일본인 문인 3명이 동원되었다. 협회 활동에 적극 참가하지 않던 채만식·정비석·이선희·김종한 따위가 포함된다. 문인협회란 주구조직을 앞세워 문인의 존재 양태가 극단으로 치닫는 정황을 보여준다. 1943년 2월에는 협회 시부회(詩部會)를 개최하여 태평양전쟁을 선전하는 시집을 간행하도록 결의하고, 회원에게 5편씩 제출하도록 강제한다. 또 「실천 요강」의 '국어문학상' 신설 따위와 관련해 '조선문예총독상', '국어문예연맹상' 따위를 제정하도록 했다. '동족'을 희생시키는 선전활동을 하면서 그 대가로 친일문예상 따위를 주게 한 것이다.

이 무렵 일제는 태평양 전선에서 패퇴하기 시작한다. 그러자 '결전체제'를 부르짖게 된다. 이게 문단조직에 영향을 준다. 1943년 2월부터 '결전체제'에 따르는 문단통합이 논의되었다. 그 결과 1943년 4월에 '조선문인보국회'를 결성한다고 발표한다. '반도 문학운동의 결전체제를 확립하기 위하여' '황도문학 수립을 지표로' 조직이 결성된다는 내용에서[36] 극단적 파쇼체제화의 분위기를 읽을 수 있다.

조직을 보자. 문인협회와 일본인 문인조직인 시가연맹(詩歌聯盟)·가인협회(歌人協會)·하이쿠 협회(俳句協會)·센류 협회(川柳協會)가 통합된다. 4월 17일, 일제 수뇌부와 문인 등 1천여 명이 참석한 가운데 결성식이 열렸다. 참석 규모가 벌써 문인협회와는 다르다. 조직의 인선은 이렇다.

---

36) 『매일신보』 1943년 4월 13일.

회장　　야나베(矢鍋永三郞),
이사장　　가라시마(辛島曉),
상무이사　　유진오 (김동환 · 유치진 · 최재서) 외 일본인 3(4)명
이사　　이광수 · 유치진 · 최재서 (주요한) 외 수명,
사무국장　　데라다(寺田瑛)
총무국장　　박영희
출판부장　　기쿠치(菊池武夫)
사업부장　　미치(道久良)
심사부장　　김동환

■ 소설 · 희곡부

회장　　유치진
간사장　　이석훈
상담역　　김동인 · 박종화 · 방인근 · 이태준 · 이기영 · 이서구
평의원　　채만식 · 김남천 · 박태원 · 조용만 · 임선규
간사　　이무영 · 정인택 · 정비석 · 야마카와(山川實) · 시오(汐入雄作) · 고다마(兒玉金吾)

■ 평론 · 수필부

회장　　최재서
간사장　　윤두헌
평의원　　김기진 · 이헌구 · 이원조 · 임화 · 이갑섭 · 백철 · 김오성 · 안함광 · 오기와라(荻原淺男) · 다나카(田中梅吉) · 미네(嶺幹一)
간사　　홍효민 · 오정민 · 마에카와(前川勘夫)

■ 시 부

회장 주요한
간사장 스기모토(杉本長夫)
상담역 사토(佐藤淸)
평의원 김억 · 정지용 · 다나카(田中初夫) · 나카오(中尾淸),
간사 김용제 · 김종한 · 조우식 · 윤곤강 · 임학수 · 노리타케(則武三雄)

■ 단가부 · 하이쿠 부(俳句部) · 센류 부(川柳部)
회장, 간사장, 상담역, 평의원, 간사 모두 일본인[37)]

회장 · 이사장을 일본 문인이 차지하는 따위로 일본인의 통제가 강화되었다. 하지만 문인협회의 소설 · 희곡부, 평론부, 시가부가 그대로 문인보국회 조직으로 이어졌다. 이게 문인보국회 중심이다. 이걸 조선인 문인이 장악하도록 되었다. 일본 문학인 하이쿠 따위는 관심 밖이다. 결국, 문인보국회는 조선문인협회를 중심으로 통제 강화를 노리며 조직된 것이다. 그것은 간부명단에도 드러난다. 곧, 종래 협회 발기인이나 간부진에 포함되지 않았던 박종화 · 이서구 · 김남천 등이 간부명단에 들고 발기에 참가했지만 두드러진 협회활동을 보이지 않던 이들도 여기에 포함되었다. 참가 조선문인의 수가 많이 늘었다. 문단 일반에 대한 통제 강화다.

37) 林鍾國, 『親日文學論』, 150~151, 153쪽 ; 『매일신보』 1943년 4월 18일. 소설 · 희곡부 평론 · 수필부 시부의 상담역 평의원 간사는 1943년 6월 17일에 임명된 것이다. ( ) 안의 내용은, 『친일파군상』(민족정경문화연구소 편, 삼성문화사, 1948 ; 김학민 · 정운현 엮음, 『친일파 죄상기』, 학민사, 1993, 455쪽)에 기록된 내용이다. 短歌部 · 俳句部 · 川柳部의 간부는 조직개편 이후에도 계속 일본인이 맡았다.

문인협회가 조직된 이후 일제 관헌이 임원진에 참여하여 문인을 통제했듯이 문인보국회도 1944년 6월에 조직을 개편하여 일제 관헌을 간부진에 앉힌다. 곧, 심의원에 총독부 정보과장 · 보안과장 · 학무과장, 조선군 보도부장, 총력연맹 홍보부장 따위가 임명된다. 그리고 이사장, 사무국장을 가라시마가 겸하고, 김팔봉 외 일본인 1명이 상무간사가 되었다. 평의원은 이광수 · 최재서 · 주요한 외 일본인 4명이다. 소설 · 희곡부는 소설부와 극문학부로 분리된다. 소설부는 회장 유진오, 간사장 이무영. 극문학부는 회장 유치진, 간사장 이서구. 평론 · 수필부는 회장 김팔봉, 간사장 윤두헌, 시부는 회장 스기모토, 간사장 김용제 따위였다.[38)]

문인보국회는 1945년 8월 일제의 패망 직전에 또 조직을 개편한다. 이사장 이토(伊藤憲郎), 상무이사 김팔봉, 상무간사 김용제 따위다. 평의원은 이광수 · 주요한 · 최재서 · 유진오 · 유치진 · 김팔봉 따위였다. 소설부는 회장 이무영, 간사장 정인택. 평론부는 회장 박영희, 간사장 오룡순. 극문학부는 회장 이서구, 간사장 함세덕 따위였다. 시부의 회장과 간사장은 모두 일본인이 맡았다.[39)]

문인보국회 조직은 대개 그랬다. 그러면 문인 일반은 이 파쇼 문인조직에 어떻게 대응했는가. 저항했는가 아니면 그 체제에 안주했는가. 개인에 따라 편차가 있을 것이다. 간부진을 보면 지속적으로 새 이름이 들어 있어 조직에 참가한 문인의 절대수가 느는 과정을 읽을 수 있다.

그것은 일제의 물리적 통제와 연관된다. 곧, '징용' 따위의 노예적 동원을 피하기 위해 보국회에 긴박되는 경우도 있는 것이다. 이건

38) 林鍾國, 『親日文學論』, 159~160쪽.
39) 林鍾國, 『親日文學論』, 164~165쪽.

사실이다. 예컨대 김동인은 "문인보국회회장 아베(阿部) 모(某)의 보증이 있으면 징용을 면할 수 있다"[40]고 회고했다. 아베는 총독부 정보과장으로 보국회 심의원이었다. 그런 그를 '문인보국회 회장'이라고 한 것은 기억에 착오가 있었던 것이지만, 그럴 만큼 총독부 정보과가 나서서 문인을 통제한 것이 사실이다. 일반 문인이 생존을 위협하는 '징용' 따위의 동원을 피하기 위해 주구조직에 긴박되는 정황은 충분히 인정된다.

하지만 주구조직의 통제망 자체에 저항한 문인이 있다. 어차피 수량화할 수는 없지만 개괄적 상황은 짐작할 수 있다. 보국회가 더 극렬한 친일활동에 나설수록, 이에 대한 문단 일반의 저항은 오히려 커졌다. 문인협회에 침가한 문인에게 '경멸의 시신'을 보냈다 했다. 보국회 때는 더하다. 김팔봉의 글을 보자.

> (시골서 온 절친한 문인 친구에게) "문인보국회 일을 한다" 나는 이렇게 대답했다.
> "이눔아 문인보국이 다 무어냐! 죽어라! 죽어!"
> 친구의 굵은 목소리가 수화기를 통해서 이렇게 울린다.[41]

김팔봉은 동료문인의 거센 비판에도 불구하고 보국회 일을 하는 것을 일제에게 자랑하려고 썼는지 모른다. 하지만, 김팔봉에게 외친 어떤 문인의 비판은, 팽배한 파쇼 분위기에 휩쓸리지 않는 이성적 문인의 모습을 보여준다. 보국회에 대한 문인의 비판은 「고요한 폭풍」

40) 김동인, 「문단삼십년의 자취」, 『동인전집(8)』, 홍자출판사, 1967, 477쪽.
41) 김팔봉, 「이 길로 가자」, 『매일신보』 1944년 9월 6일(林鍾國, 『親日文學論』, 244쪽).

의 속편인 「선령(善靈)」에도 묘사되어 있다. 소설주인공 박태민은 선배로부터 문인보국회 가입에 대하여 추궁 당한다. 선배는 탈퇴를 권고한다. 또 박태민이 연재하는 소설에 대해서도, '현(玄)'이라는 시인에게 '[일제에 대한] 아부'라고 비난 받는다.42) 이렇게 보면, 보국회의 극단적 파쇼활동에도 불구하고 문단 일반에는 그에 저항·비판하는 문인세력이 형성되어 있었다.

이제 그 실제를 시인 조지훈의 경우를 통해 보자. 그는 1939년 『문장』에 「고풍의상」이 추천받으면서 문인활동을 시작했다. 그런데 『문장』이 폐간되고 황도문학을 내세운 『국민문학』이 창간되자 '문단의 유복자격으로' 붓을 꺽는다. 그런 그에게 문인보국회에서 가입을 강요했다. 하지만 그는 '추천시 몇 편 발표한 것이 무슨 시인이겠는냐는 말을 방패삼아' 가입을 거절한다. 그에게 '문인 보국회를 움직이는 사람들'은 '증오'의 대상이었다 한다.43) 문인보국회의 활동 목표를 보자. 결성식 때 회장 야나베는 '전쟁협력'을 외친 후 '조선문단의 일본어화', '문학자의 일본적 연성', '황도문학 수립' 따위를 보국회의 목표로 내세웠다. 결전의식의 증폭을 '황도문학 수립'으로 연결시키며, 문인조직의 긴장도를 강화시킨다. 결성식에서 발표된 「선언」은 '황도문학을 수립하고자 싸우는 문학자'라 표현한다.44) '결전'이 강조된다. 이에 대해 유치진은, "조선문인보국회는, …… 문학자의 총력을 대동아전쟁의 목적에 집결하도록 조직된 단체"라고 말했다. 최재서는 보국회 회원에게 '사상전의 첨병'이 되라고 요구했다. 가라시마(辛島曉)의 말

42) 이석훈, 「善靈」, 『國民文學』 1944년 5월(林鍾國, 『親日文學論』, 325~327쪽).

43) 조지훈, 『조지훈전집(4)』, 일지사, 1973, 163쪽.

44) 『매일신보』 1943년 4월 18일.

을 통해 자세히 보자.

> 조선문인보국회는, 활동의 초점을 '싸우는 문학'에 두어야 한다. 이런 조직이 필요하게 된 첫 번째 이유도 싸우는 힘의 결집이 필요하기 때문이다. 분산된 전력을 하나의 종합적 전투병단(戰鬪兵團)에 집중시키고 그 전력을 각각의 유대에 의해 더욱 증대시키는 것을 조직의 목표를 삼았다. …… 주위 문인 가운데 한 사람이라도 반전적(反戰的) 존재로 생각되는 인물을 낳아서는 안 된다. 말해 보아 분별하지 못하는 경우는 베어버리고 우리는 우리의 길을 가야 한다.[45]

문인보국회를 '전투병단'에 빗대었다. 문인의 '전투력' 결집에 보국회 목적이 있다 했다. 그 결과, 보국회 조직을 통해 '반전적 문인'(일제 동원구조에 저항하는 문인)을 '제거'하라고 공언한다. 확실하다. 확실히 문인조직이 아니고 파쇼 조직이다.

그 실제를 '결전태세즉응 재선문학자총궐기대회'(決戰態勢卽應在鮮文學者總蹶起大會)라는 파쇼 행사를 통해 보자. 이건 보국회의 '활동'이지만 활동 목표와 밀접하게 연관되니 먼저 보자. 행사는, 1944년 6월 18일에 열린다. 총독부 · 일본군 · 총력연맹 관계자와 문인 등 300여 명이 참석한다.[46]

1부 행사에서는 "결전장은 바로 우리의 눈앞에 있다. 이제는 이론도 의견도 소용없다"는 따위의 말이 난무한다. 그 실제를 이태준의 「해방전후」를 통해 보자.

---

45) 「決戰文學の確立」, 『國民文學』 1943년 6월, 40~41쪽.
46) 林鍾國, 『親日文學論』, 158쪽. 『國民文學』(1944년 8월, 17쪽)은 '백여 명'으로 기록했다.

> 부민관인 회장의 광경은 어마어마하였다. 모두 국민복에 예장(醴章)을 찼고 총독부 무슨 각하, 조선군 무슨 각하, 예복에, 군복에 서슬이 푸르렀고 …… 조선문단 생긴 이후 첫 어마어마한 집회였다. …… 이 대회에서 다시 한 번 선명하게 느낀 것은 파쇼 국가의 문화행정의 야만성이었다. 어떤 각하 짜리는 …… 문학이건 예술이건, 전쟁도구가 못 되는 것은 아낌없이 박멸하여도 좋다 하였고, 문화의 생산자인 시인이며 평론가며 소설가들도 이런 무장각하(武裝閣下)들의 웅변에 박수갈채할 뿐 아니라 다투어 일어서, 쓰러져 가는 문화의 옹호이기보다는 관리와 군인의 저속한 비위를 핥기에만 혓바닥의 침을 말리었다.[47]

소설 주인공은 '살고 싶다'고 비명 지르며 행사에 참석한다. 반전문인의 '제거'가 공공연해진 분위기에서 '살고 싶다'는 비명은 자연스러운 현상이다. 이런 주인공에게 비친 궐기대회의 모습이다. 한 마디로 '문학'을 침략전쟁의 '선전물'로 만들라는 파쇼체제의 모습이다.

2부에서는 문인보국회의 활동목표가 논의된다. 총독부 정보과장의 요구였고, 이광수가 회의를 진행했다. 그 결과를 최재서가 발표한다. '문학자의 연성', '민중의 적개심 앙양', '전쟁목적의 선전', '대동아공영권 내의 문학 교환', '징병을 위해 민중에게 순국정신을 높일 것', '군·관·문학자의 협의' 따위다.[48] 특히 징병제 선전에 나서도록 한 것이 주목된다. 노예적 병력동원에 대한 저항을 세뇌작업으로 억누른다는 계획이다.

활동목표에 이미 '문학'은 없고 '선전'만 있으니 그 활동이란 것도

---

47) 이태준, 「해방 전후」, 『이태준문학전집(3)』, 깊은샘, 1995, 21~22쪽.
48) 林鍾國, 『親日文學論』, 159쪽.

뻔하다. 문인협회 때처럼 뜨문뜨문 하는 활동이 아니다. 끊임없이 극단적인 활동을 해 나간다. 활동 형태로 보자면 강연회, 문학 낭독회, 전시회, 좌담회, 연성회, 선전작품 공모 · 기탁 따위가 있고, 특기할 활동으로 보도정신대, 징병 · 학병제 선전, 가두선전 따위가 있었다. 내용은 임종국의 『친일문학론』에 자세히 제시되어 있다. 또 『국민문학』의 '문보(文報)의 항(項)'에도 문인보국회 활동이 기록되어있다. 세세히 언급할 필요는 없으리라. 다만 문단조직의 파쇼화와 관련하여 특징적 활동을 보자.

먼저 '보도정신대' 활동. 문인의 작품 생산은 당연하다. 하지만 '선전'이란 전제조건이 주어지고 그것이 '조직'의 '훈련'에 의해 강제될 때, 그건 파쇼 선전활동에 불과하다. 일제는 전쟁의 장기화로 더욱 세뇌주문에 매달렸다. 파쇼의 물리적 폭력의 다른 면이다. 그 일환으로 보도정신대란 걸 조직했다. 한 마디로 '문화인'을 훈련시켜 파쇼 선전작품(기사)을 '생산'하게 하는 것이다. 1943년 5월 20일~6월 4일의 조선군 '보도연습훈련'(정비석 · 이석훈)을 시작으로, 1943년 11월 총력연맹의 '홍보정신대', 1943년 12월 '경성사단연습보도반' · '해군견학단', 1944년 1월 '보도특별정신대'(윤두헌)와 총력연맹의 '홍보정신대', 1944년 2~3월 '미영격멸국민궐기대회'의 일환인 '보도특별정신대'(김팔봉 · 채만식 · 이갑섭 · 서두수), 1944년 8월의 '조선군보도대보도연습'(정인택 · 김용제) 따위에 문인보국회 회원이 참가한다. 특히 1944년 1월의 '홍보정신대'는 '문인보국회 분대'(분대장 1인, 분대원 4명)를 조직했다.

다음은 일제의 병력동원 선전활동. 1943년 8월 징병제 선전을 위한 '낭독과 연극의 밤'(김경희 · 유진오 · 이석훈 · 이무영 · 정인택 · 정비석)을 시작으로, 11월 학병 '격려대회'(실행위원 최재서 · 박영희 · 현영섭), 11월 학병 '격려강연'(서춘 · 주요한 · 星野相河 · 현영섭 · 최재서), 이듬해 1월 학병 '환송'(서두수 · 유진오 · 김용제), 4월 '징병검사 미담 수집작가 파견'(김용제 · 윤두헌 · 吳本篤彦 · 김사영), 6월 '조선 출신 군인가정 위문'(김용제), 12월 '전사자 위문'(김용제), 1945년 6월 '특공대전사자 유가족 위문'(최재서 · 이서구 · 모윤숙 · 김용제) 따위의 행사를 문인보국회가 주최하거나 이에 참가했다. 이런 징병제 선전활동은 물론, 병력동원의 본질을 왜곡해 선전하는 작품 생산으로 이어졌다. 마지막 행사는 '집필계획'을 가지고 이루어졌다.

마지막으로 가두선전. 벽보 붙이는 수준으로 이해하면 된다. 거기에 문인이 나선다. 1944년 11월, 문인보국회는 조선미술가협회와 공동으로 가두 시화전을 연다. '전의를 앙양'하는 내용의 꽁트 · 시 등이 83편 전시된다. 1944년 12월부터는 지속적으로 벽보 선전을 한다. 이때 이미 일제의 패전 징후가 짙어졌다. 그래서 일제는 '본토 결전' 따위를 외치며, 대중의 최후 희생을 강제해 나갔다. 벽보 부착은 그 일환이다. 이때 미군 비행기가 일본과 조선 상공에 나타나기 시작했다. 대중은 안다. 파쇼 일제의 최후가 멀지 않았다는 사실을. 그럴수록 극렬 친일분자의 활동은 극단화된다. 미군 비행기가 나타났다 하면 벽보를 붙인다. 내용은 뻔하다. "백만 부민이여 무장하고 대기하라"(1945년 1월 18일), "공습 하의 금일의 반성"(1945년 1월 24일) 따위다. 그런 걸 조선 '문인'이 했다. 조선문인보국회란 파쇼주구조직의 이름으로.

이때쯤 되면 조선인 문인은 양극화된다. 문인보국회에 적극 가담해 친일활동을 강화해 나가는 극렬 파쇼분자가 있고, 그 반대편에 파쇼집단에 매몰되지 않은 독립된 문인이 있다. 극렬 친일분자의 최후 모습을 문인보국회 상무이사였던 김팔봉은 이렇게 묘사했다. 친일 열성문인은 "전쟁에 협력하자는 시를 써 가지고 벽보처럼 거리에 내다 붙이는 그런 따위 일을 활발하게 [하자고 주장했다.]"[49] 김팔봉은 문인보국회가 그런 활동을 열심히 하지 않아 그들로부터 비난을 받았다고 술회했다. 하지만 앞서 보았듯이, 벽보 부착 활동은 드물지 않았다. 그 반대편에 존재한 저항문인의 모습은, 문인보국회 활동을 하는 김팔봉에게 '나가 죽어라'고 외친 문인에게서 읽을 수 있다.

끝으로 강점 말기 문인의 존재 양태를 구체적으로 보자. 위와 같은 상황 아래 문인이 택할 수 있는 길은 ① 친일(자발적이건 폭력에 의한 전향이건) ② 전업 ③ 절필(은둔) ④ 저항 또는 탈출(망명)로 나눌 수 있다. 이들 존재형태는 차원을 달리하지만, 실제는 그 경계가 구분되지 않고 개인에 따라 전환이 일어나기도 한다.

첫째 존재는, '일본군 위문 → 조선문인협회 → 조선문인보국회'로 이어지는 주구조직에 참가한 경우다. 이 가운데서도 참가 정도와 이른바 '시국문학'의 창작빈도 따위에 따라 자발적인 친일문인과 그렇지 않은 문인이 그 존재 양태를 달리한다. 이광수 · 박영희 · 김용제 · 최재서 · 주요한 · 김동환 따위가 전자의 예에 들어가고, 이태준 · 김사량 따위는 후자의 예라 할 수 있다. 전자는 친일활동이 극단적으로 강화된 경우다. 후자는 비록 문인협회 · 문인보국회 따위에 참가하고 때로 '시국활동'에 동원되기도 하지만, 일제의 조선인 희생정책과 거리를 두었다. 그런 내면적 저항은, 후술하듯이 ①에서 ② · ③ 또는 ④로 존재 형태를 전환한다는 점에서 주구조직의 참가를 한 마디로 규정할 수는 없다.

---

49) 김팔봉, 「나의 회고록(14)」, 『世代』 1965년 11월, 253쪽.

둘째 '전업'은 문필의 친일협력을 거부하고 다른 생업을 갖는 경우다. 카프에서 활동하다 일경에게 체포되었던 김남천은 조선문인보국회 조직 때 소설·희곡부 평의원으로 선임되었지만 실제 활동은 없었던 것으로 보인다. 그리고 서간문 형식을 빌어 자신의 심정을 토로한 「등불」(『국민문학』 1942년 3월)에서 민족문학('높은 정신에 의하여 이룩된 전통')의 수호가 어려운 상황에서 문학으로부터의 전업을 택할 수밖에 없다고 암시했다.[50)]

이봉구는 강점 말기 문인의 '전업'이란 존재형태를 이렇게 묘사했다. "[오]장환은 징용을 피하여 먼저 광산으로 가버리고, [김]광균은 …… 정회(町會) 사무원으로 들어갔고, 신백수는 …… 견디다 못해 시골 군청의 고원으로 들어갔으되 국민문학이니 황도문학이니 하는 매족 친일문사패와는 거리를 멀리하였다."[51)] 친일문인조직에 적극 가담하면 죽음의 '징용'을 면할 수 있는데, 문필활동을 포기하면서 '징용'도 피할 수 있는 직업을 구해야 하는 것이 문인들의 '괴로움'이었다.

셋째, 절필(은둔)은 협력을 거부하고 '붓을 꺾는' 것이다. 전업과도 비슷하지만, 아예 시골로 '은신'한다는 점에서 주구조직과의 연계가 더 차단된다. 이태준은 조선문인협회 간사, 조선문인보국회 소설·희곡부 상담역이었다. 하지만 "시국물이나 일문(日文)에의 전향이라면 차라리 붓을 꺾어버리려는"[52)] 심정으로 강원도 지방으로 은신한다. 그는 1942년까지도 「석양」, 「무연(無緣)」 등의 '좀처럼 시국에 영합되지 않는' 소설을 발표했다.[53)] 일본어 창작은 그에게 참을 수 없는

---

50) 송민호, 『일제말 암흑기문학연구』, 새문사, 1991, 160쪽.
51) 이봉구, 『道程』, 삼성출판사, 1975, 261~262쪽.
52) 이태준, 「해방 전후」, 『이태준문학전집(3)』, 깊은샘, 1995, 21~22쪽.
53) 송민호 , 위의 책, 166쪽.

고통이었다. 지식인의 '은신'을 소재로 한 소설로 박로갑의 「백민」(『국민문학』 1942년 2월)이 있다. 소설은 도시에서 낙향한 지식인을 다루고 있다. 임종국의 표현을 빌면 '끝까지 지조를 지키며 단 한 편의 친일문장도 남기지 않은 영광된 작가'의 대부분은[54] 절필·은신의 존재형태를 취했다 할 것이다(물론 일제의 폭력으로 희생된 문인도 있다). 이 존재형태는 광포한 일제의 파쇼체제 아래서 협력을 거부했다는 점에서 적극적으로 평가할 부분이다. 소극적 방법이지만, 문인에게 강요된 협력을 뿌리친 것 자체가 역으로 일제에게 타격을 준 뜻이 있다.

넷째, 저항·탈출은 반제투쟁의 일부다. 일제의 '동원문학'에 저항하는 문학 내의 수단은, 한글을 지키고, 예술성을 옹호하고, 이성을 잃지 않는 것이었다.[55] 그러나, '국민문학'이 '폭풍'처럼 휘몰아치는 상황에서 문학 내의 저항은 점차 힘들게 되었다. 1942년까지는 '시국 색채를 벗어난', 곧 예술성을 옹호하는 형태로 일제에 저항하는 작품들이 발표된다. 하지만, 시간이 흐를수록 그도 힘겹게 된다. 이후 문인의 저항은, 일제에게 체포되거나 망명하는 형태로 나타난다.

이육사. 문단이 주구조직화 되어 '굴종의 탈콤함'에 접어들 무렵인 1939~40년, 그는 「청포도」, 「절정」을 발표해 항일투쟁을 예술로 승화시킨다. 1943년에 '위기'를 타개하기 위해 북경으로 간다. 1943년 초부터 문인보국회 조직이 시도된 점을 생각할 때, 이육사의 북경행은 문단의 파쇼적 주구조직에 대한 저항, 곧 조선문단과의 결별을 뜻한 것이 아니었나 추측된다. 그러면, 최대의 저항이다. 그러나 귀국 직후

54) 林鍾國, 『親日文學論』, 467쪽.
55) 임화, 「조선 민족문학 건설의 기본과제에 관한 일반보고」, 조선문학가동맹 엮음, 『건설기의 조선문학』, 온누리, 1988, 43쪽.

1943년 6월에 일경에게 체포되었고, 북경으로 압송되어 고문 끝에 1944년 1월에 절명한다. 윤동주도 일경의 고문으로 희생된다.

김태준·김사량은 탈출·망명의 존재형태를 취했다. 이건 일제와 투쟁한다는 목적의식을 가지고 이루어진다. 김태준은 조선문학을 강의했으며, 1941년에 '경성콤그룹 사건'으로 일경에 검거된다. 1943년에 석방된 후, 1944년 11월 중국의 조선인 항일부대와 연계하기 위하여 탈출·망명한다. 김사량은 1936년에 조선예술좌 사건으로 2개월 동안 구속되었다. 친일문인조직에 참여했지만 시국선전물을 만들지 않았다. 1943년 2~10월(『국민문학』)에 발표한 『태백산맥』에 대해 임종국은 '향토에 대한 강렬한 애정을 보여주고' 있으며 '설익은 시국적 설교도 없거니와 어릿광대 같은 일본정신의 선전도 보이지 않는다'고 적극적으로 평가했다.[56] 그는 1943년 8월에 '해군견학단'에 참가하기도 했지만, 1945년 2월 총력연맹이 조직한 '재지(在支 : 재중국)조선출신학도병위문단'의 일원이 되어 중국으로 가서 5월에 탈출·망명했다.

사람됨을 포기하지 않았던 문인들이 은거하거나 온몸을 던져 야수(野獸) 일제 파쇼에 저항할 때 다른 한편에서 친일문인들은 '굴종이 주는 안락'에 젖어 있었다. '민족·역사의식', '사상' 따위의 표현을 빌릴 것도 없다. '사람됨'이다. 그게 없었다. 이봉구의 자전소설을 빌리자. 친구 이시우가 징용에 끌려가면서 이런 말을 남긴다.

> 헌병대에 이름만 걸어 두면 징용을 면한다고 한다. 나도 징용은 가고 싶지 않다. 그러나 내 둘러리의 친구가 적어도 이백 명은 될 것이다. 징용 안 나가는 대신 내 무슨 얼굴로 친구들을 대하리.

56) 林鍾國, 『親日文學論』, 210쪽.

가서 죽는 한이 있더라도 징용을 피하는 대가로 그런 짓은 못 하겠다.[57)]

'사람됨'을 포기하지 않았던 문인의 모습이다. 그 반대쪽에 이광수가 있다. 이시우가 징용에 끌려갈 때 이광수는 다음과 같은 '군국주의 찬송가'라고나 해야 할 '시 아닌 시'를 쓰고 있었다.

새해의 기원 | 『新時代』 1944년 1월

聖壽無彊하옵시고
皇室이 安泰하시옵소서
文武百官이 心身淸淨하야
滅死奉公의 忠誠을 效하고
出征將兵이 百戰百勝하야
今年에 敵을 擊滅하여지이다 (중략)
이해에 大決戰이 오리니
그 勝利는 皇軍에 있나이다

---

57)이봉구, 『道程』, 삼성출판사, 1975, 262쪽.

6 사상전향자단체 : 사상보국연맹 · 대화숙

일제 강점기 민족·사회운동가 가운데 일제에게 체포·구금된 인원은 얼마나 될까. 쓸데없는 궁금증일지도 모르겠지만 그 수는 '사회세력'으로서의 비중을 알려준다. 어차피 그 정확한 통계는 없다. 몇몇 기록을 보자. 『최근의 조선치안상황(最近に於ける朝鮮治安狀況) 1933』에 따르면 1926~33년에 일제 고등경찰에 검거된 수는 30,188명이다. 대개가 민족·사회운동가다. 일제 사상 검사 나가사키(長崎祐三, 「時局と轉向者の將來」, 『綠旗』, 1939년 8월)는 1925~35년에 17,000여 명의 공산주의자가 검거되었다고 했다. 검거된 수만 그렇다. 그러니 민족·사회운동 세력은 일제의 간담을 서늘하게 할 만하다. 실제 그렇다. 일제는 끊임없이 항일운동조직을 파괴했지만 운동가들은 계속 항일운동의 불씨를 키워 갔다.

일제로선 두렵다. 1930년대에 일제의 집중적인 전향정책으로 많은 운동가가 전향하고, 특히 중일전쟁 이후에는 급증했다. 1937년 말에는 조선의 '주의자' 중 90%가 전향하거나, 전향할 뜻을 가졌다고 전향정책을 자랑하기도 한다. 하지만 고문 · 구금 때문에 전향하더라도, 그 사상은 쉽게 바뀌지 않는다. 조선에서는 역전향도 상대적으로 일본보다 많았다.

그러니 일제는 전향하건 전향하지 않건, 운동가들을 강하게 통제하려 한다. 일제는 보호관찰제도를 만들어, '사상범'(치안유지법 위반자) 가운데 기소유예자 · 형집행정지자 · 가출옥자 등 6,400명을 통제했다. 그 성과는 커서 전향자가 급증했다. 보호관찰은, 운동가를 운동선에서 이탈시키기 위한 목적으로 일경이 감시하는 것이다. 하지만, 중일전쟁 이후 단순한 감시에서 벗어나 이들을 침략전쟁에 이용하려는 계획을 세웠다. 미나미는 "[보호관찰제]의 활용은 대내적으로는 국내의 치안유지에 기여하고, 대외직으로는 사상국방에 공헌한다"[1]고 공언해, 보호관찰을 '사상국방'과 연계했다.

이때 이르러 일제는 조선인의 노예적 동원을 목표로 대중통제망을 구축하려 했고 그 결과 국민정신총동원조선연맹이 조직된다. 일제가, 한때 거대한 항일세력을 형성했던 전향자들을 그대로 놔둘 리 없다. 미나미가 '사상국방'을 언급할 때, 이미 전향자들은 어떤 형태로건 동원구조에 포함될 수밖에 없었고, 그것은 '시국대응 전선사상보국연맹'의 조직으로 표출되었다.

물론 그 이전에도 일제의 통제 아래 사상 전향자들이 일제의 정책선전에 동원되는 경우도 있었다. 예컨대 전향자를 취직시키는 게 모두 선전용이다. 1938년 1월 현재 보호관찰 대상자 가운데 직업이 없는 207명(52%)을 취직시켰다. 경성보호관찰소는 7할 이상 취직시킨다.

---

1) 「第二會保護觀察所長會議に於ける總督訓示」(1937年 11月), 朝鮮總督府 官房文書課 編纂, 『諭告訓示演述總攬』, 朝鮮行政學會, 1941, 435쪽.

이게 다 친일활동과 연계된다. 지식층 전향자는 '저널리스트로서 절대의 조건'을 지녔다고 평가받았다. 그러니 일제의 주선으로 조선신문사, 경성일보사, 매일신보사 같은 데에 취직하게 된다.[2] 이들 총독부 기관지에서 한다는 게 일제정책의 선전이다. 이뿐 아니다. '상징적' 친일활동도 한다. 예컨대, 경성보호관찰소에서 매월 2회 조선신궁에 참배한다. 그 출석자 50여 명이 대개 일제의 주선으로 취직・복직한 전향자들이다. 이들은 일제 '기원절'에 3백 원의 '국방헌금'을 내놓는다.

하지만 일제가 강제한 건 이런 몇 십 명 단위의 '상징적' 굴복이 아니다. 운동가 세력은 최소한 수만 명이다. 그들을 통제하고 동원해야 미나미가 언급한 '사상국방'이란 게 완성된다.

이건 조직이 없으면 안 된다. 전향자를 묶어 단체를 만들고 통제해야 한다. 이래야 '전향자의 총체적 굴종'이란 상징도 확보하고 일제가 원하는 대로 동원할 수 있다.

일제는 중일전쟁과 정동연맹 결성 전후로 민족주의 계열 인사를 동원하기 위해 동우회사건과 흥업구락부사건을 일으켰다. 그런데 그 관계자들 가운데 다수는 활동기반을 갖고 있다. 그 대표적인 것이 종교단체다. 그들의 전향과 동원은, 종교단체의 전향・동원과 밀접하게 연계된다. 일제의 의도가 그랬고, 전향 후의 실제 결과도 그랬다. 정동연맹 결성 직전 일제의 사상정책은 셋으로 요약된다. 곧 종교의 내선일체화, 민족 문화・사상에 대한 탄압, 인민전선에 대한 처단 따위다. 그 기본은, '내선일체'란 주문이다.[3] '공산운동도 점차 감퇴'되어

---

2) 「사상객들은 전시 하에 얼마나 전향했는가」, 『三千里』 1938年 5月, 145쪽.
3) 『동아일보』 1938년 6월 17일.

간다고 판단한 일제가 민족 문화·사상의 탄압을 공언한 것은 민족주의 계열을 침략전쟁에 동원하겠다는 뜻이나 마찬가지다. 그것은 종교의 내선일체와도 연관된다. 일제는 종교단체를 민족주의 계열로 파악했다. 각 종단 지도자 가운데는 민족운동의 경험을 지녔던 인사들이 많았다. 그러니 이들의 '전향'은 종교단체를 일제 뜻대로 동원하는 전제다.

하지만 공산주의자는 다르다. 기껏해야 취직해도 '전향'을 '동원'으로 활용할 기반이 없다. 전향자 개인은 동원할 수 있지만, 조직적 동원은 불가능하다. 그러니 일제는 더욱 전향자 조직을 만들려 했다.

그 계기가 1938년 6월 20~23일, 일본에서 개최된 시국대응위원회다. 이건 일본의 전향자단체인 소덕회(昭德會)가 개최했다. 여기에 박영희·권충일이 조선의 전향자 대표로 참가한다. 그들은 100여 명의 전향자가 모인 가운데 '대표'로 뽑혔다. 이미 짐작된다. 단지 위원회에 참가하는 게 아니다. 단지 그것뿐이라면 100여 명이나 모일 필요가 없다. 이미 전향자 조직의 구상이 있다. 조선보호관찰소는 대표 파견의 의미를 이렇게 말했다.

> 조선에 소덕회의 지부를 설치하야 반도의 애국운동의 근본 모체가 되어 경성·대구·평양·신의주·청진·함흥·광주의 7 관찰소 관내 1만 6천의 전향자로부터 대표를 선발하야 대표회를 열고 내지와 호응하야 조선의 사정에 즉한 일대 애국운동의 구체책을 결정하려는 것이다.[4]

---

4) 『동아일보』 1938년 6월 18일.

전향자 조직을 만들어 일제의 동원정책에 협력('애국운동')한다 했다. 일본 전향자단체 지부를 만든다고 했지만, 그렇게 되진 않는다. 여기에서 '조선의 사정'이라 표현한 것은 내선일체 주문을 바탕으로 조선인의 희생을 강제하겠다는 뜻이다.

조선에서의 전향자 동향과 전쟁 협력활동을 밝히고 돌아온 박영희·권충일은 7월 3일 보고회를 가진다. 여기서 대규모 전향자 단체를 만드는 문제가 최초로 논의된다. 참석자는 이렇다. 각 도 대표 17명을 비롯한 전향자 100여 명, 보호관찰소 보호사, 총독부 법무과장, 경성지방법원장 등. 참석자만 봐도 '자치조직'이라는 선전과는 달리 관제조직임을 알 수 있다.[5] 전향하면 무조건 조직에 참여해야 하는 강제적 분위기다.

그러니 조직 문제는 각본대로 일사천리로 진행된다. 반대는 없다. 실행위원을 뽑고, 17일에 '전향자대회' 결성식을 열 것을 결정한다.[6] 실행위원들은 활동 방향을 이렇게 결정한다. 첫째, 정신총동원운동에 적극 진출한다. 둘째, 중일전쟁 전에 조직된 단체[7]보다 더 강력한 '애국운동단체'를 조직한다. 셋째, 각 보호관찰소를 단위로 해 지부를 둔다.[8]

1938년 7월 24일 경성 부민관 중강당. 여기서 전향자단체가 조직된다. 총독부 경무국장·법무국장 따위의 수뇌부가 대거 참석했다. 그런데 전향자는 200여 명밖에 참석하지 않았다. '1만 6천여 명'을 조직하겠

5) 『동아일보』 1938년 7월 2일·4일.
6) 『매일신보』 1938년 7월 4일.
7) 1936년 9월에 조직된 대동민우회를 뜻한다. 일제가 활동자금을 지원한 것으로 알려졌다.
8) 『매일신보』 1938년 7월 9일.

다했지만 참석한 것은 불과 200여 명이었다. 21일까지만 해도 결성식에 600여 명의 '보호관찰대상자'가 참석할 것이라 선전했지만 예상의 1/3에 불과했다. 그것도 경성의 전향자 150여 명이 참석함으로써 가능했다. 경성 전향자들은 15일에 경성지부결성준비대회를 열고 전원 참석을 결의했다.[9] 이는, 처음부터 전향자의 자발적 참여가 없었으며 사실상 호응을 받지 못했음을 뜻한다.

23명의 결성 준비위원 명단과, 확인되는 결성식 참가자 명단을 보면, 두 가지 특징이 나타난다. 첫째, 공산주의에서 전향한 인사가 대부분이다. 허의순, 강문수, 최규문, 이평권, 김한경, 박득현, 김판권, 고경흠, 진해룡, 박봉연 등은 조선공산당 등의 조직에 관여했다. 김명석, 권충일, 허랑복, 김병권, 신형국 등은 노소·농소 활동을 했던 인사다. 박영희과 김기진은 카프에 참가했었다. 이에 비해 민족주의 계열의 인사로는 동우회 회원이던 노진설, 현제명 정도가 눈에 띈다. 전향자 조직은 공산주의 전향자를 중심으로 했다. 홍업구락부 사건 관계자는 아예 없다. 활동기반과도 연관된다. 홍업구락부 관계 전향자는 기독교 지도자가 많았다. 그러니 일제가 요구하는 조선인 동원활동은 기독교단체를 중심으로 이루어진다. 하지만, 공산주의 전향자는 그렇지 않다. 그러니 사실상 대중에 대한 활동기반이 약한 전향자에게 동원활동의 조직기반을 조성해 주는 데 조직 목표가 있었던 것이다.

둘째, 대체로 각지 대표는 그 지역에서 활동하던 인사다. 대구보고사건의 이상길, 영암공산주의자협의회의 김판권이 대구보호관찰소 대표로, 그리고 신의주공장노조에 관계했던 김병권이 신의주 대표로 참석한다. 그런 식이다. 이는 각지 전향자를 조직에 참가시켜 그 지역의

---

9) 『매일신보』 1938년 7월 17일.

황민화운동에 활용하려는 일제의 의도를 보여준다.

첫째 특징은, 예상과 달리 참석 전향자가 적은 이유도 된다. 공산주의 전향자가 주동이었다. 하지만 많은 공산주의 전향자들은 적어도 중일전쟁 전까지는 대체로 일제의 폭력적 강제로 전향했다. 자발적 전향이 없진 않지만 폭력 때문이다. 폭력에 의한 전향은 위장전향일 가능성이 크다. 역전향이 많은 것이 그 실제다. 그러니 전향했더라도 전향자 조직 따위에 가담해 일제의 정책선전에 덩달아 날뛰는 행동을 하진 못한다.

결성식에서 조직 명칭이 '시국대응전선사상보국연맹'으로 결정되었다. 결성식 전에는 '시국대응전조선위원회', '전조선사상전향자연맹', '시국대응전선전향자연맹' 등으로 불렸다. 앞의 명칭은 일본의 '위원회' 지부라는 뜻이므로 조선인 동원을 강화하려는 의도에 맞지 않는다. 또, 뒤의 두 이름은 '전향자'에 '야유'의 뜻이 있다 하여 폐기된다. 그리고 사상보국연맹(이하 '사보연맹')이 된다. 전향을 사상 포기에 그치지 않고 동원정책에 적극 이용하려는 의도다.

조직 현황을 보자. 사보연맹은 '연맹본부－지부－(연합분회)－분회'의 체계로 조직된다. 지부는 보호관찰소가 있는 7개 도시에 조직되고, 분회는 지부 관할구역의 도시 · 군에 설치되었다. 연합분회는 보호관찰소가 없는 도에서 각 분회를 연합해 조직된다. 지부 산하의 준지부다. 예컨대 광주지부 산하 전북연합분회가 있다.

보호관찰소는 경성 · 함흥 · 청진 · 평양 · 신의주 · 대구 · 광주에 설치되었다. '북선(北鮮)'을 세분해 네 군데 실치한 데 비해 '남선(南鮮)'은 넓게 나누어 세 군데다.[10] 북선이 국경과 가까워, 만주 항일운동의

---

10) 상세한 관할구역은 『朝鮮年鑑』, 1940, 524쪽 참고.

영향을 크게 받기 때문일 것이다. 특이한 점은 북선 지부의 분회조직이 상대적으로 활발하지 못했던 사실이다. 『매일신보』·『동아일보』를 보면 남선은 경성지부 11곳, 광주지부 8곳, 대구지부 2곳의 기사가 있다. 북선은 신의주지부 5곳, 청진지부 1곳, 함흥지부 1곳만 기사가 나온다. 사보연맹도 북선의 분회 조직이 미흡함을 인정했다. 「연맹의 활동 임무」에서 "(분회 결성에서) 몇 개의 지부(광주·대구)는 다소 좋은 성적을 보이고 있지만 나머지 지부는 시급한 미 조직 지대의 분회 결성에 전력을 기울여야 한다"고 했다. 결국 북선지역의 조직 결성이, 적어도 1년여 동안은 상대적으로 활발하지 않았던 것이다. 북선지부 관할구역이 작기 때문이거나, 상대적으로 전향자들이 참가를 기피했기 때문일 것이다.

지부 결성도 북선 지역이 늦었다. 9월 24일 경성지부, 8월 27일 광주지부, 8월 28일 대구지부가 조직된다. 9월 4일 신의주지부, 그리고 9월 25일의 청진지부를 끝(함흥지부, 평양지부 조직 날짜는 미상)으로 지부조직이 완료된다.

그 세력은 얼마나 되었을까. 결성 1년 뒤에, 50~60개 분회가 조직되고 2~3천여 명의 맹원이 있었다. 기록에 따라 다르다. 『조선사상계개관(朝鮮思想界概觀)』(43쪽)은, '1939년 7월 30일 현재 2,765명'이라 했다. 총독 미나미의 발언(1939년 10월 보호관찰소장회의)과 『매일신보』(1939년 10월 6일)는 '1939년 10월 현재 7개 지부 55개 분회에 2천여 명'이라 했다. 김두정(『防共戰線勝利の必然性』, 170쪽)은 '60개 분회에 3천 명'이라 했다. 그러니 2천~3천 명 정도다. 적지 않다. 이것만 해도 성공적 조직이라 할 것이다.

하지만 그게 끝이다. 맹원이 더 증가하진 않았다. 1940년 12월 현황은, '80여 분회에, 2천 5백여 명'[11]이었다. 분회는 20곳 정도 증가하나 맹원은 늘지 않았다. 실제 조직대상자는 훨씬 많았다. 연맹이 출범할 때 '1만 6천 명'을 대상으로 한다 했지만 그 숫자는 '사상범' 모두를 포함한 것으로 보인다. 실제 조직대상 인원은 '8천여 명'[12]이었을 것이다. 이 숫자는, '조선에서의 사상범 검거 인원 1만 7천여 명에 보호관찰의 대상 인원 6천여 명'이란 미나미의 말(1937년 1월 보호관찰소장 회의)과 대략 맞아떨어진다. 그러니 실제 조직대상은 8천 명 안팎의 보호관찰 대상자라 할 수 있다. 이렇게 보면 2천 5백여 명이란 숫자는 31%에 불과하다. 70%에 이르는 대상자가 연맹에 가입하지 않았다. 이건 전향자의 '저항'을 뜻한다.

'운동은 포기'할지라도, 동원정책구조에 적극 편입되지 않겠다는 뜻이다. 일제의 사보연맹 조직이 전향자 모두에게 적용되지 않는 '전향의 편차'를 보여준다.

다음은 활동목표를 보자. 연맹결성 때 발표된 「결의」는 연맹이 침략전쟁의 전투요원이 될 것을 밝혔다. 전향자가 사상을 포기하는 데 그치지 않는다. '황국신민'이 되어 '내선일체의 강화・철저'를 기한다고 해, 황민화 세뇌선전을 적극 수용한다. '사상국방전선에서 반국가적 사상을 파쇄・격멸하는 육탄적 전사가 될 것'이라 해 '사상전'의 전투요원을 자처했다. 그러니 당연히 '국책 수행'에 '봉사'하고 '총후 활동' 강화에 나선다 했다.[13] 한 마디로 일제 침략전쟁의 '인적 토대'가 될 것을 표명한 것이다.

---

11) 『매일신보』 1940년 12월 28일.
12) 『매일신보』 1938년 7월 9일.
13) 『동아일보』 1938년 7월 25일.

그것을 「선언」을 통해 자세히 보자. 이유 없이 전향하지 않는 것처럼, 연맹조직 또한 이념적 근거가 필요하다. 빈약한 관념의 '선언'이지만, 이게 사보연맹의 이념 기반이다. 한 마디로 「선언」은 침략전쟁을 적극 수용한다. 서두에서 일본의 '세계사적 임무'를 설명한다. 문화면에서 '구미파의 파괴적인 사상, 관념 따위로부터 모든 동양민족을 문화적으로 해방·방위한다'는 게 첫째다. 정치·경제적으로 '아시아에 대한 열국의 침략적 쟁탈전을 배제·근절'하는 게 둘째다. 그러니 중일전쟁을 '세계평화를 건설'하는 '황도정신'의 구현이라고 강변한다.

이상한 '주문'을 끌어다가 침략이란 현실을 왜곡했다. 그 다음은 뻔하다. 전쟁하기 위해 국민정신총동원이 필요하므로 그 방책으로 '사상보국연맹'을 결성한다는 게다. '허구의 주문'과 현실을 매개하는 논리적 근거가 없으니 「선언」에서 제시되는 연맹의 할 일이란 것도 허망한 관념 수준이다. 곧, '관념적으로 자기청산의 빛나는 자부심을 획득'했으니 '천부의 사명'을 자각하고 '자기청산으로부터 적극적인 자기완성'으로 나아간다 했다. 무슨 소린지 모르겠다. 이어, '국가총동원운동에 헌신봉사하고 특히 사상국방의 특수적 야전에서 …… 총역량을 집중해 싸워야 한다'고 외친다. 그러니 '사상국방의 영예로운 전사로 자임'하며 '반국가적 사상을 파쇄, 격멸하고 황도정신을 진작·앙양에 노력'한다고 외친다.[14] 이 결론 부분이 앞서 본 「결의」로 표명되었다. 이건 현실이다. 「선언」은 관념적 주문의 되풀이다. 하지만 그 결과는 침략전쟁의 전투요원이라는 현실로 변한다. 논리적 근거는 없다. 어차피 조선인의 희생은 외면했기 때문이다.

「결의」나 「선언」이 내세운 사보연맹의 존재 근거는 '내선일체'와

14) 金斗禎, 『防共戰線勝利の必然性』, 全鮮思想報國聯盟, 1939, 169~170쪽.

'사상국방'이다. 연맹을 통제한 일제 법무당국도 이 두 사항을 연맹의 중심목표로 내세웠다.[15] '내선일체'는 허구의 주문이고, '사상국방'은 현실이다. '내선일체' 따위는, 기왕에 대중적 기반이 있을 경우에만 '동원'의 현실화가 가능하다. 그러니 이건 연맹으로서는 당장은 힘들다. 전향자 개인의 상징은 있지만, 조직적 상징은 어렵다. 하지만 '사상국방'은 현실로 눈에 보인다. '사상체험자로서의 특이성'이 존재하기 때문이다. 이건 '내선일체'로 무장한 다른 동원단체는 할 수 없는 몫이다. 그러니 초기 연맹의 활동목표는 내선일체보다는 사상국방에 집중되었고, 실제 동원의 기반확보인 조직 강화에 있었다 할 것이다.

사상국방이란 목표는, 방공협회와 제휴함으로써 조직적 활동 근거를 얻는다. 조직강화 목표는 제1회 지부장회의(1938년 10월 8일)의 협의사항에서도 확인된다. 5개 항 가운데 4개 항이, '본부와 지부의 연락', '각 지부의 연락', '연맹 경비', '지부의 기관지 발행' 따위로 조직과 관련된 사항이다.[16] '내선일체의 실현방법' 따위는 논의되지도 않았다.

그러니 일제로선 이걸 통제해야 한다. 사상국방도 좋지만 황민화운동에 나서야 조선인 동원의 실제 결과가 있다. 그러니 일제는 수시로 '내선일체'를 강조했다. 연맹 후기로 들어서면서 활동방침에 '일본정신, 내선일체' 따위가 들어간다. 1939년 7월 30일 경성지부 '통상대회'가 개최된다. 이때 심의사항에 각 지부에서 5명을 뽑아 일제 신궁 · 신사를 참배케 하는 내용이 포함된다.[17] 회의 결과 계획보다 더 강화된다. 곧, '부여신궁창설'에 사보연맹이 '봉사수양단'을 파견해 '내선일체를

15) 長崎祐三, 「시국과 전향자의 장래」(『綠旗 』 1939년 8월), 최원규 엮음, 『일제말기 파시즘과 한국사회』, 청아출판사, 1988.
16) 『동아일보』 1938년 10월 9일 ; 『매일신보』 1938년 10월 9일.
17) 『매일신보』 1939년 7월 28일.

강화'하고, 연맹원을 뽑아 일본의 각 신궁을 참배케 해 '일본정신 체득을 촉진'시키며, 각 분회 활동을 더욱 활발케 한다는 내용의 건의안을 사보연맹 본부에 보내도록 결정한다.[18] '내선일체, 일본정신'을 강조한 것이다.

사보연맹 제1회 통상대회를 앞두고 보호관찰소장회의가 개최된다. 이때 미나미는 '연맹의 사명'이 '황도정신의 체득, 내선일체의 완성에 정진하는' 것이라고 했다. 보호관찰소장회의의 안건이 내선일체의 방책이 될 것은 분명했다. 『동아일보』는 이때 회의안건에 '연맹으로 하여금 내선일체의 심화·철저를 위하여 …… 적극적으로 활동시킬 구체적 방책'이 들어 있다고 보도했다.[19] '내선일체 강화'가 일제 당국의 관심사였다는 것이다.

10월 8일 사보연맹 통상대회가 개최된다. 이때 일제의 지시가 그대로 반영된다. '2단계'에 들어선 연맹의 '활동사항'으로 '부여신궁조영 봉사수양회를 열 것', '강원신궁에 봉사수양단을 보낼 것', '연맹회관 창설' 따위가 결의된다.[20] 물론 '사상국방'도 포기되진 않는다. 이때 발표된 「반코민테른 결의」, 「연맹의 활동 임무」(사상보국연맹 신활동 방침서) 따위는 종래의 연맹활동의 이념적 근거와 활동방침을 되풀이하고 있다.

우선 「반코민테른 결의」. 내용이란 게 별거 없다. '팔굉일우', '홍아의 대사명' 따위의 세뇌주문의 반복이다. 다만, 코민테른을 '적색 제국주의'라 부르며 '사상적 선전포고'를 한 게 특징이라면 특징이다. 독일의

---

18) 『매일신보』 1939년 7월 31일.
19) 『동아일보』 1939년 10월 5일.
20) 『매일신보』 1939년 10월 9일.

폴란드 침공으로 세계대전이 임박한 가운데 '반공전쟁'을 합리화하려는 의도가 엿보이지만, 전체로 보아 '사상국방'의 재확인이다. 이때 발표된 「성명」도 그렇다. '일본의 세계사적 임무'니 '백인제국주의' 따위의 표현을 쓰고 연맹 임무에서도 '반도민중의 황국신민화 완성을 목표로 내선일체의 강화 · 철저', '반일본정신적 사상의 파쇄 · 격멸', '일본정신의 진작 · 앙양', '애국적 총후 활동', '연맹원의 황국신민화 도야', '국책 수행' 따위로 어지럽게 제국주의 침략의 수식어를 나열했다.[21]

「반코민테른 결의」와 「성명」이 세계대전의 분위기가 투영된 외에 초기와 마찬가지인 이념적 근거를 밝힌 것이라면, 「연맹의 활동 임무」[22]는 후기 사보연맹의 활동방침이다. 16항으로, 연맹의 기본성격, 조직방침, 활동방침으로 나눌 수 있다. 조직 성격에서 특징적인 것은 연맹이 총동원운동에 적극 참가 협력하지만, 정당은 아니라고 공언한 점이다(3항). 한 마디로, 연맹은 동원단체지 정치단체는 아니라는 사실을 못박은 것이다. 연맹 조직방침(연맹원 관련사항 포함)에서는, '대륙 건설'의 연장선에서 연맹원을 훈련 · 진출시켜야 한다고 한 점이 주목된다. 이건 전향자의 중국 '진출', 곧 제국주의 침략에 활용하려 한 의도다. 통상대회에 앞서 3월에, 총독부 법무국장은 '전향자 중 우수한 인물을 다수 선발해' 만주 · 북중국에 취직을 알선할 것이라 발표했다. 그 목적은 '대륙 건설의 위업에 참가'시킨다는 것이다.[23]

연맹 활동방침도 대개는 초기의 재확인이다. 예컨대 '총후 활동'(7항)

21) 金斗楨, 위의 책, 172쪽.
22) 金斗楨, 위의 책, 173~179쪽.
23) 『매일신보』 1939년 3월 7일.

에서 위문・헌납・근로봉사 따위를 열거한 것, '선전 활동'(10항)에서 강연회・강습회・연구회 따위를 제시한 것도 새로울 게 없다. 연맹원을 '산업보국대'로 편성한다는 정도는 새롭다(8항). 활동방침에서 주목되는 것은, 15항이다. '약진적 기념사업'을 언급하며 구체 내용으로 '부여신궁 조영 봉사수양회', '강원신궁 건국 봉사수양단 파견'이 포함되어 있다. 곧, 경성지부 통상대회에서 본부에 건의한 것이 그대로 포함되었다. 그것이 '내선일체 강화', '일본정신 체득'의 수단임은 이미 언급했다. 이 내용이 언론에 집중 선전된 것은 후기 연맹 활동의 중심이 여기에 있음을 간접으로 알려준다. 실제, 이후 연맹의 활동을 알리는 신문기사도 일본에서의 '신궁 참배'에 집중되었다.

결국 사보연맹의 목표는 '사상국방'과 '내선일체'란 두 가지로 이루어졌으며 후기로 접어들며 '내선일체'를 강조하는 방향으로 나아갔다. 이건, 일제가 '조선인의 전향'을 신뢰하지 못하고 끊임없이 극단적으로 황민화할 것을 요구하는 데서 나왔으리라. 연맹이 신사참배 따위의 활동에 나서도, 일제는 전향자가 180도 전향했다고 믿지 않았다. 모리타(森田)는 "연맹에는 사상으로서 방공이라는 명확한 지도원리를 가지고 있으나 일본정신・내선일체 등의 근본 문제에 대하여는 아직 불충분하지 않을까?"라고 했다. 1941년 1월호 『동양지광』에서 그랬다. 연맹이 '내선일체'란 목표를 내세웠지만 1940년대 초까지도 일제를 만족시킬 정도로 허구의 주문에 세뇌되지 않았음을 보여준다 할 것이다. '운동'의 관념에서 '황도주의'의 관념으로 전환하는 것은 쉬웠지만 새 관념을 조선인의 현실적 동원으로 연계하는 것은 '현실의 활동기반'이 미약한 전향자들에게 쉽게 풀 수 없는 과제였던 것이다.

이제 활동을 보자. 우선 조직확장을 위한 활동. 앞서 보았듯이 연맹은

1년여 만에 2천~3천여 명의 맹원을 확보했다. 이를 두고 일제는 '사상전향자의 큰 애국단체'라 불렀다. '크다' 했다. 그런데 그 '큼'이 전향자의 '자발'로 이루어진 건 아니다. 주동자는 '자발'이다. 하지만 수천 명이 떼거리로 연맹에 가입할 순 없다. 전향은 했지만 한때 '운동가'였다. 사상은 쉽게 바뀌지 않는다. 그러니 그 다수는 일제 사법당국과 경찰의 힘으로 연맹에 가입했다 할 것이다.

그런 이해의 한 가지 계기는 운동가의 '생계문제'다. 구차한 얘기 같지만 극단적 파쇼체제 아래서 '생존'은 중요하다. 일제 관리와 정동연맹의 감시 · 통제망 아래서 '사상범'은 힘겹게 살 수밖에 없다. 이건 사실이다. 여기에 일제가 '보호'란 명목으로 전향을 유도한다. 비전향 운동가에게 먹고 사는 길을 열어준다. 그리고 전향과 연맹 가입을 강요한다. 그런 식이다. 실제, 1938년 10월에 보호관찰소장회의가 개최된다. 이때 회의 내용은 이렇다. 연맹에 가입하지 않은 보호관찰소 대상자 가운데 비전향자가 많다. 이들을 전향시키기 위해, "생업에 충실하여 전비(前非)를 청산하도록 지도"하고 "전향자들의 취직알선도 …… 널리 해 …… 생활의 안정을 주어 총후 활동에 유감이 없도록 한다."[24] 한 마디로 비전향자를 취직시켜 전향하게 만든다는 것이다. 사보연맹 가입이 전제되었을 것이다. 불과 두 달여 전에 사보연맹이 조직되었다. 그러니, 이때의 전향 '유도' 방책 협의는 사보연맹 맹원의 확장과 밀접하게 연관되는 것이다.

보호관찰소장회의에 앞서 각 관찰소에서 각 사보연맹 지부회의를 개최한 바 있다. 이때 전향자 취직문제가 논의되었다.[25] 또 조직 결성

---

24) 『매일신보』 1938년 9월 14일, 10월 7일.
25) 『매일신보』 1938년 9월 14일.

후 최초로 열린 본부·지부합동 지부장회의에서도 '취직알선운동'이 제기되었다. 그 결과, 1938년 12월 10일까지, 고등경찰과의 주선으로 198명이 취직되기도 한다.[26] 결국 연맹 최초의 활동이 '취직운동'이고 그것이 일제 당국과의 연계 아래 전향을 유도하고 연맹 맹원을 늘리는 형태로 이루어 졌던 것이다.

취직 현황을 보자. 경성에서 11월 한 달 동안 23명이 보호관찰소 알선으로 취직한다.[27] 전남에서는 경찰부가 나서서 1939년 4월 현재로, 지난 1년간 252명을 취직시킨다. 대개, 면서기 등 관공리가 많고, 회사원과 선생도 있다.[28] 취직 현황 기록이 충분치 않지만 경성과 전남은 사보연맹 조직이 활발했다. '취직알선'과 연맹조직 확장의 관계를 보여준다.

연맹은 조선방공협회와 제휴해 활동기반을 확충해 나갔다. 법무국이 관장하는 사보연맹과 경무국이 관장하는 방공협회가 '사상국방'을 위해 함께 활동한 것이다. 방공협회의 조직목적은, 대중에게 '공산주의의 오류를 주지'시켜 '사상국방'을 도모하며, 나아가 '민간방공망'을 구축해 '스파이를 방지'한다는 것이다. 사보연맹보다 20여 일 후인 1938년 8월 15일 조직된다. 1938년 말 현재로 254개 지부, 14만여 명의 단원이었다. 방공협회는 「사업 내용」에서 '전향자의 활용'을 명시했다. 이건, 전향자조직 사보연맹의 활동기반을 방공협회가 제공한다는 뜻이다. 또, '주의자의 전향조성'과 '사상선도단체의 활동원조' 따위를 밝혔다.[29] 이건, 방공협회가 사보연맹의 외곽 후원단체가 되겠다는

26) 임종국, 『실록 친일파』, 돌베개, 1991, 202쪽.
27) 『매일신보』 1938년 12월 9일.
28) 『매일신보』 1939년 4월 16일.
29) 「朝鮮防共協會 事業內容」, 朝鮮總督府警務局 編, 『最近に於ける朝鮮治安

뜻이다.

미나미는 1938년 10월에 사보연맹에 '검사국, 경찰, 정동연맹, 조선방공협회' 따위와 긴밀히 협조하라고 지시한다. 실제 보호관찰소장회의와 사보연맹 본부 · 지부장회의에서, 사보연맹과 방공협회가 제휴해 '방공운동'을 전개하기로 결정한다.[30] 사보연맹이 조직되었지만, 파쇼체제 아래서 그들이 활동할 기반은 없었다. 민족주의계열의 전향자들이 종교단체를 중심으로 동원활동을 할 수 있는 것과 상대적으로 비교된다. 어떤 형태건, 일제는 사보연맹의 활동기반을 구축하려 했다. 그것이 방공협회 조직으로 구체화한 것으로 판단된다. 방공협회는, 순식간에 14만여 명을 조직했다. 이건 분명 전향자의 활동기반이 된다. 대중기반을 그냥 사보연맹에 맡길 순 없다. 일제는 전향자를 믿지 않았다. 그러니 전향자와 대중 사이에 방공협회를 끼워 넣은 셈이다. 이 제휴는 이렇게 실현된다. 방공협회가 '방공방첩강연회'를 개최한다. 여기에 사보연맹이 거의 독점적으로, 연맹원을 강사로 파견한다. 방공협회는 사보연맹의 중요 활동기반이었다.

이를 바탕으로 사보연맹은 '눈부신' 활동을 전개한다. 불과 1년 동안에 2백 수십 회의 '시국강연'을 했다. 강연 대상인원은 모두 5만여 명이었다. 또 '신사참배 · 근로봉사 · 군사위문 · 강습회 · 좌담회 · 영화회 · 음악회 · 연극회' 따위를 통해 15만여 명을 동원했다.[31] 이를 사상선전활동, 친일의식화 활동, 일본군 후원 활동으로 나누어 자세히 보자.

狀況 1939』, 巖南堂書店, 1966, 476~477쪽.

30) 『매일신보』 1938년 10월 15일.

31) 金斗楨, 앞의 책, 170~171쪽.

선전활동은 앞서 보았듯이 방공협회와 제휴해 이루어진 게 많다. 하지만 사보연맹 단독으로 치른 행사도 있다. 당시 빈번한 '주간행사' 따위에서 그런 점이 드러난다. 1938년 10월 5일 총후후원강화주간에 사보연맹은 각 지부의 참가를 지시한다. 국민정신작흥주간 첫째날인 1938년 11월 11일에, 충남 공주에서 결성 후 최초의 '사상지방좌담회'가 개최된다. 또 1938년 12월 15일, 연말연시총후보국강조주간 첫날에는 경성지부에서 강연회가 개최된다.

일반인을 대상으로 한 강연회 외에 연맹원을 대상으로 한 선전활동도 활발했다. 예를 들어 1938년 10월 15일의 애국일 행사에 오다(小田)의 '조선사 강의'를 듣는다. 10월 5일에는 경성지부 연맹원과, 장고봉 사건 때 '투항'한 소련병사 두 명의 좌담회가 개최된다. 1939년 7월 12일에는 연맹본부에서 협화회 이사장 세키야(關屋貞三郎)를 '초청'해 좌담회를 가진다. 1939년 8월 6일 광주지부 1회 통상대회에서는 본부 간사 김두정이 「흥아방공과 내선일체」, 광주지부 간사 신갑범이 「세계사의 동양적 회전(轉回)」이란 제목으로 강연했다.[32] 그런데 연맹원에 대한 선전활동은, 일반인에 대한 사상세뇌작업의 준비단계라 할 수 있다. 예컨대 1939년 11월 11일에 광주지부 · 해남분회는 연맹원을 대상으로 좌담회를 가지고, 곧 이어 일반인을 대상으로 하여 강연회를 연다. 좌담회는 연맹원 20여 명이 참가했고, 강연회는 신갑범이 「일본정신과 내선일체」란 강연을 했다.

출판물을 통한 선전활동도 있다. 연맹기관지 『사상보국(思想報國)』은 월간으로 5천 부를 간행했다. 총독부는 '방공사상전의 유력한 문화활동의 일익을 담당'하고 있다고 『사상보국』을 높이 평가했다.[33] 그

---

32) 『매일신보』 1939년 7월 26일 ; 『동아일보』 1939년 7월 28일.

영향력이 적지 않았음을 알 수 있다. 이밖에 각 지부에서 지부소식지(예컨대 『ありなれ』, 『湖南の友』, 『ことたま』 등)를 간행하기도 했다.[34]

다음, 친일의식화 활동. '신궁 · 신사 참배'를 대표로 들 수 있다. 이건, 단지 '절하는 행동'에 그치지 않고, 전근대적 · 비이성적인 천황제 이데올로기에 굴복하는 상징이다. '조선운동가'의 '전향 의식'이다. '내선일체' 주문을 받아들이는, 친일의식화 활동이다. 선전활동이 주로 '사상보국'의 표현이라면, '신궁 · 신사 참배'는 '내선일체, 황민화'의 표현이다. 홍업구락부 사건 관계자 20여 명이 조선신궁에 참배해 전향을 '행동'으로 표현한 것이 단적이 예다. 일제가 전향자의 황민화를 노골적으로 요구할수록 신사참배 따위의 행동은 단순한 상징단계에서 벗어나 적극적인 친일의식화 작업의 일환으로 전개된다.

1939년 4월에 김한경 등 본부 · 지부대표 8명이 '강원신궁 건축봉사 수양회'에 참가한다. 또, 1939년 6월에는 함흥지부 양양분회 회원 13명이 일본의 신궁 · 신사를 참배한다. 9~10월에는 강원도 각지별로 전향자 20~30명을 모아 순차별로 일본 신궁 · 신사를 참배한다. 대체로 체류기간이 며칠에 불과했지만 이들 '참배단'은 일본의 '힘'을 전향자에게 과시하고 일본정신을 세뇌시켜 동원활동으로 연계할 목적이었다.

그런데 통상대회 이후에는 주문의 세뇌작업이 더 활발해진다. 기간도 2주 안팎으로 길어진다. 또 귀환 후에는 '보고강연회' 따위를 개최해 세뇌작업의 확산을 도모했다. 예컨대 1939년 11월 10~23일에 '우수한 사상 전향자 25명'으로 '내지 신궁 · 신사참배단'을 만들었다. '일층

---

33) 『매일신보』 1939년 8월 5일.
34) 金斗楨, 앞의 책, 177쪽.

더 일본정신을 체득케 한다'는 목적을 내걸었다. 이때 광주지부 대표로 참가한 최규문 등은 12월 3일 장성경찰서에서 '참궁단 보고강연회'를 가진다. 경성지부 대표 이봉수, 평양지부 대표 이홍근 등도 12월 13일 경성에서 보고강연회를 개최한다. 이후에도, 본부 · 지부 차원에서의 일본 '성지순례단'(1940년 5월)이 조직되기도 하고, 분회(예컨대 예천분회) 차원의 전향자의 '신궁참배단'이 조직되어, 전향자의 일본정신 세뇌작업은 강화되었다. 이쯤 되면 단순한 '굴종'의 상징을 벗어났다.

다음은 일본어강습회. 예컨대 신의주의 전향자들은 '자기만 일본인이 되는 기쁨에 빠질 수 없어' 미취학 아동 380여 명을 모아 일본어(· 일본정신)을 가르쳤다. 또 '일본정신강습회' 따위도 경성 · 대구 · 평양 · 광주 등 각 지부에서 디투어 개최되었다.

다음은 일본군 후원활동. 한 마디로 제국주의 침략전쟁에 직접 도움을 주는 활동이다. 1년 동안의 활동 상황을 사보연맹은 이렇게 개괄했다.

> 본부와 각 지부에서, 백의(白衣)의 용사 위문음악회와 영화회의 개최(경성), 육군묘지의 청소(경성 · 함흥), 병기 청소 작업(경성), 위문대의 대량 헌납(함흥), 장고봉 사건 때 전선위문(청진), 국경경비대위문(신의주 · 청진), 사상전 무기인 16밀리 활동사진 촬영기와 영사기의 헌납(본부), 씨름대회를 중심으로 수천 명의 출정군인 유가족과 백의의 용사 초대 등 애국적 총후활동에 노력[했다.][35)]

---

35) 金斗楨, 위의 책, 175~176쪽. 『매일신보』(1939년 8월 5일)에도 1년 동안의 활동상황에 대해 개괄적으로 기록되어 있다.

당시 언론에는, '유형적 동원'인 근로작업과, 특히 헌납·헌금 따위가 집중적으로 실려 있다. 그건 실제 물량보다 '동원의 상징'에 목적이 있다. 실제 동원량은 적다. 1938년 8월 6일의 육군묘지 청소, 병기 청소에 나선 인원은 40여 명에 불과했다. 헌금도 결성 후 1년 동안 연인원 2,741명이 5,599원을 헌금했다. 인원수는 맹원 수와 비슷하다. 그러니 맹원 모두가 의무적으로 2원 가량을 '헌금'한 셈이다. 홍업구락부 기금 2,400원을 관계자의 전향과 함께 헌금한 것을 빼고 그렇다. 이걸 연맹 헌금에 포함시키면 실제 맹원의 헌금 액수는 훨씬 적다. 예컨대, '홍원 사건' 전향자 서하원 등 4명은 연맹 지부에 '2원'을 헌금한다. 1인당 50전씩이다. 물론 고성군의 황창갑·정평국처럼 10원씩 하는 경우도 있지만 전향자의 '취직 알선'에 따른 특별한 경우다. 그러니, 실제 연맹의 헌금은 액수보다는 '동원의 상징'에 중점을 두었다.

특히 활동사진기·영사기를 일본 육군에 헌납할 때는 총독부 법무국장 따위의 수뇌부와 연맹원 300여 명이 참석해 헌납식까지 가진다. 이게 다 동원 내용보다 선전을 위한 것이다.

한편, 일제의 신체제 선언에 따라 정동연맹은 총력연맹으로 바뀐다. 사보연맹도 조직을 바꾼다. 하지만 연맹조직이 아니고 재단법인 '대화숙(大和塾)'이다. 이건 일제 사법당국이 직접 전향자를 통제하는 조직이다. 대화숙장은 보호관찰소장이다. 대화숙의 뜻은 '일본정신을 가르치는 곳'이다. 말하자면 황민화 세뇌교육장이다. 대화숙으로의 전환을 두고 일제는 '(사보연맹의) 발전적 해소', '발전적 개조'라 표현했다.[36] 확실하게 말하면, 이건 사보연맹의 해체다. 대화숙은 사보연맹 때 이미

---

36) 高原克己, 「大和塾の設立と其の活動」, 『朝鮮』, 1941년 10월, 29~30쪽.

조직되었다. '신의주 대화숙'이다. 1940년 5월, 법무국장과 300여 명의 관계자가 참석해 결성되었다. 그리고 총력연맹화 직후인 12월 15일, 경성대화숙이 탄생한다. 그러면서 사보연맹은 모두 대화숙으로 대체된다. 경성대화숙 발회 때, '사상관계자들에게 참된 일본정신을 주입해', '사상국방과 내선일체의 추진대'로 만들어, '지도적 실천자를 양성'하는 데 목적이 있다 했다. 사상국방과 내선일체의 목표야 사보연맹과 다를 게 없다. 하지만 조직이 다르다. 연맹의 해체다. 일제 당국의 직접 통제다. '추진대의 양성' 운운했다. 이건 변화다. '양성'이라 하면 이미 겉으로의 '자발적 조직'을 이미 포기하고 들어가는 셈이다.

'일본정신 교육'을 중심으로 직접 통제에 나서게 된 이유는 두 가지다. 첫째, '사상국방전 특무대'로서의 사보연맹의 역할이 크게 감축되었기 때문. 곧 방공협회와 협력하면서 민간방공망을 구축했고, 운동가가 거의 전향한 상황에서 사보연맹에서 크게 얻을 게 없었기 때문이다. 예를 들어, 1940년 12월 함흥형무소의 '사상범'은 82명이다. 그 가운데 미전향자가 4명뿐인데 그들도 실제는 전향한 거나 마찬가지였다.[37] 또 사보연맹의 일본군 후원활동이란 것도 상징적 의미가 컸지 실제 동원 내용이야 별게 없었다. 그러니 남는 것은 '내선일체 강화'다.

둘째, 일제는 전향자(와 그 활동)를 완전히 믿지 않았다. "[사보연맹은] …… 일본정신·내선일체 따위의 근본 문제는 아직 불충분[하다]"[38]고 당시 어떤 황도주의자는 말했다. 이건 전향자가 '완전히' 황민화되지 않았다는 일제의 인식을 반영한다. 또 어떤 보호관찰소

37) 『매일신보』 1940년 12월 1일.

38) 森田芳夫, 「조선사상 제진영의 전망」(『東洋之光』 1941年 1月), 최원규 엮음, 위의 책, 396쪽.

보호사는 "전향한 공산주의자들은 …… 모두 말은 잘하지만 잘 활동하지 않[는다]"[39]고 했다. 또 대화숙 때 보호관찰소장 나가사키는 "조선인은 사고를 전환해 일본인이 되거나 항일폭도가 되어야 한다. 중간지대는 없다"[40]고 언급했다. 그러니 사보연맹을 결성한 뒤에도 "표면 전향을 위장하고 관헌의 눈을 속이는 경우도 있[으므로] 동향에 상당한 엄중한 경계가 필요하다"[41]고 경계했던 것이다. 이런 배경에서 총독부의 '사상범'대책은 이중화된다. 전향자는 '완전한 일본인'이 되게 하고, 비전향자(·역전향자)는 항일운동에 나서지 못하게 차단하려 했다. 앞이 대화숙으로 실현되고, 뒤가 예방구금소로 실현되었다.

1940년 12월 28일에 대화숙은 연맹 후계조직으로 발표된다. 활동사항으로, 일본정신을 바탕으로 한 '사상범의 보호사업, 황도정신의 발휘, 내선일체운동의 강화, 황도수련도장의 건립, 일본어 보급장려회, 좌담회, 기관지 발행' 따위가 제시된다.[42] 사상국방을 포기하진 않지만 감퇴된다. 이후 본부 차원의 결성식은 없고, 각 보호관찰소에서 대화숙을 출범한다. 예컨대, 함흥은 1941년 2월에 발회식을 가진다.

그리고 나가사키가 이 무렵 보호관찰소장이 된다. 일찍이 '사상검사'(신의주 지방법원)로 '사보연맹 지도에 전선(全鮮)에서 가장 열심히 활동하던 한 사람'[43], '철저한 내선일체 신봉자'[44]로 평가받았다. 대화숙이 신의주에서 최초로 설립된 점을 생각할 때, 일본정신'세뇌공장'[45]

39) 윤치호, 『윤치호일기(11)』 1940년 3월 7일자.
40) 윤치호, 『윤치호일기(11)』, 국사편찬위원회, 1989, 1941년 2월 24일자.
41) 朝鮮軍參謀部, 『昭和十四年後半期朝鮮思想運動槪況』 1940年 2月(韓國歷史硏究會 編, 『日帝下社會運動史資料叢書』 3권, 고려서림, 1992, 357쪽).
42) 『매일신보』 1940년 12월 28일.
43) 綠旗日本文化硏究所 編, 『朝鮮思想界槪觀』, 1939, 55쪽.
44) 윤치호, 『윤치호일기(11)』 1941년 2월 24일자.

으로서 '대화숙'을 책임질 적임자로 나가사키가 나선 것이다.

대화숙의 활동을 보자. 먼저 친일의식화 활동. 활동방침에서 '사상국방'이 퇴색했다 했다. 그러니 실제 활동에서도 사보연맹 때처럼 활발한 방공 강연회 따위를 개최하진 않았다. 그 중심은 일본정신 세뇌다. 친일의식화 활동이 더 강화된다. 예컨대, '대화숙 수양회'. '훈련'식 세뇌 활동이다. 전향자인 대화숙원 30여 명을, 1941년 3월 10일부터 한 달 간 합숙시키며 얼을 빼놓았다. 세 반으로 나누어 군대식 내무생활을 했다. 1반 반장 백남운, 2반 반장 최익한, 3반 반장 장덕수 등에 이순탁·이광수도 참가했다. 일제 관리로는 나가사키, 나카야마(中山) 대화숙장이 참가하고 연사로 일본군 장교 따위가 참가했다.

수양회 일과는 이렇다. 아침에 정열해 사열을 받고 일본기를 게양한다. 조선신궁에 경례하고 「황국신민의 서사」를 제창한다. 각자 직장에 갔다 오후 6시에 다시 집합한다. 일본정신 강연·좌담 따위가 있고 좌선을 한다. 일본정신을 세뇌하는 집단합숙훈련이다. 수양회에 대해 이광수 따위는 이렇게 외쳤다. "이러한 모든 단련이 다 힘있고 참된 황국신민을 일우자는 목표를 향하여서 나온 것"이며 숙원 외에 '반도 2천 3백만' 모두가 수양중에 있다.[46)]

'수양회'는 계속되었다. 전향자 외에 일반 지식인을 상대로 할 계획도 있었다. 2회 수양회는 조선문인협회·황도학회 지도자를 대상으로 4월 19~22일에 실행할 예정이었다.[47)] 시행 여부는 확인되지 않는다. 하지만 4월 29일부터 1회처럼 다시 30여 명을 모아 한 달 간 '수양회'가

---

45) 윤치영, 『윤치영의 20세기』, 삼성출판사, 1991, 136쪽.

46) 이광수, 「대화숙수양회 잡기」(『新時代』 1941年 4月), 이경훈 편역, 『춘원 이광수 친일문학선집(2)』, 평민사, 1995, 225쪽.

47) 『매일신보』 1941년 4월 19일.

진행된다.[48] 이광수 따위는 '2천 3백만의 수양' 운운하며 광망한 말을 했지만, 대화숙 세뇌작업의 실상은 다음 회고에 잘 드러난다.

> 왜놈들은 우리를 붙잡아다 하루에 대여섯 시간 묶어놓고 세뇌교육을 시켰다. 꿇어 앉혀 놓고 뚱뚱한 일본 중놈이 나와 불경을 읽고 정신을 차리라고 하며 냉수를 머리에 끼얹는 짓도 하였다. …… 그 중에서도 제일 고약한 것은 남산 꼭대기에 있는 조선신궁 광장으로 끌고 올라가 신사참배를 시키는 일이다. …… 당시에는 2백 계단이나 되는 돌계단이 있어서 나 같은 장년 이상의 노인들을 이곳으로 끌고 와 오르락내리락 뜀뛰기를 시키는 것이었다. '일본정신이 제대로 뿌리 박히지 못했다'며 육각으로 된 몽둥이로 등을 사정없이 내려치기도 하고 피로와 허기로 지친 몸을 이리저리 끌고 다녔다.[49]

'부여신궁 조영 대화숙 근로봉사대'의 조직도 친일의식화 작업의 일환이었다. 근로동원이지만 내용에서 전향자의 세뇌작업이었다. 1941년 5월 22~24일에 7개 대화숙 대표 90여 명이 부여에서 근로작업을 했다. 대장은 나가사키 보호관찰소장이고, 대표는 장덕수.[50] 20일 경성에서 결성된 '봉사대'는 21일 조선신궁을 참배한다. 또 총독부에서 선서식도 한다. 경성호국신사에서 근로작업도 한다. 22~23일 부여에서 부여신궁을 만드는 일을 한다. 이게 단지 근로동원이 될 수 없는 것은 일제 '신궁'을 만드는 것이기 때문이다. 전향자의 근로동원은 드물다. 그런데 신사·신궁을 만드는 데 동원된 것은 '일본정신·내선

48) 高原克己, 앞의 글, 38쪽.
49) 윤치영, 앞의 책, 136~137쪽.
50) 『매일신보』 1941년 5월 22일, 5월 27일.

일체'의 세뇌작업의 일환이다. 전향자가 '참배'도 아니고 '조영'에 참가하는 선전효과가 적지 않다. 그러니 일제는 '총력연맹과 부여 관민에게 많은 감격을 주었다'고 봉사대 활동을 평가했던 것이다.[51)]

다음, '일본어강습'. 연맹 때는 활발하지 않던 일본어강습이 대화숙의 중점 사업으로 부각된다. 일본어 사용 강제는 '황민화 훈련'의 일환이다. 이때 일제는 징병제를 대비해 갖가지 수단을 동원해 한글을 말살하고 일본어 사용을 강제했다. 총력연맹의 중점사업이었다.

그러니 대화숙은 '일본어를 알아야 비로소 내선일체와 황민화가 이루어진다'고 하며 일본어 강습에 열을 올렸다.[52)] 사실 일본어 강습은 연맹 신의주지부에서 나가사키가 처음 만들었다. 그런데 대화숙에서는 연맹 때와는 비교가 안 될 정도로 강습활동을 적극적이었다.

대화숙의 일본어 강습 상황은 이렇다. 1941년 10월 현재, 경성 12개소 2094명, 함흥 2개소 140명, 청진 1개소 160명, 평양 2개소 254명, 신의주 7개소 1172명, 대구 1개소 100명, 광주 3개소 250명이다. 총 28개소에 4,170명이 강습을 받고 있었다. 1941년 8월 현재로 강습을 받은 자는 2천여 명.[53)] 경성과 신의주 대화숙이 활발히 활동했다. 1943년에는 강습회가 '강습소'로 격상된다. 이때 전체 44개소에서 그동안 1만 2천명이 강습을 받고 9월 현재 강습자는 6천여 명이었다. 지속적이고 활발하다. 일본어'강습'은 '일본어'강습에 그치는 게 아니다. 내선일체의 황민화 선전활동과 일제의 조선인동원 선전활동이 뒷받침된다. 서로 다 연결된다. 그러니 일제는 흡족해한다. 실제 1943년

---

51) 高原克己, 앞의 글, 39쪽.
52) 『매일신보』 1941년 7월 10일.
53) 高原克己, 앞의 글, 31쪽.

9월의 사법보호좌담회에서 일제는 전향자의 활동을 설명하며 일본어 강습을 강조한다. 그리고 전향자의 징병제 선전활동에 만족을 표시한다.[54)]

대화숙 반대쪽에, 비전향자를 무기한 구금하는 예방구금소가 있다. '불온사상범을 사회로부터 격리시켜서 사상의 정화를 도모'할 목적으로 형무소와 같이 신체적 통제를 하는 곳이다. 대상자는 이렇다. 만기출옥자, 불기소 집행유예자, 기소유예자(모두 사상범) 가운데 전향을 표명하지 않거나 '사상국방전에 위험하다고 인정되는 인물.' 곧, '[보호관찰제로] 개전(改悛)하는 희망이 없고 전향의 태도가 분명치 않은 불온한 자'다.[55)] 보호관찰소나 사보연맹(·대화숙)이 포섭할 수 없는 비전향자다. 그러니 예방구금소와 대화숙은 일제 사상통제정책의 뗄 수 없는 양면이다. 전향한 사보연맹원은 대화숙으로 통제하고 비전향자는 예방구금령을 통해 통제하는 것이다.[56)] 이원화다.

예방구금소는 '예방구금제도'에 따라 설치된 것이다. 제도의 최초 논의는 1939년 말. 일제는 '조선의 특수성'을 고려해 일본도 실시하지 않은 이 제도를 승인한다.[57)] 1940년 4월, 그 해 7월에 비전향자 교도소(예방구금소)를 만든다 했으나 실행되진 않았다. 제도가 법제화된 건 1941년 2월, 사보연맹이 대화숙으로 변경된 한 달여 후다. 이때 '조선사상범 예방구금령'이 발표된다.[58)]

54) 『매일신보』 1943년 9월 14일.
55) 『매일신보』 1940년 1월 8일, 10일.
56) 『매일신보』 1941년 1월 10일.
57) 『매일신보』 1940년 1월 8일.
58) 그 내용은 『朝鮮總督府官報』 1941년 2월 12일 ; 鈴木敬夫, 『법을 통한 조선식민지지배에 관한 연구』, 고대민족문화연구소, 1989, 316쪽 참조.

일제는 '예방구금소'가 형무소가 아니라고 강변했다. 하지만 '예방구금소'는 사상·신체를 물리적으로 통제했다. 예방구금 기간도 2년으로 예정되었지만 무기한 연장할 수 있게 했다. 전향하지 않으면, 영원히 구금되는 것이다. 무기징역이나 마찬가지다. 여기서 한 걸음 더 나간다. 아예 조선의 비전향자를 '안전지대', 곧 일본에 구금할 계획을 세운다.

일제는 한편으로 사보연맹과 대화숙의 황민화 활동에 만족하면서도 다른 한편으로 전향을 통한 동원정책에 한계가 있음을 인정했다. 1941년 11월의 전선 형무소장·보호교도소장회의. 미나미는 여기서 '[반국가사상]을 포기·청산케 하는 것이 곤란[한] 자가 있을 수밖에 없다'고 한다. 그리고 이들을 반드시 '예방구금'시키라고 지시한다. 여기까지는 비전향자를 대상으로 한다. 하지만 그 실제 적용은 특히 일제가 태평양 전쟁을 도발한 이후에 (준)전향자에게까지 이른다. 독립운동을 하다 피체되어 복역한 이규창의 증언. "그놈들[일제]이 전에는 전환을 인정하였으나, 전시에는 전향을 하였다 하여도 진정한 전환은 있을 수 없다고 새로 인식을 하게 되었다. …… 사상전환이라는 것이 있을 수 없는 법이라고 단정하고 [예방구금령]을 새로 제정하였다."[59)]

이렇게 전향 기준을 엄격히 적용하며 물리적 통제를 강화한 결과, 앞에 언급했듯이 일본에 구금소를 세우려고 했다. 1941년 3~7월에 예방구금된 비전향운동가는 경성 6명, 각 지방 7명 등 모두 13명에 불과했다. 그런데, 일본에 '보호교도소'를 만들어 '조선의 비전향자'를 구금할 계획을 세웠다. 그 예산이 80만 원이고 공기가 2년이다.[60)] 이건 큰 공사다. 그러니, 여기 구금될 '조선의 비전향자'도 당연히

59) 이규창, 『운명의 여진』, 보련각, 1992, 266쪽.
60) 『매일신보』 1941년 8월 2일.

많게 된다. 단지 13명을 옮기는 게 아니다. 사실 '조선의 비전향자' 거의 모두를 옮길 계획인 셈이다. 여기에는 물론 일제가 '완전 전향'으로 인정하지 않는, 곧 '황민화'되지 않았다고 판정한 준전향자도 포함될 것이다. 이건, 비전향 운동가들을 '조선에서 격리'하는 것이다. 그것은 그들을 '폭력으로 제거하는 것'과도 연관되는 것으로 보인다. 그렇지 않은가. 전쟁은 끊임없이 길어진다. 전쟁의 배후에서 항일운동이 대대적으로 전개될 상황이 나타날지도 모른다. 그걸 막겠다는 거다. 한마디로 '일단유사시'엔 그들을 '없애겠다'는 것이다. 그러기 위해선 비전향 운동가들을 일본으로 옮기는 게 낫다는 속셈이다. 물론 직접 증거는 아직 없다. 추정일 따름이다. 하지만 일제가 패전을 앞두고 대규모 학살계획을 세웠다는 '설'이 해방 직후 널리 알려졌던 점을 생각할 때, 항일세력을 '학살'하려 했을 가능성은 충분하다.

결국 일제가 사보연맹을 대화숙으로 전환한 진짜 배경이 보인다. 일제가 황민화에 이용할 수 있는 전향자는 대화숙으로 묶어 황민화 세뇌교육을 한다. 조선인의 흔적을 없애겠다는 게다. 황민화될 수 없다고 일제가 판단한 비(준)전향자는 무기징역처럼 구금하고, 경우에 따라서는 '학살'하려 한다. 일제의 사상통제정책, 그리고 일제가 '사상국방'·'내선일체'를 목표로 조직한 전향자 조직의 마지막 장면이다.

7 종교단체

1919년 3 · 1 만세봉기에 많은 종교인이 참가했다. '민족대표 33인'에 천도교 · 불교 · 기독교 지도자가 빠지지 않고 참가했다. 전국 각지의 만세시위운동에 종교인이 많이 참가한 것도 잘 알려져 있다. 유교는 종교는 아니다. 하지만 '사회 교화'란 면에서 일제는 종교세력처럼 취급했다. 유림은 '대표 33인'에 참가하진 않았지만 각지의 3 · 1시위현장에 참가했다. 유림 대표들은 3 · 1 봉기 이후 연명으로 파리평화회의에 '한국'의 독립을 주장하는 글을 보내기도 했다. 그러니 '조선'의 종교 세력은 한 마디로, 항일의 기반이라 할 수 있었다.

장면을 달리해, 1938년 7월 1일, 국민정신총동원 조선연맹의 결성식. 이게, 조선인의 희생을 강제한 동원의 통제망임은 앞서 말했다. 바로 이 조직에 '조선인' 종교단체가 대거 참가한다. 조선방송협회 · 조선경찰협회 따위의 일제 통제망에 이미 포섭된 관제단체 45개를 빼면, 가장 많이 참가한 사회단체다. 연맹 임원에도, 단체로서 평의원이 된다. 내역은 이렇다.

조선장로회 총회, 조선기독교연합회, 조선감리교 총리원, 천주공교 경성교구, 구세군 조선본영, 성공회, 조선불교 중앙종무원, 천도교 중앙교회, 천도교 중앙종리원

조선인 민간단체는 2개(대동민우회 · 계명구락부), 일본인 종교단체는 3개, 여성단체는 5개에 불과했다. 이들 단체는 회원 · 신자도 적은 경우가 많다. 세력기반이 약하다. 하지만, 위에 열거한 종교단체들은 다르다. 1938년 통계를 보면, 교세가 적은 성공회조차 7천여 명의 교도가 있었고 장로회의 신도는 27만여 명이었다. 종교단체에 포함되지 않은 유림 20만여 명을 감안하면 실제 일제가 조선인 종교(사회교화) 세력으로 파악한 것은 100만 명 정도였다. 조선인 사회에 이렇게 큰 세력은 없다. 게다가 항일의 굳건한 뿌리가 존재했었다.

그러니 침략전쟁을 치르는 일제가 그걸 그대로 놔둘 리 없었다. 온갖 수단을 다 써서 전쟁의 동원단체로 만들려 했다. 각 종단이 정동연맹에 가입한 것은 그 결정적 계기였다. 유림은 발기에는 참가하지 않았다. 하지만 유림의 대표라 할 안인식이 개인으로 발기인이 되었고, 일제의 뜻에 따라 동원단체화를 꾀한다. 그 결과, 유도연합회를 결성하여 정동연맹에 가맹한다.

1919년과 1938년의 종교단체의 모습은 '극과 극'이다. 1919년 이후에 각 종단의 일부 세력(예컨대 최린이 이끈 천도교 신파)이 일제에 포섭되면서 '변절' 행각에 나섰지만, 종교 세력 '일반'이 일제정책을 추종하고 나서진 않았다. 일부 종단지도부가 그랬을 따름이다. 중일전쟁 이후까지도 그랬다. 각 종단, 그리고 종단 지도부와 일반 신도 사이에 편차는 있지만, 종교 '일반'이 동원체제에 포섭되지는 않았다. 물론

일제는 중일전쟁 이후 파쇼동원체제를 구축하면서 각 종단을 동원단체로 만들려 했다. 총독 미나미는, 1938년 3월 14일, 조선불교 귀본사 주지들을 '초대'한 자리에서, 종교가 '직접 민중의 실생활'에 큰 영향을 주기 때문에, '민중 동원에 문학이나 철학보다 그 역할이 크다'고 강조했다.[1] 이미 종교를 전쟁수단으로 만들려는 인식이 엿보인다.

그러니 기왕에 일제정책에 굴종하던 종단들은 중일전쟁 후 별 저항 없이 동원활동에 나선다. 우선, 불교가 그렇다. '다른 종교에 솔선해' '총후의 적성'을 보여 총독 미나미가 기뻐할 정도로, 중일전쟁 직후 불교는 일제 동원체제에 빠르게 편입되었다. 그러니 '무운장구 기원제', '국방헌금', '(일본군) 위문' 따위의 침략전쟁 후원활동을 스스럼없이 진행했다. 물론, 이때 불교 신도대중 모두가 동원구조에 포섭되었다고는 할 수 없다. 하지만 1938년 4월에 중앙종무원이 각지 사찰에 '위문금'을 보내라고 독촉할 정도에 이른다. 곧, '총독부 → 불교중앙조직 → 사찰'의 동원 통제선은 이미 구축되었다. 그 실제를 보자. 1938년 3월의 31본사 주지회의. 직전에 '국위선양 무운장구 기원제'를 연다. 또 총독부 사회교육과장이 참석한 가운데 '방청이 금지'된 채로 주지회의가 개최된다. 뻔하다. 일제의 동원정책을 따르게 만들려는 회의다. 결과도 그랬다. 비밀투표도 아니고 '기립' 표결로 결정된 사항이란 게, 본말사 입구에 일본기 게양대 설치, 불단 정면에 '황군무운장구'란 위패 봉안, 애국일 행사에 사찰대표가 참석해 민중을 지도할 것 따위다.[2] 마지막 사항은 '사찰 → 일반 대중'의 동원통제선을 구축하려는

---

1) 朝鮮總督府官房文書課 編纂, 『諭告・訓示・演述總攬』, 朝鮮行政學會, 1941, 701쪽.
2) 『新佛敎』 12, 1938년 5월호.

의도와도 연관된다. 이쯤 되면 불교는 이미 일제의 동원단체가 된 셈이다. 정동연맹에 가맹한 것도 동원 강화의 뜻은 있지만 조직적 변화를 가져오진 않는 셈이다. 다른 종교단체가 '연맹'으로 바뀔 때도 불교조직은 연맹화하진 않았다.

천주교도 그렇다. 저항 없이 일제의 동원정책에 따른다. 일제가 천주교는 중일전쟁에 '소극 · 냉담'한 개신교와 다르다고 평가할 정도였다. 그건 신사참배 수용 문제와 연관된다. 곧, 개신교에서는 그 저항세력이 광범위하게 형성되었다. 하지만 천주교는, 중일전쟁 전에 이미 교회 차원에서 신사참배를 수용했다. 비합리적 천황제 이념과 교리상으로 대치되지 않으니, 침략전쟁도 별 저항 없이 수용된 셈이다. 그러니 13년간 투옥되었던 이규창이 이렇게 회상한 것도 이상할 것이 없다. "천주교 책임자[로]…… 독립운동한 자를 한 사람도 못 보았다. 천주교자들은 교(敎)에만 충실[했다.]"[3] 물론 '교에만 충실했다'는 표현은 일제정책에 정치적으로 동원된 현상과는 배치된다. 교에만 충실한 게 아니라, 다른 종단처럼 일제의 동원단체로 변질되었다. 하지만, 일제에 항거하지 못한 점에서 천주교가 독립운동의 기반이 약했다는 점은 사실이다. 여하튼 1937년 11월에, 일제 고등관리 따위가 참석하고 라디오로 중계하는 '기원제'를 개최할 정도로 쉽게 전쟁 선전에 이용된다.

천도교 신파조직인 중앙종리원도 그랬다. 최린이 신파 지도자였다. 최린이 일제에 굴복했으니 신파조직의 활동 내용도 뻔하다. 중일전쟁 이후 산하조직을 동원해 일제에 협력해 나갔다. 집회 때 「황국신민의 서사」를 외우고 신사참배 · 국방헌금 따위를 했다. 특히 산하조직 청년

---

3) 이규창, 『운명의 여진』, 보련각, 1992, 284쪽.

당의 확대중앙집행위원회는 '시국강연대 조직', '지원병제실현 촉진운동', '내선일체의 재인식', '거교일치 총동원파지 절대정신' 따위를 결정한다.[4] 이건 한때 민족운동에 나섰던 천도교조직에서 나온 활동목표가 아니라, 총독부의 동원정책지침이다. 그 정도로 천도교 신파는 일제에 굴종했다.

개신교, 특히 장로교는 달랐다. 중일전쟁 이후에도 기독교 일반은 일제에 저항한다. '신사에서의 무운장구기원제 불참', '전쟁을 죄악시해 반전적 언사', '국민총동원의 취지를 저해'[5] 따위의 일제의 표현이 그런 상황을 그대로 보여준다. 물론, 기독교 세력이 다 그런 건 아니다. 일부 지도자들은 이미 중일전쟁 전후로 굴복했다. 예컨대 감리교 총리사 양주삼은 1936년 1월에 총독부에 불려가 신사참배에 '순응'의 뜻을 밝혔다. YMCA는 1937년 말부터 이른바 '시국활동'에 동원되어 위문대 보내기, 신사참배, 기원제・위령제 따위에 참가한다. 기관지 『청년(靑年)』(1938년 5월호)에 실린 채필근의 글(「시대에 대하야」)은, 전쟁협력을 공언하진 않았지만 기독교 친일화로 나가는 변화의 징조를 보여준다. 또 1938년 5월에는 '동원단체'로 조선기독교연합회가 조직된다. 이게 '조선기독교'의 '연합'이 아니다. 위원장을 '조선기독교의 황도화'를 주장하던 니와(丹羽淸次郞)가 맡았고 그 「선언」은 '기독교 신도의 단결・협력'으로 '황국신민으로서의 보국의 성을 다할 것'을 밝혔다. 그러니, 사실상 조선기독교의 전시동원을 위한 것이다. 불과 두 달새에 32개 지방연합회가 조직되었고 이들은 '국민정신총동원운동과

---

4) 김학민・정운현 엮음, 『친일파 죄상기』, 학민사, 1993, 426~427쪽.
5) 朝鮮總督府警務局編, 『最近に於ける朝鮮治安狀况 1938』, 巖南堂書店, 1966, 55쪽.

군사후원운동'에 참가해 활발히 활동한다.

하지만 기독교 지도부 일부가 동원구조에 포섭되었다 하더라도 지도부 전체나 일반 신도 대중이 그렇진 않았다. 오히려 저항했다. 특히 기독교 교리 문제와 얽혀 신사참배 문제를 두고 첨예하게 일제 종교동원 정책과 대립했다. 일제는 '전가의 보도'인 물리적 폭력을 휘두른다. '민족주의자의 소굴이고 아성'인[6] 기독교의 저항의 기세를 꺾으려 했다.

일제는 1937년 말에 기독교 교역자 20여 명을 검거했다. '동방요배'와 일본국기에 대한 경례를 거부했기 때문이다. 이후 기독교 신자·교역자를, 불경죄, 보안법위반, 신사참배 거부 등의 이유로 계속 체포한다.[7] 또 동우회 사건과 흥업구락부 사건을 일으켰다. 이건 종교사건은 아니다. 하지만 두 단체에 기독교 지도자가 많았다. 특히 흥업구락부 관계자들은 전향을 표명하고, '큰 애국단체'(정동연맹)에 합류할 것과 '총독의 희망삼요강(希望三要綱)'을 기독교 사회에 공표할 것을 선언한다. 곧 일제의 동원정책을 기독교 사회에 강제하는 데 나서겠다는 뜻이다.

천도교도 그렇다. 신파 최린 따위는 기왕에 '변절'했지만 구파는 일제와 타협하지 않았다. 일제는 1938년 2~3월에 구파 지도자와 신도 200여 명을 검거한다. 중일전쟁 후 전쟁을 '독립의 호기'로 생각해 활동자금을 모집하고, 기도 때 마음속으로 '조선독립'을 바라는 특별기도를 했다는 이유를 붙였다. 이 사건은 천도교 구파를 동원정책에 끌어내기 위한 것이었다.

---

6) 森浩, 「事變下に於けるキリスト教」, 『朝鮮』 1938年 11月, 62쪽.
7) 森浩, 위의 글, 65쪽.

여기서 주목되는 점이 있다. 기왕에 동원구조에 포섭된 종단의 '종권(宗權)'은 그대로 유지된다. 하지만 일제의 물리적 폭력 대상이 된 종단은 '교권'의 재편이 있게 된다. 곧, 항일 · 민족적 지도부를 '제거'하고 친일 교역자가 종권을 장악한다. 천도교 구파 사건이 뚜렷한 예다.

주요한의 회고는 이렇다. 천도교 신자 '7천 명'이 검거되자 이종린이 총독부 보안과장을 만나 전쟁에 천도교도 협력하겠다는 약속을 해 신자들이 석방되었다.[8] '7천 명'은 분명 과장이다. 여기서 보안과장과 이종린이 전쟁 협력을 논의한 게 중요하다. 주요한은 이때 이종린이 석방을 '담판'했고 그것이 '전향'의 시초였다 했다. 이건 사실이다. 신파와 달리 구파조직 중앙종리원은 전쟁에 협력하고 나서지 않았다. 전쟁 후 협력으로 확인되는 건 경성종교단체연합회가 주최한 '시국강연회'에 이종린이 참가한 것이 최초다. 1938년 4월이다. 또, 총독부 '촉탁'으로 순회강연을 떠나기도 했지만, 그 후다. 천도교 신자의 검거는 2~3월이다. 그리고 5월 2일 5명의 구파 지도자가 기소되고 12일 기소유예로 석방된다. 그러니 전향, 곧 동원협력을 담보로 석방이 이루어진 건 사실이다. 하지만 문제는 친일협력과 종권 장악이 맞물려 있다는 사실이다. 그 실제는 이렇다.

1938년 4월 4일에 구파 대회가 열린다. 여기서 4세 교주 박인호(구파 최고 지도자)를 퇴임시킨다. 그리고 교주제를 없애고 대종사장제(大宗司長制)를 만든다. 보안과장과 만난 이종린이 대종사장이 되었음은 물론이다. '특수 기도 사건'으로 검거되었던 구파 지도자를 제명하고 지방 간부도 개선된다. 종칙(宗則)인 대헌(大憲)도 폐지된다. 한 마디로

8) 주요한, 「내가 당한 20세기」, 『주요한 문집 : 새벽(1)』, 요한기념사업회, 1982, 69쪽.

인적으로 민족운동가를 제거하고, 조직적으로 친일조직을 만들었다. 회의에서, '황도'가 '천도교 최고 이상'과 합치하며 '황국신민으로서 건전, 충량(忠良)한 교인이 될 것'이라고 기도한다. 이종린은 취임사로 '더욱 통제를 강화'해 '비상시국의 극복에 매진'할 것을 표명했다.[9] 일제가 강제한 바다. 경무국장은 천도교 간부가 '지도정신을 숙정하여 일본주의를 확실히 파악'하고 그들이 '일반 교도들이 제국신민'이 되도록 '지도'하라고 지시했다. 그러니 천도교 신자 검거사건의 진실은 이렇다. 민족적 지도부를 폭력으로 제거하고 친일 교역자가 종권을 장악한다. 이후 간부진도 친일화하고 천도교 사상을 일본정신으로 대체시키며 일반 신자의 동원을 강제해 나간다. 구상이 그랬고 실제가 그랬다.

천도교 구파의 예를 보았다. 이뿐만 아니다. 저항세력이 형성되어 있던 기독교도 그렇다. 일제는 기독교 통제방침으로 아예 「지도 대책」이란 문건까지 만든다. 총 6개 항이다. 시국인식의 주입을 위한 '교역자 좌담회'의 개최, 일본기 게양탑 설립, 일본기에 대한 경례, 동방요배, 「황민신민의 서사」 제창, 일본군 환송영 행사에 신도의 참가, 신사참배, 서기(西紀) 사용 금지, 찬송가·기도문·설교 내용에 대한 검열과 감시 따위의 황민화 동원활동이 포함되어 있다. 여기서 다음 사항이 눈에 띈다.

> 5. 당국의 지도실시에 즈음하여 그것을 받아들이지 않는 완미(頑迷)한 교도로서 부득이한 경우에는 관계 법규(행정집행령, 경찰범처벌규칙 등)를 활용하여 합법적으로 조치할 것

---

9) 『동아일보』 1938년 4월 5일, 5월 1일.

6. 국체에 적합한 예수교의 신건설 운동에 대해서는 그 내용을 엄밀히 검토해 목적이 순진하고 장래 성과가 예상되는 것에 대해 이때 적극적으로 원조해 줄 것[10]

곧, 일제의 종교동원정책에 저항하는 신자는 '법'을 빙자해 검거하고, 기독교 친일화 작업을 원조한다고 명기했다. 한 마디로 민족적 교역자·신도에게 물리적 폭력을 가해 교회에서 물러나게 하고 친일 교역자가 교권을 장악하게 한다는 뜻이다. 천도교 구파의 종권 장악과정과 같다. 이 '대책'은 총독부 경무국이 1938년 2월에 작성했다. 천도교사건을 일으킬 무렵이다. '대책'은 각 도 경찰에 하달되었고, 일경이 나서서 기독교의 조직적 변질을 강제해 나갔다. 그 결과 3~4개월 만에 동방요배 실시율 94%, 신사참배 실시율 53%라는 실적을 올린다. 경무국 보안과는 "실시율 100%에 달하는 날이 멀지 않다"고 성과를 자랑했다.[11]

결국, 정동연맹이 결성된 1938년 7월까지 천도교 구파와 기독교를 중심으로 한 종교계의 저항세력은 교권을 잃고 말았다. 물론, 신사참배 거부를 상징으로 저항은 지속된다. 하지만, 정동연맹 참가를 계기로 일제의 종교동원통제망은 완전히 구축되었다. 그러니 종교단체의 '정신동원'을 공언·강제한다. 7월 말 총독부 학무국은 종래의 '종교단체운동'을 '일소'하고 '국민정신총동원운동'으로 '단일화'한다고 발표한다.[12] 종교를 완전한 동원수단으로 만든 것이다.

---

10) 朝鮮總督府警務局編, 위의 책, 390~391쪽. 森浩, 앞의 글(65쪽)에는 「지도방침」으로 되어 있다.
11) 森浩, 위의 글, 66쪽.
12) 『매일신보』 1938년 7월 21일.

하지만 각 종단의 일부 지도자가 연맹에 포섭되었지만 신자 대중이 동원구조에 긴박된 것은 아니다. 연맹에 발기인으로 참가하고 단체 평의원이 되었지만, 종교단체가 연맹이 된 것은 아니었다. 일제가 그냥 놔두지 않는다. 시간이 흐를수록 동원의 통제는 강화되었고 결국 각 종단은 연맹화의 길을 걷는다.

가장 먼저 연맹을 결성한 것은 천주교. 1939년 5월, 천주교 경성교구 연맹을 결성한다. 물론 이때까지 연맹 활동이 유보된 것은 아니다. 정동 조선연맹 가맹단체로 활발히 활동했다. 단순한 가맹단체 때의 연맹 활동 담당자는 이렇다. 대표 원형근(元亨根 : 프랑스인 라리보), 담당자 장면. 각 교회 대표자는 각 본당 신부이고, 교회 담당자는 종현 조종국, 약현 김은식, 백동 장면, 영등포 김동환 등이었다.[13] 곧 연맹 활동의 대표는 신부고, 활동 담당은 신자였다. 하지만 실제 대표는 노기남으로 알려져 있다. 원 주교가 고령이라, 노기남이 연맹 일을 하고 실제 대표로 등록까지 했던 것이다.[14] '연맹 일로 서울을 떠나 있는 날이 많을' 정도로 '시국강연'에 나선 사실로 보아, 노기남이 실제 대표였음이 분명하다.

여하튼 '가맹단체'로 '경성교구 1938년 연맹행사' 따위를 발표해 교회의 친일행사, 시국강연회, 근로저축 · 국방헌금, 시국강화, 기관지의 연맹 선전을 지시했지만, 천주교 신자 일반의 통제는 이루어지지 않은 듯하다. 그러니 경성교구는 '가맹만으로는 교도에게 철저한 인식을 고취하기 어려우므로' 경성교구 여러 교회를 연합해 연맹을 만든다고 발표했다.[15] 조직대상 신도는 7만여 명으로 추산되었다. 사실 천주

---

13) 『경향잡지』 1938년 7월 15일.
14) 朴濤遠 저, 崔奭祐 감수, 『盧基南 大主教』, 한국교회사연구소, 1985, 188쪽.

교회의 연맹 결성은 이전에도 있었다. 1938년 8월에 경성교구의 당진 천주교회는, '천여 명의 교도'를 망라해 연맹을 결성한 바 있다. 하지만 경성교구연맹의 결성은 산하 천주교회의 연맹 결성을 중앙에서 강제하는 뜻이 있다. 결성식에 참석한 인원은 '지방교회 대표 60여 명과 교도 천여 명'이었다. 60여 명의 교회 대표는 지방 교회의 연맹화를 추진할 신부라 할 것이다. 중앙의 통제 강화다.

경성교구연맹의 임원은 이렇다. 이사장 원 주교, 이사(신부) 김명제, 김윤근, 신인식, 노기남 외 일본인 1명, 간사(신자) 장면, 박병래, 조종국, 김한수, 정남규, 박대영 외 일본인 1명. 연맹의 대중통제가 '애국반'을 통해 이루어졌듯이 천주교의 연맹화는 신도들의 애국반 조직으로 이어졌다. 예컨대 용인 남곡리교회는 '남녀 소년, 청년, 장년' 따위로 애국반을 조직했다.[16] 다른 교회도 마찬가지였을 것이다.

두 번째로 연맹을 결성한 종단은 천도교. 1939년 6월 11일, 신파의 천도교본부에서 100여 명이 참가해 결성한다. 동원의 세뇌주문을 되풀이하는 '선언'을 하고, '신사참배 여행(勵行), 매일 아침 궁성요배, 내선일체 완성, 생활혁신' 따위를 실천요항으로 해 '신앙보국에 매진'할 것을 결정했다.[17] 조선연맹의 목적과 실천요목 따위를 되풀이한 것이다. 하지만 동원의 통제망구축이란 점에서 천도교의 동원과 황민화가 강화된 데 조직의 뜻이 있다.

천도교연맹은, 이사장 이인숙, 이사 정광조 · 이돈화 · 신용구 등 18명, 상무이사 조기간 · 김병제 · 이단 등으로 조직되었다. 200여 개의

15) 『매일신보』 1939년 5월 14일.
16) 『경향잡지』 1939년 8월 31일, 368쪽.
17) 『매일신보』 1939년 6월 11일 ; 김학민 · 정운현 엮음, 『친일파 죄상기』, 436쪽.

지방종리원과 해외 포역부도, 6월까지 연맹을 조직하도록 되었다. 그러나 천도교 구파가 연맹 결성에 참가한 흔적은 없다. 같은 천도교에 두 개의 연맹을 조직할 수 없으므로 더 친일구조에 유착된 신파가 중앙의 연맹화를 주도한 것으로 보인다. 다만 구파도 신도대중의 통제망은 구축하려 했다. 곧 신파의 연맹결성에 호응해 6월 14일 '천도교 애국반'을 조직했던 것이다.

다음은 기독교 장로회. 장로회는 여러 종단 가운데 가장 첨예하게 일제에 저항했다. 신사참배 문제가 그 상징이다. 1938년 2월에 경무국이 작성한 「(기독교)지도대책」도 사실상 장로회를 겨냥한 것이라 할 수 있다. 일제가 폭력으로 장로회의 동원을 강제하고 또 정동연맹에 가입해 활동했지만 장로회 조직 전체가 '굴종'하지는 않았다. 하지만, 1938년 9월에 개최된 장로회총회는 장로회의 조직적 굴종의 단초가 된다. 노회 대표 목사 등 206명이 참석한 총회에서 총회장 홍택기, 부회장 김길창이 선임된다. 이들은 '신사참배를 솔선 여행'한다고 '선언'한다. 신사참배가 그걸로 그치는 게 아니다. '선언'은 '정동운동 참가'와 '황국신민의 적성'도 공언했다.[18] 신사참배는 기독교인 동원의 상징이다. 그게 총회에서 확보됐다.

그러나 일제의 폭력에 의지해 조직적으로 신사참배를 결의했지만 각 노회가 이를 추종하진 않았다. 결국 27회 총회는 신사참배와 정동운동참여를 상징으로 그에 굴종한 노회 지도부와 이에 저항하는 목사나 일반 신도가 대립하는 계기가 된다. 신도 대중의 저항이 거셀수록

---

18) 『조선예수교장로회총회 제27회 회록』, 9쪽(김승태, 『한국기독교의 역사적 반성』, 다산글방, 1994, 147쪽에서 재인용) ; 『동아일보』 1938년 9월 11일. 동아일보의 기록은 표현에서 약간의 차이가 있다.

교권을 장악한 친일 지도부는 통제망의 필요성이 커진다. 이건 장로회의 동원활동 강화의 뜻 외에 저항세력의 '제거'와도 연관된다. 장로회의 통제망이 강화되어야 교권장악도 수월하다. 「지도대책」도 그걸 표명했다. 그러니 장로회 조직을 동원의 통제조직으로 전환할 필요성이 친일 교역자에게 절실하게 부각되었다 할 것이다. 이 점, 저항세력이 강하게 형성되었던 장로회가 연맹을 결성한 이유의 특징이다.

'조선예수교 장로회연맹'은 1939년 9월 11일에 결성된다. 각지 교회 대표 202명, 신도 1천여 명과 일제 관리와 정동 조선연맹 총재대리(李相協)가 참석했다. '선언'은 1년 전의 '신사참배' 결의에서 더 나아가 '팔굉일우 정신의 현양'을 부르짖으며 '정동운동', '내선일체'를 통해 '국책'(전쟁)에 협력하며 복음활동을 통해 '장기건설의 목적'을 관철한다 했다.[19] 이건 조선기독교의 '일본화'를 뜻한다. 물론 조선기독교의 동원을 위한 것이다. 장로회의 일본화는, 구미 선교세력과의 단절을 뜻한다. 다시 말해 선교세력을 제거하는 것이다. 실제 27회 총회에서 신사참배 결의에 저항한 선교세력을 일제는 그대로 놔두지 않았다. 1939년 6월에, '선교사들은 모두 교회행정에서 손을 떼도록' 강제된다.[20] 그리고, 기독교의 일본화를 연맹 결성 때 강조했다. 일제는 28회 총회를 '기독교의 일본화'와 '선교사 의존에서 이탈한' 계기로 평가했다.[21] 장로회의 연맹화가 지닌 또 하나의 특징이다.

이후 각지 장로회연맹 결성이 가속화되었다. 총회 산하 각 노회는 노회연맹을, 그리고 노회 산하 각 교회는 애국반을 결성하도록 되었다.

---

19) 『매일신보』 1939년 9월 13일.
20) 『동아일보』 1939년 6월 24일.
21) 朝鮮總督府警務局保安課, 『高等外事月報(3)』 1939年 9月, 34쪽.

각 노회는 교회 대표나 신도 수백여 명이 참석한 가운데 총회 연맹의 '선언'을 되풀이하며 결성되어[22] 총 26개 노회지부연맹이 부군읍면 연맹에 가입했다. 교회 애국반은 애국반장 담임목사, 위원 장로, 평의원 집사의 형태로 조직되었다.

저항은 앞에서 지적한 장로회가 가장 강했다 했다. 연맹조직에서도 그 저항이 확인된다. 노회연맹은 단기간에 조직되었다. 하지만 '세포조직'인 교회 애국반은 쉽게 완성되지 않았다. 곧, 동원의 통제망이 완비되지 않았다. 원래 목표는, "40만 신도를 포괄한 3천여 세포 교회에 애국반을 조직케 한다"[23]는 것이었다. 그게 최초의 애국반 조직 지시다. 하지만 1940년 9월의 29회 총회 보고를 보면, 731개 애국반(5,764명의 애국반원)만 조직되었다.[24] 1년이나 지났는데 목표에 훨씬 미달이다. 애국반원은 불과 6천 명도 못 된다. 사실상 일반 신자를 조직망에 포괄하지 못했음을 뜻한다. 예컨대 오수교회 애국반은 목사와 교회 직역 10여 명이 애국반 간부였다. 731개 애국반에 반원이 불과 6천 명이었다는 것은 애국반이 일반 신자를 포괄하지 못했음을 뜻한다. 이건 저항이다. 많은 교회와 일반 신자대중으로부터 연맹 조직이 심하게 저항 받았음을 뜻한다.

그 저항세력은 신사참배를 수용하지 않은 '항거파'였다. 교회 애국반을 조직하면, 연맹 지시를 따르게 된다. 그러면 연맹 실천요목인 '궁성요배'와 '신사참배'를 실행해야 한다. 그건 교회가 신사참배를 상징으로

---

22) 군산노회는 신도 500여 명이 참석해 결성되었고 경북노회는 각 교회 대표 200여 명이 참석하여 결성되었다. 『동아일보』 1939년 10월 9일, 12월 15일.
23) 정인과, 「일본적 기독교로서 : 익찬일로의 신출발」(『매일신보』 1941년 9월 3~5일), 임종국 편, 『친일논설선집』, 실천문학사, 1987, 336쪽.
24) 김승태, 『한국기독교의 역사적 반성』, 다산글방, 1994, 159쪽.

해 일제동원정책에 순응하는 것이다. 그러니 신사참배에 대한 저항이 거셌던 장로회에서는 애국반 조직에 대한 저항도 상대적으로 강했던 것이다.

다음은 기독교 조선감리회 연맹. 감리회는 1940년 7월에야 연맹화한다. 그 전에는 '개별적'으로 연맹에 가입한 경우도 있지만, 이때는 중앙에서 조직적으로 연맹화를 강제한다. 7월 17일, 감리회는 산하 450여 교회에 애국반 결성을 지시한다. 조직 체계는 '연맹 본부(총리단) → 지방연맹(각 도) → 애국반(교회, 기도회)'이었다.[25] 감리회연맹 규약은 "내선일체, 거국일치, 국민정신총동원의 취지 달성을 도(圖)하고, 전도보국의 실(實)을 거(擧)함을 목적으로 한다"고 밝혔다.[26] 감리회연맹의 '선언'은 '팔굉일우', '황국부동의 국시', '성전 궁극의 목적' 따위의, 동원 주문을 되풀이한다. '성전'이라 노골적으로 표현했다. 장로회연맹 '선언'에는 없는 표현이다. 종교단체의 동원조직화가 극단으로 치닫는 정황을 보여준다. 실제, 감리회는 이후 '신체제 혁신안'을 내놓으며 극단적인 파쇼조직으로 변한다.

감리회연맹의 임원 구성은 이사장 · 이사 · 간사로 이루어졌다. 본부 이사장은 감리회 감독, 지방연맹 이사장은 지방 통리사가 맡았다. 애국반에는 반장(교회담임자), 위원, 평의원을 두었다. 연맹 결성 직후(1940년 9월 1일) 본부 임원은 다음과 같다. 이사장 정춘수, 이사 양주삼 · 박연서 · 김영섭 · 구성서 · 최활란 · 이동욱 · 배덕영, 상무이사 유형기, 간사 3명.[27]

25) 『매일신보』 1940년 7월 19일 ; 『동아일보』 1940년 7월 19일.
26) 『조선감리회보』 1940년 9월 1일.
27) 『조선감리회보』 1940년 9월 1일. 여기에 창씨명으로 기록되어 있다.

애국반 조직 상황은 어떠했을까. 감리회 기관지 『조선감리회보』를 보면, 1940년 10월 1일자부터 1941년 3월 1일자까지 모두 148개의 애국반 조직상황이 적혀 있다. 그 뒤로, 애국반 결성 기록은 보이지 않는다. 1941년 '임명기(任命記)'로 감리교회 수를 보면, 모두 760여 개다. 그러니 교회 수와 비교하면 애국반 조직은 19.5% 정도에 불과하다. 교회가 없는 전도구역까지 합하면 그 비율은 더 떨어진다. 물론 그 뒤로 애국반 조직이 강제되었을 가능성이 크고 조직률도 높아질 것이다. 하지만 반년이 넘는 기간에 20% 정도의 조직률은, 분명히 낮다. 이건 감리회연맹본부의 의도와 달리 동원 기초 단위로서의 애국반 조직이 감리회 교회 내부에서 저항을 받고 있었음을 뜻한다.

한편 불교와 유림은 연맹을 결성하진 않았다. 하지만 그렇다고 '동원체제'에 편입되지 않은 것은 아니다. 불교가 연맹을 결성하지 않은 것은, 연맹 조직이 필요하지 않을 만큼 친일화가 이루어졌기 때문이라는 추정도 가능하다. 또, 일상 생활 속에 '존재'하는 기독교교회와 달리 불교사찰은 대개 산중에 있으므로 불교 신자를 대상으로 애국반을 조직해 활동하는 것이 힘들기 때문이라고 추정할 수도 있다.

유림은 중앙통제조직이 없었던 관계로 정동연맹 발기에 참가하지 않았다. 따라서 일제와 정동연맹은 우선 유림에 친일 동원조직을 구축하려 했다. 그게 유림 동원의 전제다. 병력동원과 성씨말살을 획책하는 일제에게, 유림은 저항 가능성이 가장 큰 세력이라 할 수 있다. 가문보존의식이 상대적으로 크기 때문이다. 중일전쟁 후 유림의 친일활동은, 경학원에서 비롯되었다. 경학원은 매월 1 · 15일에 '국위선양의 서고식(誓告式)'을 실시하라고 각 문묘(文廟)에 지시했다. 하지만 각지 유림조직이 적극 친일활동에 나서진 않았다. 기록상 유림조직으로서의 명륜회(明倫會)가 중일전쟁에 협력하고 나선 최초의 활동은 1938년 11월인 것으로 보인다. 이때 괴산명륜회가 '전군유림간담회'를 열어 '내선일체의 완성, 총후후원' 따위의 11개 항을 결의했다.[28] 중일전쟁 후 1938년 7월까지 강원도가 실시한 세뇌선전작업 '시국강연'에 유림이 가장 많이(114회) 동원된다. 여러 종단이 중앙의 통제로 친일 협력이 확산된 반면 유림은 친일분자가 존재함에도 불구하고 유림의 전쟁협력 활동을 강제할 조직기반이 없었기 때문에, 상대적으로 '시국강연' 따위에 많이 동원된 것이다. 하지만 중일전쟁 후 변화의 조짐이 보였다. 그건 친일분자의 활동이 확대되고 조직적 기반을 갖추는 것으로 나타났다. 안동은 유림이 많고 항일의식도 높은 지역이었다. 일제에게 학살당한 권오설의 장례에 '양반집안의 자제들이 지역민을 동원해' 3천여 명이나 참가할 정도로 안동(유림)의 항일의식은 높았다.[29] 그런 안동에서 친일유림 17명이 1938년 1월에 일본의 신궁을 참배하고 왔다. 그들은 지역 주민에게 선전활동을 했고 또 신사를 만들 계획도 세웠다.[30]

이건 변화다. 이런 변화를 일제는 친일 유림의 조직으로 연결시켰다. 우선 경학원과 향교의 인적·조직적 전환을 꾀했다. 경학원은 원래 항일유림을 제거하기 위해 설립되었다. 중일전쟁 후에는 유림의 동원을 강제하기 위한 조직으로 전환된다. 1938년 대제학에 윤덕영을 임명하고 1939년에는 '내선일체'란 명목으로 일본인 다카하시(高橋亨)를 부제학에 임명한다. 이때 부제학과, 전임 사성(司成)과, 전임 직원(直員)

28) 『동아일보』 1938년 11월 5일.
29) 윤학준, 『나의 양반문화탐방기(1)』, 길안사, 1995, 209쪽.
30) 『동아일보』 1938년 2월 24일.

7명 모두를 경질한다. 한 마디로 유림동원을 위한 인적 조치다. 또 향교 재산을 관리할 재단법인을 만들려 한다. 이때 '유림기구를 혁신'해 '사회교화 일선'에 내세운다고 했는데, 그 뜻은 군수에게 있던 향교재산 관리권을 유림에게 주어 '동양문화의 천명'에 사용케 한다는 것이다.[31) 여기서의 유림은 물론 친일유림이고 그 사업이란 건 전쟁 협력활동을 말한다. 한 마디로 '재산'을 미끼로 친일 유림을 조직하고 동원활동에 나서게 한다는 구상이다.

이런 준비작업을 거쳐 유림은 1939년 10월 16일의 유림대회 때 '전선유도연합회'를 조직한다. 미나미가 그걸 적극 강제했다. 물론 유림 동원을 위한 것이다. 그러니, 언론은 유도연합회가 '국책선'으로 '20만 병'의 유림을 동원하기 위한 것이라 공언했다. 연합회는, '조선유도연합회 → 도 연합회(각 도) → 지부(각 府郡島)'의 3 단계로 조직되었다. 회원 자격은 '성년 이상의 제국 신민으로 본 회의 취지에 찬동하는 자'로 했다.[32) 유림에 국한하지 않았다. 단순한 유림조직이 아니라 황민화 동원조직이다. 당연히 12월 13일에 정동조선연맹에 가입한다. 이걸 위해 유도연합회가 조직된 것이다.

중앙조직의 인선은 이렇다. 일제의 통제를 위해 총독부 정무총감이 총재가 된다. 그 회장은 경학원 대제학으로 친일파 거두인 윤덕영이 된다. 부회장은 경성제국대학 총장인 일본인 하야미(速水)와 민병석이 된다. 지방 도연합회 조직 상황은 이렇다. 1939년 11월의 경북을 시작으로 1940년 4월의 전남까지 도연합회가 모두 조직된다. 총독부학무국의 지시에 따른 것이다. 유림의 조직이지만 도연합회 회장을 도지사가

31) 『동아일보』 1938년 8월 16일.
32) 『동아일보』 1939년 10월 17일.

맡고 부회장 가운데 한 사람을 도 참여관이 맡게 했다. 다른 한 명은 물론 유림이다. 마찬가지로 부군도(府郡島) 지부장은 부윤·군수·도사(島司)가 맡았다.[33] 이건 사실상 행정 통제조직의 일환이다. 정동지역연맹과 같다. 여러 종단연맹처럼, 직능단체연맹이라 할 수 없다. 여기서 유도연합회가 연맹화할 수 없던 이유를 알 수 있다. 한 마디로 유도연합회가 조직되어 연맹에 가입했지만, 이미 지역연맹의 성격을 지니고 있으므로, 다시 유도연합회연맹을 조직하는 것은 특별한 의미가 없었던 것이다. 유도연합회의 조직만으로 유림의 조직적 동원은 담보되었던 것이다.

도 연합회 조직에서 두 가지 특징이 있다. 우선, 많은 도에서 결성하는 데 시간이 걸렸다. 예정보다 넉 달 뒤에나 결성된 경우(황해도)도 있고, 조직방침이 1939년 10월에 발표되었지만 1940년 3월에야 결성(강원도)된 곳도 있다. 유림의 내(외)적 저항 때문에 조직이 지연되었을 것이다. 다음, 늦어지긴 했지만 황해·강원·전남을 제외하고 창씨제 실시일(1940년 2월 11일) 이전에 도연합회 조직이 완료된다. 늦어진 도도 1940년 3~4월에는 모두 결성된다. 이건, 유도연합회 조직이 일제의 창씨제 강제와 밀접하게 연관되었음을 뜻한다. 곧, 창씨제에 대해 가장 강한 저항이 예상되는 유림을 미리 무력화하기 위해 조직된 것이다. 실제 각 지부유도회는, 결의 형태로 '창씨'를 추진하기도 했다.

위에서 정동 조선연맹에 가입하거나 아예 연맹화한 종교단체 상황을 보았다. '연맹'을 통해 각 종단은 '총동원', 곧 친일 전쟁협력이란 공동기반을 가지게 된다. 미나미는 이렇게 표현했다.

---

33) 『매일신보』 1939년 10월 31일.

> 종교신앙의 자유는 대일본국민의 범위에서만 용인된다. 고로 황국신민의 근본정신에 배치하는 종교는 일본국내에서는 절대로 그 존립을 허용할 수 없[다]. …… 이 점을 납득해 소위 종교보국의 길로 매진할 것을 기(期)해야 한다고 생각[한다].[34)]

조선감리회 제3회 총회(1938년 10월 7일)에서 한 말이다. '시국대응기독교장로회대회'(동 17일)에서도 이 말을 되풀이한다. 일제 종교통제 정책의 본질이 여기에 있다. 다시 말해 '종교보국'이란 주문을 내세우며 여기에 나서지 않을 경우 '탄압'('존립의 불허')하겠다는 것이다. 여기서 종교의 '보국'이란 종교의 '동원'이다. 이 조건에서 각 종단은 일본종교단체에 종속된다.

우선 기독교단체. 연맹결성 전에 일본YMCA와 '연합·단결'할 것을 제기한 조선YMCA연합회는 제9회 정기대회에서 만장일치로 연합, 곧 조직 종속을 결정한다. 전에 가입했던 세계기독교청년회연맹, 세계학생기독교연맹에서 탈퇴한다. 조선YWCA연합회도 일본YWCA동맹에 가입한다. 감리회는 1938년 10월의 제3회 총회에서 일본감리교에 통합할 것을 결정한다. 양주삼을 특별위원장으로 합동이 진행되었고 1년 후 대표들이 일본에 가 합동을 협의한다. 신흥우는 이를 통해 '종교의 내선일체'가 이루어질 것이라고 밝혔다.[35)] 1940년, 조선감리회 총리원 이사회에서 통합이 결의되고, 이듬해 3월 총회에서 감리회 헌법과 규칙을 폐지하고 '일본기독교 조선감리교단'이 창설되었다. 장로회는 일본에 통합을 주도할 조직이 없었던 관계로 통합 논의가

---

34) 朝鮮總督府官房文書課 編纂, 『諭告·訓示·演述總攬』, 朝鮮行政學會, 1941, 707쪽.
35) 『매일신보』 1939년 10월 14일.

진행되지 않는다. 하지만 소위 '신체제' 선언 후 후술하듯이 '일본기독교조선장로교단'이 된다.

다음은 불교. 조선불교와 일본불교는 다르다. 하지만, '동원'을 전제로 '연합' 논의가 지속된다. 중일전쟁 직후 '내선불교'의 '협력'이 논의되지만, 조직적 연대는 아니다. 예컨대, 조선불교의 이종욱이 일본불교측 인사와 '조선불교호국단' 발기를 협의했지만 일부 친일세력의 논의에 그쳤지 조직적 연대는 아니었다. 논의는 점차 확장된다. 정동조선연맹에 가입한 후인 1938년 10월에 '관계자가 정식으로 모여' 조선불교와 일본불교의 '연합회' 발회식을 가질 것을 협의한다. 하지만 당장은 조직되지 않는다. '먼저 31본사연합체를 조직하는 것이 급선무'였기 때문이다. 곧 조선불교의 중앙통제조직을 완성하고, 이를 바탕으로 일본불교에 종속하게끔 만들기 위한 것이다. 물론 불교연합회 조직 원칙의 포기가 아니다. 이 논의 직후 일본 승려를 '초빙'해 조선의 본산(本山 : 本寺)에서 강연케 할 계획이 수립되었음이 주목된다. 곧, 1938년 11월에 강원도에서 '종교보국'을 강조하며 '조선인 중견승려 양성'과 아울러 일본의 유명한 승려를 본산에서 순회 강연케 할 계획을 수립한다. 이는 친일 승려의 양성과 불교의 '내선일체' 작업을 동시에 추진한다는 뜻이다.

그런 작업을 거치며 실제로 불교연합회가 조직된다. 중앙의 연합회는 확인되지 않지만, 예컨대 충북에서 불교연합회가 조직되었다. 시기는 1939년 6월 전후로 추정된다. 충북 불교연합회는 1940년 6월 2회 총회에서 '(일본 · 조선) 각 종파의 연합 통합'을 결정한다. 연합회 강화 차원에서 제기한 것이다. '동아평화'(목적), '내선일체'(규약) 따위의 주문(呪文)은 그 통합이 불교 동원을 위한 것임을 밝혀 준다. 도

내무부장이 회장이 되고 사무소가 도 학무과였던 사실에서도 관제 불교동원단체임이 드러난다.

여기에 그치지 않는다. 종교가 동원의 수단으로 전락할 때 각 종교의 차별성은 무시된다. 게다가 일제는 '일본정신'이란 세뇌의 주문을 강화했다. 이게 파쇼체제의 강화와 맞물렸다. 그러니 기독교건 불교건 유교건 교리가 변질된다. '일본적'이란 수식어가 붙게 된다. 이렇게 되면 그걸 공통분모로 삼아 상위 통제조직을 만든다. 물론 동원·통제를 강화하기 위한 것이다.

실제를 보자. 정동연맹 때, 조선의 각 종단은 일본에 같은 종교가 있을 경우 통합되게 된다. 1940년에 일제는 '신체제'를 선언하고 조선의 정동연맹은 총력연맹으로 전환한다. 극단적 동원이 강제된다. 파쇼체제의 강화다. 우선 '신체제'에 맞춰 나온 기독교 「지도 방침」을 보자. 앞서 본 「지도 대책」보다 강화된 내용이다. 목표에서 '구미 의존관계'의 단절을 선언했다. 선교사가 운영하는 기관을 접수하고 선교사를 단속하라고 제시했다. 기독교 황민화의 장애물을 제거하라고 지시한 셈이다. 외국 선교회를 '적'으로 삼았다. 극단적 전시체제가 표현되어 있다. 친일 기독교세력의 양성을 위해 총독부 학무국과 경찰이 적극 원조할 것을 명시했다. 특히 기독교 교리와 관련해 성서·찬송가·교헌·교규, 기관지 내용 따위를 재검토하라고 지시해 교리의 '변질'을 강요했다. 또 '신사참배 철저'를 지시했다.[36] 「지도 대책」에서 '교도의 신사에 대한 관념을 시정이해'시키라고 한 것과 대비된다. 실제로 '강제'했지만 어떻든 겉으로는 '이해'시키라 했다. 그런데 이제 극단적 강제를

36) 朝鮮總督府 高等法院 檢事局 思想部, 『思想彙報』 25, 1940年 12月, 81~101쪽(김승태, 위의 책, 126~127쪽).

공언했다. 통제의 강화다.

통제 강화는 각 종단에 그대로 투영된다. 연맹화된 종교단체는 모두 총력연맹으로 바뀌지만 그걸로 그치지 않는다. 단지 이름이 바뀌는 게 아니다. 종교 조직과 교리의 변질이 강제된다. 감리회의 경우 1940년 10월 정춘수가 「기독교조선감리회 감독제의 신안(新案)」을 제의한다. 이른바 '혁신안'으로 알려졌다. 이 안은 '신체제 순응'이 기독교인의 '급선무'라고 하며 '민주주의·자유주의·공산주의'를 배격했다. 결국 전체주의·군국주의·천황주의를 감리교의 근본으로 삼는다는 뜻이다. 그러니 '내선일체·팔굉일우'를 주장한다. 이건 물론 조선인 희생의 강요로 이어진다. 신도의 '지원병' 참가를 독려한다. 또 '교학쇄신' 항목에서 기독교학교에서 '(일본)국학'을 가르쳐 '일본정신'을 주입시키고 군사훈련을 강화시킨다 했다.[37] 그러니 '혁신안'은 '동원과 통제의 강화안', '조선인 희생의 강화안', '파쇼체제 강화안'이다.

장로회도 마찬가지다. 「장로회 지도요강」이란 걸 내놓는다. '지도원리'에서 '국체의 본의'에 따라 '국책에 순응'하고 '일본적 기독교'로 경정(更正)해 '동아 신질서 건설'에 매진한다 했다. 이건 기독교의 지도원리가 아니라 파쇼 동원단체의 지도원리다. '기독교'라 표현했지만 '일본적'이란 수식어를 붙였다. 중요한 게 이거다. 그러니 강령에서도 '구미의존주의'에서 벗어나 '일본적 기독교 확립'을 주장한다. 장로회 헌법을 개정하고, 교리·교법·의식(儀式)을 재검토하여 '민주주의적 색채를 배제'하고 '일본적 기독교'로 만들라고 한다. 찬송가와 기독교 서적도 검열을 거쳐 수정하도록 되어 있다. 내용이야 다르지만 본질은 감리회 혁신안과 같다.

---

37) 『조선감리회보』 1940년 10월 1일 ; 『매일신보』 1940년 10월 4일.

규모가 상대적으로 작은 교파도 마찬가지다. 구세군은 '구세단'으로 이름을 바꾸고, '순일본적 지도이념과 기구의 확립'을 내세운다. 성공회도 일본정신에 의한 새출발을 다짐했으며, 천주교도 총력연맹으로 전환하면서 '고도국방국가 · 신앙보국' 따위를 외친다.

다른 종교라고 예외가 아니다. 불교는 '신도(神道)'와 '종교신체제촉진협의회'를 구성한다. 또, 31본사주지회의에서 불교 신체제화를 획책한다. 천도교는 총력연맹으로 조직 전환하면서 '신앙을 통한 황도실천'(선언문)을 외친다.

종교의 '신체제화'는 파쇼체제 강화이자 동원의 강화다. 그것은 물리적 강제에 의한 것이다. 당연히 신도 대중의 외면을 받았다. 그 구체적 자료는 없다. 하지만 1941년 2월에, 강화군 총력연맹은 "종교단체의 신도들 중에는 아직도 신체제 이념을 이해치 못하는 자가 적지 않다"고 했다.[38] 각 종단의 총력연맹화(신체제화)에도 불구하고 신자들이 냉담했음을 보여준다. 반면에, 아니 그럴수록, 중앙의 통제는 강화된다. 여기서 종교의 파쇼체제화와 교권장악이 밀접하게 연관된다. 통제가 강화될수록 교권이 공룡처럼 커진다. 뻔한 사실이다. 여기에 일제 관헌과 각 종단의 연계구조가 성립된다. 곧, 일제는 동원강화에 나서는 지도자에게 교권을 보장하고, 교권을 장악하려는 인사는 종교동원을 강화하며 자신의 종단을 파쇼체제화 한다. 불교 주지회의는 총독부에서 개최된다. 학무국장이 '신체제 하에 조선불교를 재흥하라'고 지시한다.[39] 특히 감리교는 파쇼체제화 과정을 잘 보여준다. 이른바 '혁신안'

38) 『매일신보』 1941년 2월 21일.
39) 임혜봉, 『친일불교론(상)』, 민족사, 1993, 294쪽 ; 『매일신보』 1940년 11월 14일.

이 가결된 1941년 3월의 총회에서 일제는 '감리교 신체제규칙' 작성으로부터 위원회 의결까지 전 과정에 개입한다. 윤치호는 '전능한 경찰의 비호 아래' 감리교 신체제가 탄생했다고 기록했다.[40)]

내친 김에 종단의 파쇼체제화와 교권장악이 얽히는 과정을 감리교의 예를 통해 보자. 먼저 기독교 「지도 방침」 2-13항을 상기하자. "국체에 순응하는 기독교 재건운동의 자각에 기초한 운동에 대해 이를 견제하거나 저해하는 장애를 제거할 것"이라 했다. 신체제운동에 적용하면 신체제운동세력을 양성하고 반대세력을 '제거'한다는 뜻이다. 친일과 항일의 문제가 아니라 친일의 내용, 곧 조선인 동원의 정도가 문제가 된다. 반대파의 '제거'는 물론 물리적 폭력, 곧 경찰력에 의해 이루어진다. 일제 관헌이 지원하는 종교파쇼세력이 '교권'을 장악하는 것은 물론이다. 그들이 신체제운동 세력으로, 동원을 강화하기 위해 각 종교를 파쇼화한다. 그 과정이 감리교에서 두드러지게 나타난다.

감리교의 대립이 표면화한 것은, 일본감리교와 합동하는 문제부터 비롯된다. 이 과정에서 선교사 문제가 제기되고 신흥우는 선교세력의 배척을 주장하고 양주삼·이윤영·유형기 등은 반대한다.[41)] 선교세력 배척은 종교의 일본화와 연관된다. '종교의 신체제'에 '구미사상의 배격'이 들어 있음을 기억할 필요가 있다. 1940년 10월 선교사 문제를 협상하는 7인위원회에 양주삼이 빠진다. 조선군 정보부(鄭勳)와 경기도 고등경찰부를 배경으로 신흥우가 활동한 결과였다.[42)] 이와 관련하여 윤치호는 신흥우가 일제 당국의 신뢰를 얻어 '한국 교회에서의 무솔리

40) 윤치호, 『윤치호일기(11)』, 국사편찬위원회, 1989, 1941년 3월 10일자.
41) 이윤영, 『白史 이윤영 회고록』, 사초, 1984, 89~90쪽.
42) 윤치호, 『윤치호일기(11)』, 1940년 10월 7일, 9일자.

니나 히틀러'가 되려 한다고 기록했다.43)

신흥우는 물론 '혁신안'을 제기한 정춘수와 손을 잡았다. 그들은 1941년 2월에 감리회총리원의 동의도 없이 특별회의를 소집한다. 윤치호의 표현으로, '[자신들을] 교회의 독재자로 만드는 신조직계획[혁신안]을 교회에 내세우기 위한' 것이었다. 하지만, 양주삼파의 반대로 회의는 무산된다.44) 결국 파쇼화를 통해 교권을 장악하려는 정춘수·신흥우파와 외국선교회에 우호적이던 양주삼·윤치호파가 대치하는 형국이 된다. 이 과정에서 선교재단의 관리문제가 얽힌다. 선교사들은 당연히 양주삼에게 맡긴다. 하지만 신흥우는 그를 부정하고 '대일본제국 세력이 우리의 뒷받침을 하고 있다'는 태도를 보이며 선교재단을 인수하려 했다.45)

선교재단 관리는 결국 양주삼이 맡게 된다. 하지만 정춘수파는 일제 당국의 지원을 받으며 양주삼파를 교권에서 축출한다. 「지도 방침」 2-13항의 '제거'가 현실로 나타난 것이다. 1941년 3월의 임시총회 직전에 「감리교신체제규칙」 수정위원회(총리원이사회로 기록한 경우도 있다)가 개최된다. 이 규칙은 신흥우파가 일제 경찰의 지시로 작성했다. 그러니 드러내놓고 반대하는 사람은 없었다. 다만 부활 등의 「5대강령」을 삭제하자는 주장에 이윤영 등이 반대한다. 그리고 이윤영은 총회 때 경찰에 억류된다.46)

신흥우는 '신규칙'을 "종교고등경찰 이테이가 직접 만들었으므로 …… 중요 항목에 대해 논의하지 말자"고 공언했다.47) 한 마디로 일경의

---

43) 윤치호, 『윤치호일기(11)』 1940년 11월 9일자, 12월 8일자.
44) 윤치호, 『윤치호일기(11)』 1941년 2월 5일자.
45) 류형기, 『은총의 팔십오년』, 한국기독교문화원, 1983, 125쪽.
46) 이윤영, 앞의 책, 91~92쪽.

비호를 받아 감리회를 자기 그룹의 통제 아래 두려는 것이었다. 경기도 고등경찰부장도 10일의 총회에서, 정춘수를 통해 신체제를 만들려 하므로 정춘수에 반대하는 것은 신체제에 반대하는 것이라고 밝힌다.[48] 그러니 결과는 뻔하다. 정춘수·신흥우파('신흥우의 부하'로 불리던 황치헌과 심명섭·이동욱·박연서)가 총회에서 교권을 완전히 장악한다. 그리고 「지도 방침」대로 반대파를 '제거'한다. 이윤영·유형기 등은 간부직에서 제외된다. 또 목사파송권을 이용해 그들을 파면한다. 이렇게 모두 50여 명의 교역자가 파면되고 양주삼도 1943년 5월에 축출된다.[49]

이후 장로회와 연합해 '혁신교단'을 만드는 문제도 얽혀 기독교 각 파는 대립·갈등하면서 교권을 장악하기 위해 활동한다. 예컨대 '일본기독교조선교단'을 만들 때 '통리'가 되기 위해 많은 교역자들이 상대방을 '시기'하며 '씨름판'을 벌였다.[50] '시기'라 하면 그저 개인적 감정에 그치는 것 같지만, 그게 교권장악을 위한 각 파의 이해관계가 얽혀 있다. 그리고 본질적으로 조선인 동원의 극단적 강화를 노린 일제의 책략이 뒷받침되었다. 종단 대표야 어차피 일제 마음대로 된다. 그러니 교권 장악의 전제는 조선인 동원의 강화다. 실제 그렇다. 복잡하게 얽힌 강점 말기 기독교의 교권 장악 과정은, 극단적 파쇼체제화, 극단적 조선인 동원 강화 과정 그대로다. 예컨대, 1942년 감리회 총회에서 정춘수파와 양주삼파가 대립한 가운데 변홍규(양주삼의 동서)가 '통리자'가 된다. 그는 간부와 상의하지도 않고 '비행기 헌납'을 선포하

47) 윤치호, 『윤치호일기(11)』 1941년 3월 7일자.
48) 윤치호, 『윤치호일기(11)』 1941년 3월 10일자.
49) 김승태, 『한국기독교의 역사적 반성』, 다산글방, 1994, 164쪽.
50) 金鏡, 「반일투쟁 기독교 수난사」, 『實話』 1955년 10월, 150쪽.

고 '기독교 성경은 신약뿐'이라고 해 교회를 놀라게 했다.[51] 1943년의 임시총회에서는 '감리교단' 명칭으로 정춘수가 통리자가 된다. 그는 일제의 인정을 받기 위해 구약을 부정하고, 교회를 매각해 일본군 비행기를 헌납하는 따위로 극단적 친일활동을 벌였다.

양주삼파가 물론 '혁신안' 자체를 반대하진 않았다. 그럴 상황이 못 됐다. 하지만 '친미파'로 몰린 건 사실이다. 일제가 태평양전쟁을 도발한 후 일제・혁신파는 반혁신파를 '미영계의 사상인 자유주의와 민주주의에 감염되어 있는 사람'으로 부르며 축출을 공언했다. 혁신파(정지강・심명섭・김영섭・박연서 등)는 일본유학파・국내파였다. 그들은 '미영계 사람'들(양주삼・윤치호・유형기・정일형 등)에게 '일본정신을 재교육해 일본적 기독교의 건설에 매진할 것'을 주장했다.[52] 하지만 양주삼파도 기왕에 친일활동에 나선 점을 감안하면, 실제 친미파라기보다 조선 기독교 동원을 강화하고 파쇼조직화 하는 과정에서 만들어진 '적'일 가능성이 크다. 파쇼란 게 그렇다. 주위에서 구체적인 '적'을 계속 '만들어 낸다.' 그래야 권력으로 '통제'할 수 있다.

감리회의 예를 보았다. 장로회의 경우는 정인과가 눈에 띈다. 연맹 총간사로 장로회의 파쇼체제화를 획책했다. 그래서 '경찰의 신뢰를

---

51) 류형기, 앞의 책, 135쪽. '통리자'의 권한을 발휘하지 못했다는 기록도 있다. 라사행, 「한국감리교 교회성장사(광복후편)」, 송길섭 등 공저, 『한국감리교회 성장 백년사(1)』, 기독교대한감리회 본부교육국, 1987, 110쪽. 일제의 뜻대로 동원활동에 나서게 되는 것으로 해석된다.

52) 「조선감리교단 혁신안 실천 要義」(김승태, 앞의 책, 519쪽에서 재인용). 이 문건은 1943년 조선감리교단 사무국장 이동욱의 책상 속에서 발견된 것이라고 하는데, 내용을 볼 때 1942년 12월 총회를 앞두고 10월경에 작성된 것으로 보인다.

얻어' '음모를 순수 테러리즘에 의해 교회에 강제'하며 '장로교회 음모의 지도자'로 부각했다고 윤치호는 정인과를 평가했다.[53] 그 과정을 보자. 소극적이나마 한때 민족주의적 성향을 보이던 그는 동우회 사건으로 '전향'한다. 이후 '눈부시게' 친일활동을 한다. 장로회연맹 조직의 실제 책임자가 되고 장로회 전시동원의 핵심조직인 총회 중앙상치위원회 총간사가 된다. '신체제'에 따른 장로회의 파쇼체제화를 실제 주도한다.

정인과가 일제경찰과 연계된 계기는 역설적으로 동우회 사건이다. 이때 그를 석방시키기 위해 뒤에서 공작한 이가 오문환이라는 회고도 있다.[54] 중일전쟁 이후에 '평양기독교 친목회'란 기독교 친일주구조직을 만든 오문환은 당연히 일제 경찰의 비호를 받았다. 그런 만큼 오문환의 석방 주선은 정인과가 일경에 연계되는 계기를 만들었다 할 것이다. 이 둘은 같이 행동한다. 예컨대 1940년 12월 평양·안주·평서(平西) 장로회 총력연맹이 결성될 때 오문환이 결의문을 낭독하고 정인과가 '시국강연'을 한다.[55] 이에 그치지 않는다. 친일을 통한 교권 장악은 반대파 교역자의 '제거'를 바탕으로 했다. 실제 그렇다. 연도는 밝혀지지 않은 어느 해에, 이재형·이승노·오건영·함태영·전필순·윤인구·권영식 목사 등이 두 달 동안 경찰서에 구속된 적이 있다. '신사참배 거부운동'을 일으키려 했기 때문이라는 것이다. 이들 목사들이 실제 그런 운동을 벌였다기보다 장로회의 파쇼체제화에 걸림돌이 된다고 판단된 인물들을 '제거'하거나 또는 '순응'하게 만들기 위한 사건으로

---

53) 윤치호, 『윤치호일기(11)』, 1940년 12월 8일자.
54) 김승태, 「정인과」, 앞의 책, 221쪽.
55) 『매일신보』 1940년 12월 20일, 29일.

보인다. 이들을 구속시키는 데 바로 정인과가 뒤에서 공작을 했던 것이다. 실제 전필순은 경기도 고등계주임이 "정인과 씨와 사이가 좋아지면 문제는 간단하게 해결될 것"이라 말했다 한다.[56] 그런 식이다. 기독교의 다른 교파나 다른 종단도 동원강화를 위한 파쇼체제화가 종권 장악과 밀접하게 연관되었음은 분명하다.

얘기가 종교 권력 문제로 빗나갔다. 다시 각 종단의 상위 통제조직 문제로 돌아가자. 종교 신체제는 조선인 동원을 목표로 삼았다. 하지만 일반 신도 대중은 신체제에 냉담하다. 그러니 각 종단 친일지도부는 일제에게 뭔가 보여주고 대중의 동원 열기를 조성할 필요를 느꼈다. 그 결과 1941년 8월 7일 '시국간담회'란 행사를 개최한다. 여기에 감리교·장로교·천주교·안식교·성공회·구세군·조선기독교서회·YMCA 등의 기독교단체와, 유도연합회·천도교·불교총본산·대동일진회·동학원 따위의 각 종단, 황도학회·대동민우회 등 황민화 단체 대표 40여 명[57]이 참석했다. 여기서, '국책 수행에 협력'할 것을 '성명'하고, 전시생활체제의 강화, 유기 공출, 강연회 개최 따위를 결정한다.[58] 언제나 되뇌이던 동원 얘기다. 특별할 게 없다. 이때 윤치호는 회의 주제가 '대중을 무기력에서 일깨우기 위해 종교기관이 해야 할 일에 관한 것'이었다고 하며 '말뿐이고 결과가 전혀 없었다'고 기록했다.[59] 또 『매일신보』도 '종교계 총동원'을 논의했다고 선전했다. 곧, '총독부-(1)→ 종교단체-(2)→일반대중'의 동원구조에서 2의 단계

56) 전필순, 『목회여운』, 대한예수교장로회총회 교육부, 1965, 97쪽.
57) 『매일신보』 1941년 8월 8일. 윤치호(『윤치호일기(11)』 1940년 8월 7일자)는 20여 명이 참가했다고 했는데 『매일신보』에 기록된 인명만 해도 30명이다.
58) 『매일신보』 1941년 8월 8일.
59) 윤치호, 『윤치호일기(11)』 1941년 8월 7일자.

를 담보하기 위한 회의였다. '말뿐'이라는 윤치호의 언급은 2단계 구축이 어려움을 실토한 것이라 할 수 있다.

하지만 이 회의가 주목되는 것은 다른 데 있다. 곧 『매일신보』가 언급했듯이 '재계 유지의 궐기'에 맞춰 '종교계도 한 몫을 하겠다는 신념'을 가지고 개최되었다는 사실이다.[60] 이건 이 회의가 '조선인의 동원화'를 위한 조선인 주구조직 결성을 염두에 두었다는 뜻이다. '재계 유지' 모임은 흥아보국단 조직으로 이어진다. 흥아보국단은 임전대책협력회와 통합하여 '조선인의 자발적 동원조직'인 임전보국단이 되었다. 그러니 '시국간담회'도 종교단체를 중심으로 조선인 동원조직을 결성하려는 움직임을 시사하는 것이다. 물론, 종교단체만의 동원조직 결성은 이루어지지 않았다. 하지만 임전보국단에 이종욱, 신흥우, 최린, 조기간, 안인식, 양주삼, 정춘수, 정인과, 김동환 등 각 종교단체 관계자들이 참가한다.

종단만의 '조선인 동원조직' 결성은 쉬운 게 아니다. 각 종단의 교리 따위는 다르다. 하지만 앞서 보았듯이 파쇼적 종교동원 체제 아래서 차별은 무시된다. 동원이란 공통분모가 강조된다. 흥아보국단 · 임전대책협의회의 조직이 시도되던 시점에 『매일신보』에 '종교계의 임전체제'란 기획으로 각 종단의 논설이 발표된다. 각 종단의 동원이념을 집중적으로 발표한 것이다.[61] 제국주의 침략전쟁을 '성전'이라 부르고

60) 『매일신보』 1941년 8월 8일.

61) 천도교 신파의 이돈화가 「성전과 종교의 사명 : 시국적 고행에 대하여」를, 장로교의 정인과가 「일본적 기독교로서 : 익찬일로의 신출발」을, 불교의 권상로가 「응징 성전과 불교 : 사상 정화의 사명은 크다」를, 시천교의 이석규가 「전쟁과 신앙력」을, 감리교의 심명섭이 「경신애린의 정신 : 대동단결로 멸사적 봉공」 등을 『매일신보』(1941년 8월 30일~9월 14일)에 연속해서 발표했다.

종교가 이에 동원되어야 한다는 내용이다. 이전까지의 논의와 다를 게 없다. 하지만 각 종단이 한꺼번에 종교의 '일본화'를 외친 것은 종단의 차별이 희박해지는 과정을 뜻한다. 여기서 '연합보국활동'이 등장한다. 이돈화는 "각 종파는 일치단결하여 보국적 정신을 통일해야 한다"고 하고 심명섭은 "기독교 각파가 대합동하여 …… 교세를 배가하고 다른 종교단체와도 호상(互相) 협조・대동단결하여 신동아 내지 세계적 교화운동에 맹진해야 한다"고 했다. 정인과는 "각 교단에 신체제가 모두 자아를 순(殉)하여 국책에 즉응하는 태세를 착착 준비하고 있다"고 했고, 이석규는 "필굉일우의 진리가 …… 인류가 필연적으로 도달할 궁극의 진리인 것을 확인해야 한다"고 했다. '전시동원'이란 목표 아래 각 종단의 통합 가능성을 제시했던 것이다.

일부 친일 종교세력의 연합은 기왕에 있었다. 기독교연합회가 그렇다. 하지만 기독교 통제・동원을 위한 최초의 연합기관인이 연합회는 1938년 52개소이던 지방연합회가 1939년에는 47개소로 줄어들 정도로 활동 자체가 활발하진 않았다. 종교동원에 대한 저항의 뜻으로 연합회 조직에 저항하는 세력도 있었을 것으로 추정된다. 그러니 1939년 7월의 제2회 기독교연합회 총회에서 미나미가 "다시 적극 활동을 개시할 계획 중임은 반도 종교계에 신기원을 긋는 것"이라며, 기독교연합회 활동을 독려할 정도였다.[62] 종교단체연합회도 있다. 자세한 조직 경위는 밝혀져 있지 않지만 정동연맹이 결성되기 전에 이미 활동한 바 있다. 예컨대 1938년 4월에 '총후보국 강연회'를 개최했다. 연사로 안인식(유교), 박윤진(불교), 이돈화・이종린(천도교) 따위가 나섰

62) 朝鮮總督府官房文書課 編纂,『諭告訓示演述總覽』, 朝鮮行政學會, 1941, 710쪽.

다.[63] 기독교·천주교 대표도 종교단체연합회에 참가했음이 분명하다. 전필순은 총독부 종교사회과의 지시로 기독교·유교·불교·천도교 대표들이 일제 정책선전에 나선 사실을 회고했다.[64] 종교단체연합회 이름은 밝히지 않았지만 내용상 그 일환이다. 그러나 이것은 실제 각 종단의 연합(활동)을 뜻하는 게 아니고, 그저 강연회 따위에 종단대표가 동원되는 수준이라 할 것이다.

하지만 '신체제' 성립은 '연합'의 성격을 달리하게 만들었다. 일본에서 각 파 기독교가 '통합기념대회'를 가진 데 맞추어, 조선 기독교도 통합운동을 외친다.[65] 이를 두고 기독교연합회의 '기구 혁신'이라 했는데, 그 목표는 '외국 지배의 폐지', '종교보국' 따위다.[66] 그게 일본적 기독교란 구호 아래 각 종파의 파쇼체제화로 이어졌음은 앞서 보았다. 실제, 기독교연합회가 기독교 각 파의 통합을 전제로 강화된다. 1940년 9월에 장로교 전체가 연합회에 참가할 것을 결정하고, 구세군·성결교·감리교도 비슷한 움직임을 보인다. 급기야는 9월에 기독교교파합동문제를 공식으로 제기했다.[67]

『매일신보』에 실린 논설은 종교의 신체제화와 아울러 1940년부터 제기되던 종파·종단의 통합 논의의 연속이었다. 하지만 통합까지는 멀었다. 우선은 연합 형태로 동원을 강화한다. 연합신도대회(1941년 12월 9일)에 장로교·성결교·감리교의 교역자, 신도 등 1천여 명이 참가한 게 예다. 신도대회의 목적은 신자에 대한 동원 세뇌였다. '승전기

63) 김학민·정운현 엮음, 『친일파 죄상기』, 학민사, 1993, 428~429쪽.
64) 전필순, 『목회여운』, 대한예수교장로회총회 교육부, 1965, 95쪽.
65) 『매일신보』 1940년 8월 31일.
66) 『매일신보』 1940년 9월 12일.
67) 『매일신보』 1940년 9월 26일.

원대회'(1942년 1월 4일)란 것도 있다. 경성의 조선인 기독교 각 파가 모두 참가했다. 태평양전쟁의 도발로 선전활동이 활발해진 이유도 있지만 기왕의 종단 통합논의가 이때의 활동을 활발하게 한 것도 사실이다. 1941년 12월 8일부터 평남 각 교회 교역자가 동원된 시국강연회가 개최된다. 평양에서만 15교회에 평균 5회 강연회를 가지고 수강신자가 15만 명에 이르렀다. 이걸 '내선기독교연합회'가 주관했다. 그렇게 '연합' 활동이 급증했다. 특히 징병제가 발표된 1942년 5월에, 징병제를 왜곡해 선전하는 '기독교대회'나 '신도대회' 따위가 다투어 개최되었는데 기독교연합회가 주관한 게 많다.

어떤 조직이든지 같이 활동하게 되면 통합하자는 얘기가 나오게 마련이나. 하물며, 일본적 기독교를 외치며 교리 변질이 가속화되는 상황에서 그 얘기가 빠질 리 없다. 태평양전쟁의 도발로 종교단체의 동원활동이 활발해지는 과정은 통합 논의의 강화 과정과 일치한다. 1941년 11월 18일에 장로교회는 '일본기독교 공동교단'에 따르는 각 파 통합문제를 제기한다. 전필순 등 40명은 통합해서 활발하게 '보국활동'을 전개할 것을 결정한다. 1942년 4월에는 기독교연합회 4회 총회가 열린다. 여기서 전필순 등은 '연합회 강화'를 논의한다. 전필순이 장로회 측에서 기독교 통합을 추진한 것을 생각할 때, 이때의 '연합회 강화'도 각 파 통합과 밀접하게 연관되었을 것이다. 통합을 주장하던 전필순은 연합회 부위원장이 된다. 이는 '연합'에서 벗어나 '통합'으로 가는 과정의 한 부분이다.

이어 국민총력조선연맹 주최로 일본기독교단 통리자 도마다와 조선기독교 각 파 대표 등이 참석해 간담회를 가진다. 중요한 회의다. 여기서 도마다는 "(조선의) 미영적 기독교가 일본적 기독교로 변화해 갈 것"이지만 "초비상 시국 아래 자연히 일본화해 갈 것을 기다릴 수는 없다"고 한다. 그리고, "일본정신에 입각한 기독교" 아래 "장로파 · 감리파 · 성결교파가 있을 수 없다"고 말한다.[68] '일본정신'을 내세워 각 파의 차이를 무시하고 일본적 기독교란 구실 아래 통합을 강제한 것이다. '기다릴 수 없다'는 것은 통합해서 중앙통제로 각 파를 일본화한다는 뜻이다. 이제 통합은 시간 문제였다.

이후 1942년 1월에 결성된 '교파합동 추진위원회'가 활발하게 가동된다. 그리하여 그 해 가을부터 기독교 각 파의 신학교를 합동하는 운동이 전개되고, 1943년 1월에는 '조선기독교 합동준비위원회'가 개최된다. 통합 과정을 보기에 앞서, 기독교의 변질을 우선 보자. '일본정신' 따위의 주문을 앞세우니 기독교 교리도 그에 따라 변질된다. '하나님의 나라', '만왕의 왕' 따위의 찬송가 표현이 '일본정신'이 어긋난다며 삭제된다. 메시아 재림을 내용으로 한 『구약성경』도 공식적으로 금지된다. 일제의 지원 아래 통합을 주도한 세력은 구약의 유대사상을 배격하였고, 교리상의 이유로 성결교 · 안식교 · 동아기독교(침례교) 등은 '자진' 형식을 빌어 강제로 해산된다. "성서 자체로부터 이탈치 못한다면 완전한 국민적 종교로서 성립하지 못할 것"이란 「성결교 해산성명서」는 강점 말기 기독교의 극단적 변질을 그대로 보여준다. 종교 '경전'의 버림, 그것이 종교 통제 · 동원의 궁극적 도달이었다.

1943년 1월에 장로회 · 감리회 · 성결교 · 구세단 등 각 종파 대표자들이 처음으로 신교 합동을 위한 '각 파 대표협의회'를 연다. 협의회는 '교파 합동'을 결정한다. 이에 따라 장로파 19명, 감리파 9명, 성결교파 4명, 구세단 4명, 일본기독교조선교구회 4명 등 40명의 준비위원들이,

68) 『매일신보』 1942년 9월 8일.

26~27일에 합동준비위원회를 개최한다.69) 여기서, '통리자－총회－교구회'(의결기관), '통리자－교단사무소－교무회 · 교무사무소'(행정기관)를 조직체계로 '강렬한 통제'를 결정한다.70)

통합의 전제는 '일본정신'이었다. 그러니 '통제'란 기독교의 동원강화와 교리의 변질을 뜻한다. 그걸 위에서 강제하겠다는 뜻이다. 그 결과 우선 조선신학원(장로파), 감리회신학교(감리교), 경성신학교(성결교) 등 각 파 신학교가 합병된다. 신학교가 우선 합병된 것은 '일본적 신학교육'을 위한 통제였으며, 또 신학교를 줄여 조선인청년을 동원하려는 뜻이기도 했다.

3월에 제2회 합동준비위원회가 개최된다. 여기서 1943년 7~8월경에 창립 총회를 가질 계획을 세운다. 하지만 합동 교단으로서 '일본기독교 조선교단'이 창립된 것은 1945년 7월이다. 늦어진 이유에 대해 '통리후보자가 너무 많았던 까닭'이라고 한 기록도 있다.71) 이 말을 그대로 받아들인 순 없다. 후보가 많다고 조직이 안 되는 경우는 없다. 하지만 그것을 교파의 경쟁적 동원강화와 일제의 종교분열정책와 연관시키면 어느 정도 이해가 된다. 분열정책은, 교단 통합정책과 모순되어 보이지만, 모순될 게 없다. 통합은 파쇼적 중앙통제를 뜻하며, 분열은 종교권력을 놓고 경쟁적으로 동원활동을 강화하게 만드는 수단이다. 그러니, 그 목표와 본질은 같다. 교권 다툼을 통해 조선인 동원이 강화되는데 일제가 이걸 마다할 리 없다. 오히려 그렇게 조장한다. 실제 1943~44년에 총력연맹 산하의 각 종교단체는 비행기 헌납과 징병제 선전에

69) 『매일신보』 1943년 1월 26일.
70) 『매일신보』 1943년 1월 28일.
71) 金鏡, 「반일투쟁 기독교 수난사」, 『實話』 55년 10월, 150쪽.

적극 나선다. 그 중에 비행기 헌납의 경우. 장로회에서 '애국기 헌납운동'을 결의하자 1943년에 감리교단에서 '보국기 헌납운동'을 일으킨다. 이어 장로교 평북노회는 1944년에 다시 '제2차 보국기 헌납운동'을 발기한다.[72] 경쟁의 상승이다. 『기독교신문』은 평북노회처럼 '전체 신도들의 적성을 모아 바치는 방식'도 좋고, 감리교단처럼 '신도의 적성을 모은 다음에 교회 부동산을 처리한 수입금을 보내는 방식'도 좋다고 해,[73] 두 교파의 경쟁을 부추겼다.

1944년에 후술할 종교보국회가 조직되고 이어 1945년에 일본기독교 조선교단이 조직되었다. 6월 25일에 통합을 위한 간담회가 총독부의 주도로 개최된다. 여기에 기왕에 통합 논의에 참가하지 않았던 천주교도 참석한다. 이후 7월 20일 일제의 패망을 한 달도 남기지 않은 시점에 통합교단이 조직된다. 조직 인선에 주목할 점이 있다. 거의 조선인 교역자로 이루어졌다. 고문에 양주삼 · 채필근 · 정춘수 등이고 통리는 김관식, 부통리는 김응태였다. 그리고 각 국장에 변홍규 · 갈홍기 · 이용설 등이 임명되고 각 교구장도 조선인 교역자가 맡았다.

원래 통리 후보로 니와(丹羽清次郎), 무라기시(村岸清彦) 등 조선기독교의 황민화를 강제하던 일본인도 거론되었으나, 실제 명단에는 빠진다. 기독교연합회에 일본인 교역자가 많이 참가한 것과 대비된다. 이건 일제가 결전, 곧 패망을 앞두고 조선인을 전면에 내세워 희생시키려는 의도와 연관된다. 조선교단은 "황국종교관에 입각한 기독교도로서 성전완수에 진력한다"고 발표했다. '성전 완수'를 조선인 교역자에게 떠넘긴 것이다. 곧, 패전을 앞둔 실제적 희생을 조선인에게 강제한다는

72) 『기독교신문』 1944년 2월 2일.
73) 『기독교신문』 1944년 4월 15일.

뜻이다. 패전을 앞둔 시기에 조선인 문인들로만 파쇼 문인조직을 만들려는 움직임이 있었던 점을 생각할 때, 이때의 조선교단 조직은 조선인의 희생 강제 외에는 다른 뜻이 없었던 것이다.

기독교 각 파 통합과 별도로 각 종단의 통합 움직임도 활발했다. 1942년 2월에, 신도·불교·기독교의 '합동 전첩(戰捷) 기원제'가 열린다. 그 상징이 크다. '조선에서는 처음'[74] 있는 일이었다. 기원제가 '신도 예식'으로 이루어진 점이 중요하다. 이미 '일본적'이란 수식어 아래 종교의 차별성이 무너지고 있었다. 이때 발표된 '결의'나 '성명'은 '황풍(皇風)의 신문화', '성지 봉체(奉體)', '황국종교', '대동아신질서 건설의 천업(天業)' 따위의 비이성적 주술로 가득차 있다. 그 가운데 주목되는 것은 '신도·불교·기독교 3교의 제휴륙력(提携戮力)'이란 표현이다.[75] '황국종교'란 주술 아래 각 종단의 고유 교리가 포기될 가능성이 이미 보인다.

이런 상황에서 교권을 장악한 각 종단 친일 지도부는, '활동조직의 재편성', '종교계의 전일적 체계 수립' 따위를 외친다. 그 결과 '종파합동연락 중앙기관'이 조직되기도 한다. 그것은 물론 종교의 내재적 원인이 아니라 파쇼체제와 동원의 강화를 위한 것이었다.[76] 하지만 교리가 완전히 다른 종단을 통합하는 건 쉽지 않다. 『기독교신문』도 종파를 합동해 국가목적에 종속시키는 것이 '만전지책(萬全之策)'은 아니라고 했다.[77] 따라서 일제는, 종단통합의 과도기 형태로 각 종단 조직은 유지하되 우선 종단 내 종파를 통합해 쉽게 통제할 수 있게끔 만들

74) 『매일신보』 1942년 1월 25일.
75) 『매일신보』 1942년 2월 2일.
76) 『기독교신문』 1942년 12월 16일.
77) 『기독교신문』 1942년 12월 16일.

방안을 고려했다. 곧, 우선 '종단–종파'의 통제를 완성한다는 것이다. 앞서 본 대로 기독교 각 파의 통합이 그 일환이었다.

이와 아울러 각 종단의 상위 통제조직 결성도 활발하게 진행된다. 그 결과 '조선전시종교보국회'가 결성된다. 이건 물론 각 종단을 통합한 건 아니다. 하지만, 각 종단의 동원을 통제하는 파쇼조직으로 탄생해 언론보국회 · 문인보국회와 함께 일제 패망 직전 시기를 보국회시대로 만들었다.

종교보국회는 1944년 12월에 조직된다. 전에도 '보국회' 이름을 사용하기도 했지만 항시조직은 아니었다. 예컨대 1940년 1월에 진주 등 7개 군의 각 파 기독교 신자 300여 명이 '총후보국'을 위해 '연합보국회'를 개최한 적이 있었다. 이때 침략전쟁을 왜곡 선전하는 예배를 하고 국방헌금까지 했다. 종교단체에 최초로 '보국회'란 이름이 등장한 것이었다.

이후 학병을 강제동원할 때 '조선종교단체전시보국회'가 조직된다. 앞서 설명한 '종교단체연합회'에서 1943년 11월에 종단 대표자 간담회를 연 결과 탄생한 것이다. 각 종단 · 종파 대표위원은, 감리교 갈홍기 · 이동욱, 구세군 사카모토(坂本雷次) · 황종률, 불교 김법룡, 장로교 김응순 · 채필근, 천도교 이종린 · 정광조, 천주교 김한수 · 노기남 등이었다.[78] 이전의 '종교단체연합회'가 각 종단의 유명 인사를 강연에 동원하는 수준이었던 반면에, 이 조직은 종단 · 종파 전체가 동원활동의 기반이 되었다. 이들은 각 종단 기초조직(교회 · 사찰 · 포교소)에, 학병동원을 강제하는 지시를 내렸다. 11월 14일의 예배 때 학병제를 선전하고 전쟁의식을 고취하며, 전시보국회가 각 도청 소재지에서 주최하는

78) 임종국, 『일제침략과 친일파』, 청사, 1982, 158쪽.

'적개심앙양강연회'에 신도를 참석시키고, 지방 각 교단 주관자가 앞장서서 학병 대상자 가정을 방문하여 지원시키라는 내용이다.79) 이게 그대로 실현된다. 예컨대, 감리교단은 "조선종교단체전시보국회의 운동을 적극 지지해서 교단 본부 간부들이 진두에 서서 강력하게 추진"한다.80) 다른 종단·종파도 마찬가지였다. 그러니 각 종단·종파 하부조직의 동원을 통제한다는 점에서 이 조직은 각 종단·종파의 상위통제조직이었다. 하지만 이 또한 학병 강제동원이 끝나자 다른 활동을 하지 않는다.

하지만 1944년 5월에 일제가 '국민총궐기운동', 곧 패전이 이어지는 상황에서 결전의식을 세뇌시키려는 파쇼운동을 전개할 때, 다시 '종교단체총궐기운동협의회'가 조직된다. 이는 상기 전시보국회가 항시적 동원통제를 담보할 하부조직을 구축하지 못했음을 알려준다. '협의회'는 5월 중순에 준비에 들어가 22일 국민총력경기도연맹의 소집으로 개최된다. 각 종단·종파 대표 50여 명이 참석해 다음과 같은 운동방침을 결정한다.

1. 각 종파·교파·교단마다 구체적 계획을 세우며 교화조직을 정비하고 교화위원을 두어 중요시책에 대하여 소속 교단을 통하야 보급과 실천을 철저히 할 것
2. 교사(教師 : 교역자)들의 활동을 독려하여 각종 출판물을 통하여 국민총궐기운동의 취지를 철저히 하며 모임이 있을 때에는 반드시 사기진작의 강화에 주력을 할 것. 그리고 교화의 대상은 신도에 국한치 말고 널리 사회 각 부면에 깊이 파고들어 갈 것

79) 『기독교신문』 1943년 11월 17일.
80) 『기독교신문』 1943년 11월 10일.

3. 사원이나 교회에서는 미소기, 좌선 등 종교행사를 보급시켜서 인고결핍에 이겨 나갈 심신단련을 시킬 것. 특히 전사자 유가족, 출정 장병의 가족의 위자(慰藉)와 원호에 힘쓰고, 또 적립금은 국채로 바꾸어 저축과 절약에 힘쓰며 그리고 건물 경내장(境內場)은 일반에게 개방하라[81]

전시보국회보다 한 단계 더 나아갔다. '총궐기운동'의 추진대로 '교화위원'을 둔다 했다. 또, 사찰·교회에서 미소기 따위를 실시하라 했다. 총궐기운동은 일제의 패전 위기의식의 산물이다. 다음의 「결의문」은 이를 잘 보여준다. "전국은 더욱 더 기렬을 다하며 황국의 국체가 갈라지는 때이다. …… 이제 필승의 길은 전선에 응하는 국민총궐기 있을 뿐이다."[82] 이 '총궐기운동'은 각 종단 기초조직에서 하위 단계의 총궐기운동협의회를 개최하는 형태로 중층화되었다. 그저 종단 대표 몇 명이 강연에 나서는 정도가 아니다. '총궐기'란 이름으로 조직 전체의 동원이 강제되는 형태였다. 하지만 일반 신도 대중은 그에 저항했다. 그것은 '총궐기대회'가 예정보다 늦게 개최된 데서도 확인된다. 각 종단은 2명의 연락위원을 선정해 '6월 초순'에 약 3천 명의 신도를 동원하여 대회를 개최할 예정이었다. 하지만 6월 26일에 2천 6백여 명이 참석하여 개최된다. 일제는 상위의종단통제조직을 수시로 만들어 대중동원의 실효를 거두려 했지만 그 강제가 대중의 실제 동원으로 이어지는 데는 한계가 있었음을 보여준다.

그러니 '협의회'도 한시적 조직으로 그친다. 일제는 각 종단을 통제하

81) 『매일신보』 1944년 5월 17일.
82) 『매일신보』 1944년 5월 24일.

는 상위의 항시통제조직을 만들고자 했다. 그 전제작업으로 '유림 및 종교가의 활동 촉진 요항'을 만들어 각 도에 지시한다. 그리고 이 '요항'에 따라 1944년 9월 14일 유림과 각 종단·종파 대표 16명이 참석하여 '활동강화 촉진운동'을 논의한다. 불교는 '요항'에 따라 각 본사에서 50명의 승려를 소집하여 '승려연성회'를 개최한다. 일제는 불교 관계법을 개정해 선거제를 폐지하고 주지 임명제(또는 호선제)를 실시하게 했다. 한 마디로 통제에 따르는 친일승려로 불교 지도부를 구성하겠다는 것이었다. 또 총본사는 '불교연성소' 같은 승려황민화 기관을 설치할 계획을 세우기도 한다. 기독교도 각 파 대표가 모여 간담회를 개최하고 '합동, 교리의 일본화, 황민화 연성' 따위를 결정한다. 상동교회를 폐쇄시켜 '황도문화관'이란 연성기관, 곧 황민화 세뇌기관으로 만든 것도 이 무렵이다. 유림도 '요항'에 따라 유림총궐대회 개최를 개최하고, 황민화연성 계획을 수립한다.[83)]

요항에 따른 각 종단의 대응에 모두 '황민화 연성'이 포함되어 있다. 일제는 '요항'을 발표하며 '조선종교지도자 연성회'의 실시를 강조했다. 각 종단의 연성 외에, 총력연맹이 '종교단체 연성회'를 각 도별로 실시했다. 내용은 '미소기'와 '징병, 징용, 공출, 사상, 내선일체'에 대한 강연과 근로 따위였다.[84)] 연성은 이전에도 있었다. 하지만 이때는 규모가 틀리다. 집중적으로 강하게 실시된다. 유림은 1944년에 6백 명, 1945년에 2천 명을 연성할 계획이었다. 이건 교역자나 신도 대표들에 대한 연성이, 통제의 중층구조를 통해 신도 대중에까지 확산되는 것을 뜻한다. 교회를 폐쇄해 황민화 세뇌기관으로 만든 것도 그 일환이

83) 『매일신보』 1944년 11월 10일, 13일.
84) 『매일신보』 1944년 11월 7일, 28일.

다. '연성'이란 게 '일본정신'의 세뇌작업임을 상기할 필요가 있다. 교회에서 일본 신도식 종교행사를 치를 때 이미 그 교회의 고유종교는 없게 된다. 상동교회가 황도문화관으로 될 때 이미 기독교는 사라진 것이다. 결국 '요항'의 지시는 동원 강화를 위한 것이며 아울러 각 종단·종파의 차별성을 완전히 무시하는 방향으로 몰고갔던 것이다. 이때의 연성 내용이란 게 그렇다. '결전', '총궐기'란 구호 아래 종교가 설자리를 없애버린 것이다.

이쯤 되면 각 종단·종파의 상위통제조직을 만드는 게 어렵지 않다. 이런 분위기에서, 과연 11월 20일에 각 종단·종파 대표 10여 명이 모여 결성을 결의한다. '조선전시종교보국회'의 탄생이다. '종교보국운동의 본부'인 종교보국회는 '국책에 즉응하여 전시 종교 교화활동의 강화 촉진을 꾀하고, 황국 필승에 공헌한다'는 목표를 내세운다. 그리고 12월 8일, 발회식을 가진다. 총재 정무총감, 회장 학무국장, 고문 조선군 참모장, 총력연맹 총장 따위의 진용이었다. 각 종단·종파의 지도부가 실무 간부가 된다.85)

본부는 총독부에 두었고 산하에 도지부, 부군 분회를 조직했다. 조직 범위는 신도·불교·기독교·종교유사단체(예컨대 시천교 따위) 등이었다. 보국회는 3월 12일에 이사회를 개최하여 '실천방침'을 결정했다. '전의앙양, 전력증강' 항목에서 순회강연회·좌담회·영화회의 개최를 명기했다. 강연장소는 각 도 23개소고, 강사는 종교보국회 간부와 '사계 권위자'였다. '동조동근 이념의 철저' 항목에서 '동조동근의 권위자 가나사와'를 초빙해 강연회를 열고 선전책자를 발행한다 했다. '군사사상의 보급' 항목에서는 '전몰장병 위령제'의 개최, 조선인 가미

85) 『매일신보』 1944년 12월 9일.

카제 유가족의 위문 따위를 명기했다. '근로동원의 취지 철저' 항목은 종단·종파 교역자로 '근로정신대'를 조직한다 했다. '교역자의 연성' 항목은 4월부터 두 달 동안 매회 1주일간 본부·지부 간부를 대상으로 연성회를 개최한다 명기했다. 연성 과목이 '국체본의, 황도종교, 결전신민도(決戰臣民道), 국민예법' 따위다. '일본어 보급과 상용' 항목은 교회·포교소·사원·사찰에서 '빠짐없이' '일본어보급강습회'를 설치하라 했다.[86] 구체적 세항 따위는 이미 실행되던 것이다. 문제는 그것이 각 종교단체의 상위 통제조직의 명의로 항상 활동할 사업으로 강제되는 데 있다. 그렇게 보면 '동조동근'이란 조선인을 희생시키기 위한 주문도 그저 시늉만 하는 게 아니라 철저한 파쇼 통제 아래 대중에게 강제되는 것이다. '황도종교'의 연성회는 '결전'에 종속되어, 종교는 사라진 채 조선인을 무차별로 희생시키기 위한 세뇌훈련이 된다.

일제는 조선인을 제국주의 침략전쟁에 동원하여 무차별 희생시키기 위해 세력이 강하고 민족주의의 현실적 경험을 간직하고 있던 종교단체를 동원조직으로 만들고 통제했다. 그것은 숨쉴 틈 없이 진행되었고 시간이 흐를수록 동원은 강화되었다. 동원의 실제 활동은 종교단체의 모습이라 할 수 없을 정도였다. 그 실상을 확인하는 일은 고통스럽다. 또 세세한 활동 모습은 '한 권'의 책으로도 설명이 부족하다. 여기서는 차라리 '공백'으로 남기자. 불교계와 천주교계의 친일활동은 이미 단행본으로 정리되었다. 장로회·감리회 등의 기독교, 천도교, 유림의 구체적 동원활동은 정리된 바 없다. 신사참배, 궁성요배 따위의 정신적 동원활동, 곧 조선인의 세뇌활동으로부터 시작하여 '헌금'이란 이름 아래 전쟁비용을 내놓고, '기원제'·'신도대회' 따위를 통해 대중의

86) 『매일신보』 1945년 3월 14일.

전쟁열기와 파쇼열기를 조성했다. 불구(佛具) · 제기(祭器) · 철책(鐵柵) · 종 따위를 바치고, 급기야 교회를 팔아 전쟁 목적에 쓰게 했다. 심지어 교회를 일본정신의 세뇌기관으로 만들었다. 민족운동의 역사적 연원이 있던 상동교회가 황도문화관으로 되었다. 십자가 대신 '가미다나'(神棚)가 설치된 여기서 교역자들은 세뇌교육을 받았다. 신도(神道) 의식에 따라 한강에 뛰어들고 머리에 일장기를 두르고 조선신궁까지 뛰어가 신사참배를 하는 모습은 이미 기독교가 아니다. 불교 · 천주교 · 천도교도 마찬가지다. 이미 종교는 사라지고 동원단체의 모습만 남았다. 강점 말기 종교단체의 마지막 모습이다.

| 후기 |

일제강점기, 특히 그 말기를 통한과 분노의 눈물 없이 어찌 기억할 수 있을까. 수십만 명이 '침략전쟁의 노예'로 사망했다. 또 살아남은 이들이나 돌아가신 이들의 유족에게 육체적 · 정신적 상흔은 깊다. 남 얘기고, 옛날 얘기라 할 게 아니다.

언제부턴가 한일간의 과거사를 '청산'하자는 목소리가 높아 가고 있다. 유행가로 표현하면 '과거를 묻지 마세요'다. 표현은 좋다. '사람'은 미워해서는 안 된다. 하지만 '과거'가 흘러간 시간이 아니라 현재 계속되고 있다면 이건 잊으려 해도 잊을 수 없고 과거를 묻지 않을 수 없다. 특히 그 과거가 한 개인이 아니라 국가 · 민족의 문제라면 더욱 그렇다. 예컨대, 일본의 과거 반성 문제를 보자. 양식 있는 일본 지성인들은 일본이 저지른 만행을 '역사적으로' 인정한다. 그건 일본이 '신들린' 상태에 있었던 파쇼시대의 반성과 밀접하게 연관된다. 그것을 통해서만 일본의 미래가 있기 때문이다. 하지만 그들의 목소리 반대편에는 과거를 반성하지 않는 일본 우익이 있다. 그들은, 침략과 만행의 사실을 인정하지 않는다. 그런 잘못된 역사인식은 물론, 현재의 정치적 목적, 곧 (극)우익세력의 강화, 나아가 팽창과 군국시대의 현대판 재건과 밀접하게 연관되어 있다. 무엇보다도 일본정부의 공식적인 '과거반성' 발언, 문제가 있다. 일본은 우리 새 정부가 들어설 때마다 '반성'한다고 말했다. 반성의 '수위'를 조금씩 높여 왔고, 우리 정부들은 일본의 '더 나은' 반성을 얻어냈다고 선전해 오곤 했다. 아니한 것보다는 낫다. 하지만 '과거를 묻지 마세요' 하며 내던진 '통석'(痛惜)이나 '유감' 따위의 표현에는 수십만 명의 목숨을 빼앗고, 수백만 명을 전쟁노예로 동원하고, 조선여성을 '정신대'로 끌고 가고, 말과 글과 이름마저 없앤 '죄'를 반성하는 내용은 들어 있지 않다. 그건 외교적 수사, 심하게 말하면 말장난에 지나지 않았다. 독일이 나치시대를 진정 반성하는 것과는 천양지차다.

일본은 반성하지 않는다. 아니, 할 수가 없다. '일본 제국주의의 뿌리'가 '현실'에서 제거되지 않았기 때문이다. 일본 군국주의의 부활을 경계하는 목소리가 있다. 하지만 일본 군국주의·제국주의는 부활하는 게 아니다. 죽었다 다시 산 게 아니다. 일본은 패전 이후에도 '우익'이길 포기한 적이 없다. 극우의 '뿌리'는 죽었다가 다시 산 게 아니고 싹을 내고 줄기를 만들고 있을 따름이다. '자유민주주의'를 방패막이로 해, 세력을 키우고 있는 것이다. 전쟁'범죄자'를 전쟁'영웅'으로 만든 영화까지 만들었다. 이건, 단지 영화 한 편을 만드는 문제가 아니다. 영화야 어떤 내용도 소재로 삼을 수 있다. 하지만 수많은 사람의 희생을 폭력으로 강제했던 파쇼시대의 상징인물을 '영웅'으로 만드는 건 지금 일본의 현실을 상징적으로 보여준다. 독일에서 히틀러를, 이탈리아에서 무솔리니를 '영웅'으로 만드는 영화제작은 생각조차 할 수 없을

것이다. 그러니 일본에서 이런 영화를 만드는 것은 문제가 크다. 곧 역사 속의 '파쇼시대'를 현실에서 '선전'하는 일본 (극)우익세력의 정치적 상징이다. '교과서 왜곡' 문제를 보자. 이영희 선생은 일본의 교과서 검정목적이 '천황제의 복구, 지배질서 관념의 확립, 일본민족의 우위성 신화 창조, 군사대국화를 위한 사상 교육, 친미 · 반공 · 친자본주의 · 반사회주의 이데올로기 교육'에 있다고 일찍이 밝힌 바 있다. 그 정점에 역사 왜곡이 있다. 거듭 말하지만 과거 역사의 진실을 규명하는 일본의 지성인들도 있다. 하지만 '역사'를 왜곡하는 우익은 시간이 흐를수록 세력이 강해지고 있다. 군국시대의 재건이란 현실의 정치적 목적과 밀접하게 연관되어 역사 왜곡이 이루어지고 있다. 이 점에서 일본 우익은 역사 왜곡에 '도가 텄다'. 속된 표현이지만 사실이다. 일본의 과거를 '찬란'하게 만들기 위해서는 무슨 행동이든 한다. 얼마 전 고고유물 발굴을 조작한 것은 단적인 예일 따름이다. 그러니 누가 뭐라건 군국주의 파쇼시대를 반성하지 않는 교과서를 만든다. 계속 그랬다. 대대적인 채택 반대운동 덕분에 실제 교육 현장에서 많이 사용하진 않게 되었지만, '새로운 역사 교과서를 만드는 모임'(新しい歴史教科書をつくる會)이 만든 역사교과서도 그렇다. 그건 교과서 한 권의 문제가 아니다. 일본 군국주의 세력의 사회적 현실화 문제다. 일본의 침략을 미화한 그 책이 순식간에 '베스트셀러'가 되지 않았는가. 역사 왜곡은 그렇게 현실의 정치문제와 밀접하게 연관되어 있다. 폭력으로 '자유'를 없앤 파쇼시대를 미화하는 책이 '자유'를 '방패막이'로 해 만들어진 것은 얼마나 역설인가('새로운……모임'은 '자유주의사관 연구회'를 뿌리로 했는데 그들은 '자유주의사관'을 내세웠다. 물론 자유민주주의의 사관이란 뜻은 아니다. 기존의 역사해석에서 벗어난다

는 뜻에서 '자유'를 끌어다 붙인 것이다. 그럼에도 '파쇼'와 '자유'란 단어는 모순이다). 일본은 그렇다. 군국주의의 '현실적 뿌리'를 제거하지 못한다. '자유'를 겉에 내걸지만 그건 속내가 아니다. 속내는 '파쇼시대'의 현대식 재건이다.

그러니 잊을 만하면, 아니 잊으려 해도 잊을 수 없지만, 일본정부의 고관이나 우익은 과거에 일본이 무얼 잘못했느냐고 적반하장 식으로 따져 왔다. 소위 '망언'이다. 그것은 '과거'가 현실 정치에서 표출되는 상징이다. '침략과 군국의 향수병'에 걸린 일본 우익의 망언은 다양하다. 일제의 조선 강점이 '은혜'라는 것으로부터 시작해, 안중근 의사를 '살인자'로 부른다. '독도'도 일본 땅이라고 억지 주장한다. 1953년 한일회담 내표 구보타의 방언으로부터 끊이지 않고 줄기차게 이어졌다. 2001년 일본 총리수상의 '함께 반성'이란 말은 망언일까 아닐까. 일본의 우익, 또는 정부관리의 망언은 때로는 우연이나 실수로 나온 것 같지만 '우연과 실수를 빙자'했을 뿐 일본 정치의 현실이 본질을 드러낸 것이다. 일본 우익세력의 정치적 성향이 그들의 입을 빌어 표출되었을 따름이다. 특히 그것이 '영토' 문제와 관련될 때 문제가 더 커진다. 일본은 독도를 호시탐탐 노린다. 그건 현실이다. 일본 자위대가 '독도를 침공하는' 가상훈련까지 했다는 이야기도 있다. 어차피 그 진위는, 현재는 밝혀지지 않는다. 하지만, 일본 신문에 그런 내용이 실렸다는 언급도 있으니 전혀 근거 없는 얘기는 아닌 듯하다. 일본은 그렇다. '군국과 팽창'을 없애지 않는다. 일본은 그렇게 흘러갈 것이다.

문제는, 우리의 자세다. '인접국가' 일본에 어떻게 대응할 것인가. 한일관계의 현대사 연표에 중요하게 기록될 수밖에 없는 1964년의 '한일회담'을 보자. 그때 우리 국민은 한일회담과 그 결과인 한일협정

비준에 반대했다. 아니, 반대 정도가 아니라 온 힘을 기울여 저항했다. 애국학생들이 '굴욕적인 한일회담 반대'를 구호로 내세운 '6·3학생운동'은 일본의 재침략을 경계하는 민족운동의 성격이 강하다. 그때는 그렇게 민족자주의식이 강했다. 일본은 한일회담을 '면죄부'로 이용한다. 일본이 과거의 잘못을 인정했다는 뜻이 아니라, 더 이상 '국가적 피해 배상'을 언급하지 못하게 하는 근거로 들고 있다는 뜻이다. 예컨대, '태평양전쟁희생자유족회'나 '정신대문제대책협의회'가 과거 일본의 '전쟁범죄'의 책임을 묻고 있다. 그들은 일제의 범죄에 대한 '물질보상'만 바라는 게 아니다. 그것은 부차적이다. 그들은 그들에게 새겨진 '역사의 상흔'을 치유하고 싶은 것이다. 진정 마음의 위안을 받고 싶은 것이다. 하지만 일본 정부는 꿈쩍도 않는다. 그게 현실이다. 그런 현실을 가져온 게 '굴욕의 한일회담'이다. 일본은 그때 한국에 '국가적 피해보상'을 마쳤다고 강변한다.

하지만 한일회담의 내용을 자세하게 따지면, 일본의 주장이 억지임을 쉽게 알 수 있다. 이승만 정권 때 일본에 요구한 배상액은 73억 달러 정도였다. 북한을 빼고 그렇다. 그런데 한일회담의 결과, 무상 3억 달러, 정부차관(해외경제협력기금) 2억 달러, 민간차관 3억 달러로 결정된다. 그것도 피해배상의 뜻이 배제된 '청구권'이라는 이름으로 이루어졌다. 더욱이 '배상'의 전제인 '무상'은 3억 달러에 불과하다. 누가 봐도 이건 일제의 전쟁범죄에 대한 '배상'이 아니다. 널리 알려졌듯이 '한일협정'은, 미국·일본·한국의 동아시아 반공정책, 일본의 한국시장 개척, 한국의 경제발전 및 정권안정 따위의 의도가 서로 맞물려 탄생했다. 일본에게는 범죄에 대한 '배상' 문제도 해결하고 한국에 대한 경제진출의 계기도 마련한 일거양득의 기회였고, 그게 그대로 지금까지 실현되고 있는 것이다. 어떤 일본인이, '청구권'이 '말도 안 되는' 액수였지만 '배고플 때 먹는 라면이 배부를 때 먹는 스테이크보다 가치 있다'며 주장한 적이 있다(한국논단 주최, 「21세기 한일관계 국제 심포지엄」, 1992). 심하게 말하자면 '거지가 동냥 받는 주제에 뭘 액수를 따지냐'는 식이다. 이게 일본우익의 시각이다. 일제가 조선에서 수탈한 역사의 실상은 어디에도 없다. 일본은 이 때의 '경제원조'로 한국 경제가 발전했다고 주장한다. 하지만 우리의 경제발전은 밤낮없이 일한 국민의 '땀과 피'의 결과이지 일본이 '굴욕'을 강요하며 선심 쓰듯 내놓은 '청구권'에서 이루어진 것이 아니다. 오히려, 이후 일본의 경제 '지원'은 한국경제가 일본경제에 종속되는 결과를 초래했다. '차관'은 결국 '빚'이며, 대일무역적자는 구조적으로 심화되어 있다. 그릴 일이 없겠지만, 또 그래서도 안 되겠지만, 일본이 차관과 경제종속성을 이용해 어느 때에 '독도'를 내놓으라고 하면 '현실'을 핑계로 그렇게 하려는 일부 세력이 생기는 날이 있을지 모른다는 두려운 '생각'도 해봄 직하다. '쓸데없는 걱정'이라면 오히려 좋겠다. 역사상 '매국' 행위에 항상 따라 다니는 핑계가 '현실'이었다. 하지만 '현실'은 역으로 실체가 분명하지 않다. 적어도, 그것이 '정권'의 현실인지, '매국' 세력의 현실인지, '국민'의 현실인지가 검증되어야 한다. 그런 후에야 '현실'을 얘기할 수 있다. 강점 말기에 '내선일체'란 주문은 반민족 세력에게 '조선이 독립할 수 없다'는 패배주의적 '현실'이었으며 부와 권력을 얻기 위한 '현실'이었다. 하지만 조선인 대중에게 '노예적 동원과 목숨을 담보로 한 희생'의 현실이었다. 어느 게 현실인가. 어느 걸 현실로 택할 것인가.

일본의 독도점령은 있어서는 안 되고, '생각'이 현실화되는 때는 오지 말아야 한다. 하지만 한일회담 이후의 독도문제 변화 과정을 보면 두렵게도 '변화'의 조짐이 보인다. 독도는 영토다. 영토의 '공유'란 있을 수 없다. 하지만, '굴욕'의 한일회담 때 '독도공유론'이나 '폭파론' 따위가 제기되었다는 것은 널리 알려져 있다. 일본의 양식 있는 지식인들, 또는 '우익'이라고 독도가 역사적으로 '조선' 영토였음을 전혀 모를 리 없다고 생각된다. 독도문제는 영토문제며 정치문제다. 일본의 우익은, '독도' 문제를 우익세력의 확장과 군국시대의 재건을 도모하는 상징으로 삼으려 한다. 이런 정치적 의도는 일본 '군국주의의 뿌리'가 없어지지 않는 한 지속된다. 우익의 세력이 강해질수록 독도점령의 기세 또한 비등할 것이다. 하지만 그건 쉽지 않을 것이다. 독도가 한국 영토임을 부인할 수 없기 때문이다. 그러니, 치밀한 계획에 따라 우선은 '독도 공유'의 분위기를 조성하고, 때가 되면 일본의 재무장과 군사대국화의 계기나 결과로 독도를 점령할 계획일지도 모른다. 1999년에 체결된 '신 한일어업협정'도 그런 맥락에서 볼 수 있다. 독도가 '중간수역'에 포함되었다. 독도는 엄연한 한국 영토인데도, 독도로부터 배타적 경제수역을 확정하지 못하고 한일 '중간수역'에 포함된 것이다. 말하자면, '삼천리 금수강산'의 아버지로부터 내침을 당한 '의붓자식' 취급을 당한 것이다. 그야말로 '외로운' 섬이다. 일본이 '중간수역'에 있는 '섬'이기 때문에 '공유'라고 억지 주장할 빌미를 제공한 셈이다.

국민은 당연히 이런 '어업협정'에 반대했다. 하지만 결국은 체결되었다. '현실'의 고충 때문에 그런 것인지, 일본의 주장이 워낙 강해서 그랬는지, 또는 협의과정에 참가한 어느 지식인이 그래도 괜찮다고 주장해서 그런 것인지 알 수 없다. 후일의 역사는, 과거 '한일회담'처럼, 비록 평가가 다를 수도 있지만, 기록할 것이다. 문제는 현재다. 이

협정은 2002년 1월 22일부로 종료되었고, 개정의사를 밝히면 재협상을 해야 했다. 이때 인터넷에 독도 문제와 관련된 국민의 비판적 의견이 형성되었다. 1월 23일부터 독도가 일본 영토가 된다는 '소문'이 있었다. '중간수역'에 있다고 해서 독도가 일본 영토로 되는 것이 아니고 그렇게 될 수도 없다. 그건 확실하다. 하지만, 일본이 '공유'를 억지 주장하고, 영유의 전단계로 삼으려는 의도는 배제할 수 없다. 그게 중요하다. '소문'은 상징이 중요하다. 때로 소문은 자신의 매체를 가지지 못한 대중에게 진실이 전달되는 상징이 되기도 한다. 예컨대 강점 말기에 일제의 조선인 병력 동원이 부족한 병력을 보충하는 것이고 동원되면 죽으니 일본군이 되지 말라는 '말'이 퍼졌다. 얼마나 진실인가. 하지만, '내신일체의 광영'이라고 세뇌작업을 한 일제는, 이런 '말'을 '유언비어'라고 철저히 통제・단속했다. 인터넷의 '소문'을 '유언비어'라 표현한 경우도 있다. '유언비어'냐 '진실'이냐는 부차적인 문제다. '유언비어'라 부를지라도, 그 상징이 중요하다. 국민은 우리가 영토를 굳건히 보전하고, 일본의 영토 침략을 경계하고 잘못 체결된 '어업협정'을 다시 협상해야 한다는 뜻을 이렇게 표현한 것이다. 그 뜻과 상징이 중요하다.

재협상은 어려울 것이다. 당연하다. 우익을 배경으로 한 일본정부와 상대하는 건 어려울 수밖에 없다. 이 또한 현실이다. 하지만 앞서 '현실'의 여러 면을 말했다. '재협상'이 '정부'에게 어려운 현실이라면 국민에게는 영토주권이 굳건히 되는 계기의 현실이고 어민에게는 생존의 위협에서 벗어나는 데 도움이 되는 현실이다.

강점 말기에 관한 자료를 찾고 글을 쓰면서 단지 '과거'에 그치지 않고 지금까지도 이어지는 역사의 연속문제를 생각하곤 했다. 특히 한일 간의 '교류', '동반자', '미래' 등의 구호가 현실에서 어떤 상징을 띠고 있나 하는 것도 생각해 보았다. '교류'는 좋다. 문화를 예로 들면 일본문화라고 '다' 나쁜 건 아니다. 좋은 건 열린 자세로 받아들여야 한다. 문제는 '교류'라는 표현 뒤에 담긴 상징이다. 과거의 역사적 진행과정은 그 상징의 검토를 요구하고 있다. 두 가지만 예를 들자. 얼마 전, 한일 남녀의 단체미팅이 화제가 된 적이 있다. 단체 맞선이라고나 할까. 미국인이나 중국인 등 다른 나라 사람과의 단체미팅은 없었을 것이다. 유독 한일 남녀의 집단미팅이 화제다. 그게, '한일 교류·협력'의 이름으로 이루어졌다. 역사적 상징을 보자. 일제 강점 말기에 '내선일체'의 주문으로 실행되던 '내선결혼'이 연상된다. 실제 국민정신총동원운동 사업계획에는, '내선일체 완성의 촉진' 항목에 '내선결혼의 장려'가 있다. 이 밖에도 '내선풍속의 융합, 내선관습의 융합, 일본취미로의 유도' 따위도 있었다. 남녀 문제를 예로 들어 안됐지만 예컨대 그렇다는 얘기다. 사랑은 국경도 초월한다는데, 남녀가 만나 사랑하고 결혼하겠다는데 문제가 될 수 없다. 축하할 일이다. 하지만, '교류·협력' 따위의 속보이는 구호를 내걸고 '민족정체성의 상징'을 혼란시키며 이루어지는 건 문제다. 왜, 유독 일본인과 집단미팅을 해야 하나. 의문일 수밖에 없다.

일왕의 한국 방문 문제를 보자. 얼마 전 일왕이 "간무(桓武) 천황의 생모가 백제 무령왕의 후손이[기 때문에] 한국과의 연(緣)을 느낀다"고 해 화제가 되었다. 그러나 일본에서는 화젯거리가 되지 못했다. 우익이 그걸 받아들이지 않는다. 다만, 뒤늦게 한국 언론이 일왕의 발언에 호의적이었다고 전했을 따름이다. 일본 왕가의 백제계 유입설은 연구대상이다. 하지만 발표 시점이 미묘하다. 일왕의 '혈연' 운운은 처음이 아니었다. 제5공화국 대통령이 일본에 방문했을 때도 이런 혈연 문제를 일왕이 꺼낸 적이 있었다고 한다. 그때도 일본 언론은 아예 보도도 하지 않았다. 거듭 말하지만 그 역사적 사실은 연구대상이다. 지금 일왕의 발언은 연구의 영역을 벗어나 한국을 겨냥한 것이다. 일본과 한국의 '혈통'이 가까우니 일본을 미워하지 말라는 선전용이다. 그 현실적 목적은 한국에 방문하려는 것이다. 패전 후 일본은 '10년 뒤' 또는 '20년 뒤' '다시 돌아오겠다'는 말을 남기고 한국을 떠났다. 1964년의 '한일협정'은 그게 실현되는 첫 장면이었다. 일왕의 한국방문은 '일본의 다시 돌아옴'이 실현되는 결정판이다. 장면을 달리해 강점말기를 보자. 일세는 수많은 인력을 동원해 부여에 '신궁'을 조성했다. '부여신궁'이다. 부여는 백제의 도읍이었고, 일제는 '내선일체의 성지'라고 불렀다. 이게 다 '조선인'을 동원하기 위한 '내선일체의 주문' 아래 이루어졌다. 백제와 일본의 관계는 연구대상이다. '내선일체의 성지 부여'도 일제가 그렇게 주장했다는 것이다. 하지만 일왕의 방문은 그저 일본인 '한 사람'의 방문이 아니다. 그 상징이, 너무 크다. 그런데도, 그 상징에 대한 검토도 없이 일왕의 '혈연' 운운 발언을 호의적으로 받아들이고 일왕의 방문을 찬성하는 여론이 조성되는 건, 일본의 진정한 과거 반성이 이루어지지 않은 지금 시점에서 문제일 수밖에 없다. '국민 정서'는 그것을 용납하지 않는다. 그건 단순한 '감정'의 문제가 아니다. 독도 망언을 비롯한 끊이지 않는 일본 우익의 망언과 '한일어업협정' 등의 현실이 그렇게 표출되는 것이다. 그런데도 일부 정치인들이 일왕의 방문을 '초청'하는 데 찬성한다니, 뭐가 뭔지 모를 노릇이다.

굴욕의 한일협정이 체결된 후 지식인들은 일본의 '재침략'을 경계하는 작업을 늦추지 않았다. 소설가 최인훈 선생은 1967년에 단편 「총독의 소리」를 발표했다. '제국이 재기하여 반도에 다시 영광을 누릴 그날'을 위해 '제국신민'에게 방송하는, '조선총독부 지하부의 유령방송인 총독의 소리'라는 가상 소설이다. 소설에서 '유령방송'은 "실지회복(失地回復), 반도의 재영유, 이것이 제국의 꿈입니다"라고 외친다. 현대 세계에 서구 제국주의 식의 영토침략은 불가능하다. 하지만, 우리에게는 독도 문제가 그 상징으로 남아 있다. 소설은 '가상'소설로 그쳐야 할 것이다. 역사가 미래를 예측할 순 없다. 하지만, 지금 우리가 어떤 방향으로 나갔는지를 '기록'할 것이다.

시대가 고통스러웠다면 그 시대를 읽는 것도 고통스럽다. 시대의 고통은 그 시대를 산 '사람'들의 고통이며, 그 역사의 상흔이 치유되지 않는 한, 나아가 후대 사람들의 고통이기도하다. 영광된 시대, 그 찬란한 영광의 사람을 쓰고 읽는 일은, 얼마나 즐거운가. 연구서건 대중서건 역사 · 전기의 대부분은 '상찬'(賞讚)으로 채워야 마땅할 시대 · 인물이 대부분일 것이다. 최근 전기 출판이 활발해짐에 따라, 비판적 견지에서 인물을 조명한 전기가 나오기도 하지만, 그 역시 '상찬'까지는 못 되어도 극단적 비판은 배제한, 말하자면 종래 이루진 비판을 누그러뜨리려는 의도가 다분히 보이는 책들이 많다. '아무개를 위한 변명'이란 수식어에서 그 입장을 단적으로 읽을 수 있다. 그러니 이런 책의 출판이 시대 · 인물의 고통을 온전하게 담고 있다고 보기는 어렵다. 말하자면 고통스런 시대를 쓰고 읽는 이차고통으로부터 자유롭기 위해서도 시대와 인물의 고통은 가급적 피하려는 것이 세상이치인 것 같다.

하지만 세상사가 어찌 그러하랴. 역사가 어찌 그러하랴. 흥이 있으면 망이 있고 쇠가 있으면 성이 있어 역사가 발전해 왔듯이 흥과 성의 시대 또한 역사이며 망과 쇠의 시대 또한 역사가 아닌가. 우리 근·현대사에서 저 '뜨거웠던 8월'은 1945년 해방의 달로 새겨져 있지만, 역설적으로 1910년 국치의 달로도 기록될 수밖에 없다. '국치'를 기억하고 얼을 살려 독립항쟁을 통해 대한의 존립을 이어 왔기에 '해방'이 있었음은 자명하다. 일제강점기에 '국치'의 기억이 없었다면, 국치의 그 날 국치의 고통을 되씹으며 하루 종일 밥을 짓지 않고 적개심을 고취하지 않았다면, 어찌 '해방'이 있었으랴. 해방은 그저 미·소가 갖다준 게 아니다. 겉으로는 세계대전을 끝막음한 강대국의 공도 있었지만, '국치'의 기억으로부터 시작된 항쟁이 없었다면 대한의 '해방' 또한 없었다. 하지만 해방이 어찌 온전했는가. 분단과 전쟁으로 얼룩진 현대사는, 일제강점의 역사적 상흔과도 뗄려야 뗄 수 없으니, 시대의 역사적 고통은 가중되기만 했다. 세상사 잊으면 편하지만 어찌 그러한가. 고통의 시대가 있다면 그 극복과 역사의 상흔을 치유하기 위해서라도, 그 시대를 끌어안고 가야 하지 않겠는가. 그래야 진정한 '해방'이 이루어지지 않겠는가.

일제강점 말기에 대해 자료를 찾기 시작한 것은 순전히 필자의 개인적 관심에 따른 것이었다. 1998년 무렵이다. 강점 말기에 대한 글을 읽던 중 친일파 문제의 논의에서 '사람'은 있으되 '단체'에 대한 논의는 없다는 사실을 알게 되었다. 일제강점말기 전향자로 조직되어 '사상보국'을 목표로 조선인동원의 한 축이 되었던 '사상보국연맹'에 누구누구의 이름이 언급되는데 정작 사상보국연맹에 대해 정리된 글은 없었다. 뭐 일제강점 말기의 그런 단체야 성격도 뻔한데 굳이 다룰 필요가 없었거나 아니면 그를 자세히 다룰 자료가 없기 때문이라 생각되었다. 단체의 본질이야 자료를 통해 따져봐야 할 터인데 자료를 찾으면서 곧 사보연맹을 다룬 글이 없음은 자료 부족 때문임을 알게 되었다. 곧 파편은 있지만 골격을 제시할 자료가 없다. 당시 사보연맹이 간행한 기관지『사상보국』이 현재까지 전해진다면 그에 대한 관심은 필자에게까지 이르지도 않았을 터고, 당연히 이미 사보연맹에 대한 연구도 발표 되었을 것에 틀림없다. 강점 말기의 전문 연구가에게는 1차 자료의 부족은 그에 대한 연구의 조그마한 시도도 원천적으로 가로막을 수밖에 없다.

그렇다면 전문 연구가가 아닌 필자로서는 오히려 자유롭게 접근해 나갈 수 있지 않을까. 말하자면 완결된 연구형태가 아닐지라도, 비록 어설프게나마 '파편'을 모으면, 강점 말기의 동원과 통제의 실상을 이해하는 데 조금이라도 도움이 되지 않을까 생각했다. 사보연맹을 예로 들었지만, 일제가 '전민통제'를 위해 물리적 강제로 만든 국민정신총동원(뒤에 국민총력)조선연맹이나 그 산하 각 조직 · 단체, 곧 조선문인협회(뒤에 조선문인보국회)나 임전보국단, 또는 조선종교보국회 등 그 수많은 동원조직에 대해서 정리된 글이 전혀 없거나 있더라도 1편 정도에 불과했다. 국민정신총동원(국민총력)조선연맹에 대해서는 최유리 선생의 연구가 당시로서는 거의 유일했다. 이후 2002년 민족문제연구소에서『일제 식민통치기구 및 협력단체 편람』을 편찬하는 등, 강점 말기의 '단체'에 대한 연구나 자료가 정리되기 시작했다. 하지만 그럼에도 아직까지 강점말기 일제의 물리적 강제와 더불어 조선인 동원의 제일선에 섰던 많은 단체들에 대한 분석적 정리는 충분하다고는 할 수 없을 것이다. 앞서 말했듯이 자료부족 때문일 것이다. 조선연맹에 대해서는 상대적으로 그나마 자료가 남아 있는 편이다. 따라서 사실상 조선인 동원조직을 상위에서 통제하던 조선연맹에 대한 접근은 상대적으로 열려 있다 할 수 있다. 예컨대, 연구가의 자료에서 기초적으로 이용될 수밖에 없는 일제문서 외에도, 당시 일반 대중에 대한 일제의 선전용으로 발표되어 '세밀한' 내용을 담고 있는 『매일신보』라는 신문 자료도 있다. 자료가 다르면 내용도 다를 수밖에 없으리라. 필자는 강점말기 단체에 대한 자료를 찾으면서 우선 『매일신보』에 매달릴 수밖에 없었으니 또한 기존의 연구와는 다른 내용으로 조선연맹을 볼 수 있었다.

자료를 찾으면서 강점 말기의 조망이 조직과 통제, 그리고 그 궁극의 목표인 일제의 '조선인' 동원으로 좁혀졌고, 일제가 '조선인'의 노예적 희생을 강제하기 위해 물리적 폭력과 아울러 통제의 중층구조를 구축했음을 알게 되었다. 통제는 물리적 폭력이 뒷받침되었기에 파쇼적이었고, '조선인'을 전면에 내세움으로써 민족분열적이었다. 여기서부터 역사를 쓰거나 읽는 자의 고통은 시작된다. 그 이중구조를 확인하는 작업은 고통스러울 수밖에 없다. 한 '사람'의 고통을 보는 것도 힘든데, 조직과 집단의 이름으로, 이성을 비이성적 주문(呪文)으로 대체시키려는 물리적 통제의 '시대'는 '어두운 중량'으로 다가올 수밖에 없는 것이다. 일제가 '생산'한 '군국'의 파쇼주문이 종교·사상·문예 할 것 없이 동원조직에 무차별로 수용되어 대중에게 '강제'되는 그 '어두운 중량'은, 알고 싶은 데서 출발한 필자의 작업을 거기서 그치고, 거대담론보다 일상의 생활을 더 중요하게 생각하는 '편함의 시대'의 다른 이들에게 그 시대의 고통을 읽게 할 필요가 과연 있는가 하는 생각도 하게끔 했다. 더욱이 강점 말기에 대한 전문적 연구 성과도 더욱 축적되고 있으니 필자가 애초 지녔던 관심도 누군가에 의해 더 풍부하게 분석적으로 제시될 수 있으리라는 예상의 위안을 하면서 말이다.

초고 검토를 출판사에 의뢰했다가 1년 반이 되 가도록 원고에 대한 연락이 없었음에도 그저 필자의 출발점인 '알고 싶다'는 것이 충족되는 데서 만족하고, 굳이 출판 의도를 지니고 출판사에 확인하지 않은 것도 그 때문이다. 작년에 보낸 초교지가 필자에게 도착하지 않았음을 알게 된 것은 6월 2일이다. 그리고 다시 초교지를 보내와 5일에 받았다. 우연히 그 날 뉴스의 제일 큰 화제는 대통령이 6일에 일본을 방문한다는 사실이었다. 하필, '현충일'에 일본에 가서 일왕과 술잔을 맞대다니! '동반자' '협력' '미래' 모두 좋은 말이다. 하지만 '일년 365일' 가운데 꼭 그날 일본에 가야 일본과 '동반자'가 될 수 있는 건 아니지 않는가. 묘하게도 그날 일본은 '유사법제'를 의회에서 통과시켰다. 이것은 일제 말기의 전쟁만능법인 국가총동원법과 비견되면서 일본국민들 내부에서도 반대의 목소리가 높다. 일제침략으로 고통을 받았던 아시아의 여러 나라가 이 법의 통과에 반대하고 항의하는 것은 당연하다. 하필 대통령의 방일날짜에 이 법을 통과시키다니. 그래야만 '협력'이 되는 건 아니지 않는가.

필자는 다시 한 번 역사의 '흥'과 '망'의 시대가 서로 떨어질 수 없다고 생각했다. 그리고 부족하고 어설프지만 출판을 하기로 했다. 그것은 결코 연구의 성과를 낸다거나, 또는 강점 말기의 동원단체의 전체상을 무리하게 제시하려는 것도 아니다. 애초 원고지 4천 매 분량이었지만 강점 말기를 읽거나 쓰는 데 조그마한 참고나 되었으면 하는 마음으로 1천 매로 줄이게 되었다. 자료가 '상대적으로' 많다고 생각되는 사상단체·문인단체·종교단체를 우선적으로 정리해 보았다. 종교단체는 애초 정리된 분량이 가장 많았으나 그 세세한 내용을 적시하는 것은 훗날의 기회로 미루고 각 종단이 일제의 종교동원정책에 따라 통합적으로 통제되는 과정을 살피는 데 그쳤다. 또 임전보국단 · 조선춘추회 등도, 조직의 성격과 기초활동은 이해가 되었지만, 자료의 '파편'이 아직 모자란다고 생각되어, 역시 훗날 기회가 있다면 종교단체와 더불어 재정리하고자 하는 마음도 있다. 또 일제의 창씨제 강제와 조선인 병력동원에 대해서도 처음 구상에 있었지만, 기왕에 국내외에서 연구성과가 발표되었으니 필자가 더 자료를 찾아 새 해석이나 방법론을 제시할 수 없는 한 그저 '알고 싶은 걸' 알았다는 데서 만족하고자 하는 지금이다. 망설임에도 불구하고 책을 출판하는 것은 일제강점 말기를 이해하고, 나아가 그것을 오늘의 문제와 연관해 바라볼 수 있는 조그마한 시사라도 얻는 데 도움이 되었으면 하는 바람 때문이다.

'혜안'의 오일주 사장님과 여러분께 또 누를 끼치게 되었다. '마음의 빚'은 늘어가는데, 언제 갚게 될지 서생(書生) 흉내내는 비재(非才)로선 막막하기 그지없다.

이름도 남기지 못하고
일제에게 희생당한 이들을 생각하며
2003년 6월 7일 안산에서 이중연 쓰다.